照片裡的故事

Stories Behind the Photos

中 册

常叙庸 著

易文出版社·纽约
I Wing Press, New York

Stories Behind the Photos II
By Chang Xuyong

Published by I Wing Press, New York
iwingpress@gmail.com
December 2024, First Edition, First Printing

照片裡的故事（中册）

常叙庸 著

出 版 人：冰　寒
装帧设计：王昌华

出　版：　易文出版社 • 纽约
版　次：　2024 年 12 月第一版，第一次印刷
字　数：　全三册总 480 千字
定　价：　全三册 $80.00

Copyright © 2024 by I Wing Press, all rights reserved.
No part of this book may be reproduced in any form or by any electronic or mechanical means including information storage and retrieval systems, without permission in writing from the publisher. The only exception is by a reviewer, who may quote short excerpts in review.

作品内容受国际知识产权公约保护，版权所有，侵权必究

目　錄

社會活動篇

与王维念导演的"擦肩而过"　　　　　　　　　　339

忆中国体坛传奇人物庄则栋先生（一）
　　——巧遇与促膝长谈　　　　　　　　　　341

忆中国体坛传奇人物庄则栋先生（二）
　　——追忆庄则栋夫妇访美纪实　　　　　　342

忆中国体坛传奇人物庄则栋先生（三）
　　——回忆与庄则栋的趣谈　　　　　　　　344

忆中国体坛传奇人物庄则栋先生（四）
　　——庄则栋夫妇访问纽约图片展　　　　　346

忆中国体坛传奇人物庄则栋先生（五）
　　——庄则栋夫妇访问新泽西州图片展　　　348

在日内瓦见到的北京人　　　　　　　　　　　357

与中科院院士张弥漫教授的偶遇　　　　　　　360

与美国纽约电视9频道华裔主持人董恺悌的相识　362

與社会贤达的相识和接触　　　　　　　　　　365

人生感悟篇

为自己"人生七十才开始"的画册所写的前言　　374

"诚实"在不同体制国家里的体现　　　　　　　375

先树人再传艺（与老同学吴彬聊天有感）　　　377

朋友多，源于诚信与包容　　　　　　　　　　380

如何玩好手中"自己人生的这副牌"　　　　　　383

写完"自己人生的这副牌"后所带来的故事　　　384

"夢"和"过年"　　　　　　　　　　　　　　390

政治智障儿的胡说瞎写　　　　　　　　　　　393

看"非你莫属"后有所感悟	394
读"人生的七堂课"有感（一）	397
读"人生的七堂课"有感（二）	398
写"博客"所得到的意外收获	399
谈谈"中华民族"道德底线何在	400
对我国的足球想说几句话	402
为职业女網运动员——李娜叫好！加油！	405
我的最后一次告白	407
电视剧"老农民"观后感	409
何时我国能有一个标准？	410
给国内的亲朋好友买东西所想到的	412
闲说毕福剑所引发的	415
中华民族急需的是——诚实和诚信	420
"门当户对"就是幸福婚姻的基本保证	422
名人与凡人之间只是一纸之隔	429
世纪同龄人中的另类	432
人生警句就是打开自己烦恼之钥匙（之一）	434
人生警句就是打开自己烦恼之钥匙（之二）	437
"你要放得下并不等于要忘记"——一挚友的忠告	441
韩红的歌，唱得我心痛！	442
閒時雜談	445
做人還是厚道一點好	446
何谓"幸福"？	448
也談一談我对"心态"的认识（上）	450
也談一談我对"心态"的认识（下）	453
过去就是翻篇，未来才是希望	456
情义无价（在自己的人生里是如何看待钱）	457
首次遇到人生裏幾乎無雪的冬天	459
"一张感人的相片"所想到的	460

  "实话真話與谎话假话"——自我观点之修正　　462

瀟灑退休篇（上）　　463

  退休後的感悟　　463
  少壮不努力，老大徒"奖杯"（上）　　465
  少壮不努力，老大徒"奖杯"（下）　　467
  师徒二人再创奇迹　　474
  风水轮流转——全美击剑锦标赛纪实　　476
  我参加了新泽西州奥林匹克老年运动会　　479
  痛苦的抉择　　480
  伤痛最佳止疼剂——老同学及好友的到访　　481
  赤子遙祝祖國七十年國慶　　484
  三十五年祖國生活的前半部分　　486
  三十五年祖國生活的後半部分　　488
  與冠狀病毒性肺炎争高下　　490
  我對一篇文章的存疑　　491
  从看电视所悟到的　　493
  看連續劇"娘道"随筆　　497
  意外与不解　　499
  "实话真話與谎话假话"——自我观点之修正　　501
  今天开始自我隔离的日子　　502
  今天开始第二天的自隔生活　　502
  要想当老大，先整好自己的家　　503
  请笔者不要为他人"甩锅"——对"是否愿意接受
    海外华人回国治疗"的微信之回答　　505
  與國内亲朋好友共抗瘟疫　　506
  疫情里的美国超市　　508
  看电视只能做无奈的选择　　510
  与世无争，快乐潇洒走完人生路　　512
  "疫情"里发生在我家的笑话　　513

對疫情中發生的事情自己的看法	515
寫我的擊劍教练	518
情为何物？	520
牢记三戒，過世外桃源的生活	523
看连续剧"麻雀"所想到的	526
為什麼改网名及頭像？	527
雜談自己的生活觀	528
常家祭祖扫墓活动，改期	530
馋嘴子談"满汉全席"	532
天上掉"馅饼"	537
電話和微信所引起的回憶	538
悲哀呀！"一盘散沙"！	542
我不想看到的中美博弈	544
一位美籍华人对"坦克進城了"的看法	545
痛苦的抉择（政治与友情不能并存）	547
疫情期间去看急诊	549
我家领导今日御體健康简报	550
首长御體康复今日简报	550
充分享受世外桃源生活	550
夜归人	554
试談"台独"份子和台湾人	554
父亲节的感慨——我的父亲	555
"育英魂"	558
最大的悲哀莫过于心死	563
總算活明白了	565
一張照片見證了"乓乓王國"的興起	566
"初心"與"局中人"觀後随筆	569
反恐特戰隊之獵影	572
发达国家的"不发达"	573

看完"外院大院｜其尘封日子里的一段记忆"一文後的回想	574
現代版的"韓复渠"	579
女儿的生日礼物	580
說一下美國市场現狀	582
我家两次参加总统竞选活动	584
一张照片的感触	585
往事不堪回首	589
向常家列祖列宗說幾句"我的"话	592
我认识的黄怀仁同学、同事、老师、朋友	595
想吃就吃，想喝就喝	597
我這個人"矯情"	599
與"北京人在纽约"劇作者-曹桂林探討人生	600
向勇于承认错误致敬！——看"远征！远征！"觀後感	601
如何享受含饴弄孙之樂	602
與這樣的世纪同龄人為友實為幸事	605
自建"健身房"與疫情、年龄抗争（上）	607
對中國內政——台灣問題的認識	609
移民美国四十周年随筆——天主教	609
移民美国四十周年随筆——號外	613
移民美国四十周年随筆——大学同学相聚纽约	616
移民美国四十周年随筆——天津親和友相聚纽约	619
移民美国四十周年随筆——朋友再聚新泽西州	622
移民美国四十周年随筆——感恩	628
移民美国四十周年随筆——聚首于纽约的北京小学、初中、發小、同學、隊友	632
逐年認清農民運動的真相	635
"中國製造"讓我怎樣才能愛你？	636
自建"健身房"與疫情、年龄抗争（下）	639
文藝版和喜劇版的廣場或公園舞，同樣是享受	641

人生莫測,活好今天	642
紐约！我對你已有點陌生了	644
好友齊大征先生（國際體育攝影師）發來的微信	645
今年的"鬼節"小孩兒玩得不過癮	647
那个高人調侃出這二張照片？	648
從二十一世紀的中國連續劇所認識到的	650
看錄像才知道自己的球和劍打得有多業餘	652
曾任李敦白的中文老師就是罪	654
趣談"顔值"與"品質"經歷時間的驗證	655
對"我的丈夫曲波與《林海雪原》以及子女的四子女的传奇经历"一文<讀者留言>的己見	658
美國"感恩節"有感	659
我的母親	665
無厘頭的印度人開車游行說起	669
也談天津"起士林"西餐	671
風雪夜的享受與感悟	673
悼念摯友——李德欽先生仙逝	675
"疫情"中的聖誕節——自己找樂兒	676
"裝台",我喜歡的連續劇	678
我家的"四川燒臘"年貨	679
初步認識美國的總統選舉	681
寒冬的疫情,封凍的精神	684
我的頭髮出賣了我的年齡	686
烏雲沉沉,陰雨绵绵	687

社會活動篇

与王维念导演的"擦肩而过"

2007年是我们全家移民美国第二十六个年头,我们决定回国过春节,回国前我曾与庄则栋通过电话,庄先生与我约定新年期间在北京请我们吃饭火锅。

我与大年初八到北京,转天我们在景山东街的饭店聚会,与庄先生一起来的经介绍才认识,他是央视春晚导演-王维念先生。因那时候美国还没有中文电视机顶盒装置,也没有机会看中国节目,所以我对王维念先生是一无所知,但他为庄则栋做的访美策划案还是挺新颖挺有亮点,可我当时不能决定能否执行此案,需带回美国与我朋友-叶(瑞玲)教练商议后才能回复。

"小球转动大球","乒乓外交"这两句话在七十年代初是人人皆知,也正因如此中美关系解冻到建立外交关系的时间大大提前,我们这些早期来美就是得了庄则栋的济,后来留美能有居留权是得了为六四献出生命的平民百姓和学生的济。

回到美国后,仔细看了方案,在执行起来确实有一定难处,结果也因庄则栋访美的时间和具体情况有变就顺其自然发展而顺利完成庄则栋夫妇访美的旅程。

在进餐交谈中,兴致所至临时起意请庄先生写硬笔书法,便在策划案用纸背面写下了上面四幅字。仔细品着这四幅字的含义,也能成为人生中的警句,在人生路上走得更通顺。

这是今年春节期间的天津电视台的节目"你看谁来了",让我更了解王维念老师

的成长经历。自 2011 年底退休，从 2012 年 1 月 2 日开始住在新买的现在这套房子里就买了三个中文电视机顶盒，我的卧室、客厅和厨房个又一个中文盒子，几年来从"大王和小王"开始到现在的"你看谁来了"，近八年来王维念主持的节目我都看了，他真是多才多艺，说拉弹唱无所不能，他的节目很接地气。

忆中国体坛传奇人物庄则栋先生（一）——巧遇与促膝长谈

庄则栋夫妇访问美国时到新泽西州我家中小聚。

巧遇-87 年春，我和太太去纽约法拉盛访友时到一家餐馆吃饭，饭后付账时看到墙上有一幅庄先生写的字便问道：庄先生来美国了吗？我的随便一问就引出了以后的故事。原来这家餐馆是庄先生的大姐（由台湾移民来美国）与人合资开办的，而庄先生的另位姐姐（北京石油学院 55 级学生）也在场，在畅谈过程中得知我们暑假要全家回国探亲访友，便请我们给庄则栋兄妹带些东西。

促膝长谈-87 年夏，给庄先生带东西时我脑中就冒出了一个想法，因 86 年秋末，我大学同系的同窗好友-吴彬带北京武术队来美国纽约演出，在聊天时吴彬曾问过我为何不开武馆？所以，到了庄先生的家后，当是庄先生的大哥也在场，我们边喝茶边聊天，也就是那次的长谈让我了解到庄先生在文革中的大起大落以及他本人婚姻生活的过去，现在与未来（即邓小平同志批准我们结婚一书的全部内容）。之后，我向庄先生提出了我的想法与邀请，既是请庄先生和吴彬一起来美国开俱乐部，但庄先生讲到中央有规定，他不能出国，此事到此作罢（后因吴彬当时任职武术队的总教练，不能离任）。后来，他结婚后曾到访日本和美国，好象是 87 或是 88 年底的事情，我记不清了，再见到庄先生是 2006 年秋。

忆中国体坛传奇人物庄则栋先生（二）——追忆庄则栋夫妇访美纪实

2007 年夏初，庄则栋夫妇完成对罗德岛州立大学访问后来到了新泽西州，当晚在叶瑞玲夫妇家中举行了欢迎庄则栋伉俪访问新泽西州的宴会，来宾中有叶瑞玲夫妇的朋友；他们的学生和家长以及乒乓球爱好者；还有当年首次访问中国的美国乒乓球队的领队-哈瑞森（曾为国际乒联副主席）夫妇；当年的队员-乔治先生（曾为美国乒协副主席）等人。35 年前的老朋友再次相聚，让他们一起回忆了当年在日本名古屋庄先生如何赠送礼品给上错车的美国运动员-科恩和美国队申请访华被拒而又如何成功地完成了访华的意愿之有惊有险而有趣的历史过程。

在新泽西州的西原市的乒乓球俱乐部，庄先生接受了新闻媒体的采访；并与乒乓球爱好者一起交流球技，他还讲述了自己如何坚持两面攻的打法；庄则栋伉俪还参加了我们私人宴请的午晚餐会。

我们陪同庄则栋伉俪到纽约拜会了"美中关系全国委员会"会长-欧伦斯先生和副会长-白莉娟女士（72 年中国乒乓球队访美时，她是美国国务卿-基辛格先生的秘书和中文翻译），庄先生赠送了自己的字幅给他们并一起合影。之后还去了纽约曼哈顿区及皇后区的华人体育场所与那里乒乓球爱好者交流球技和介绍当年"乒乓外交"事迹内容，观众热情高涨，很多观众是来自台湾；香港和澳门，尤其是来自港澳同胞，他们说：当年看二十六届乒乓世锦赛男单夺冠时的激动心情，虽然当时只是中学生，我们得了冠军总是非常高兴。交谈之后，并参加了我们在两地为庄则栋伉俪举行的欢迎宴会，中华公所的会长-伍先生特意赶来致辞表示欢迎，庄先生还见到当年的队友-国际乒坛名将-谭卓林夫妇，一起回忆当年大战世界乒坛之往事。我们通过白莉娟女士联系到基辛格博士，已是高龄的他在百忙中接见了庄则栋夫妇与叶瑞玲夫妇。在安排的活动之余我们到在哈德逊河中的"自由神像"岛参观游览。

在庄则栋伉俪结束新泽西州的访问前，叶瑞玲女士为庄则栋伉俪下一站-加利福尼亚州的访问作了精心的安排，除了对方邀请单位规定的讲座外；她几经周折联系到科恩的母亲，科恩是"乒乓外交"的美国方面的关键人物，他上错车并接受了庄则栋给他的礼物，此事成为日本媒体头版头条新闻，从而，促成了美国乒乓球队访华，打开中美外交之门。庄则栋伉俪拜见了科恩的母亲，又到科恩的墓地悼唁这位老朋友；参观了"尼克松图书馆"，成功和圆满地结束此次访美之旅。

今天，在你结束自己的人生之旅，我们会记住你对国家与人民做出的贡献，一切不快之事也就随风而去了。

哈瑞森夫妇（左四和右一； 他是当年美国乒乓球队的领队，后为国际乒协副主席，也是打开中美外交之门的见证人之一），庄则栋

夫妇（中间和左二），叶瑞玲夫妇（右四和右五，她是原广东队运动员，曾获省冠军多次，全国比赛女子双打第三名并参加冬季国家青训队训练，来美后，曾多次代表美国参加世锦赛和奥运会）她曾任美国乒协副主席，乔治（左三）他是当年访华的队员之一，也曾为美国乒协副主席，本人与太太（右三和右二）。

忆中国体坛传奇人物庄则栋先生（三）——回忆与庄则栋的趣谈

在纽约欢迎庄则栋夫妇访问纽约的晚餐会上与昔日战友—谭卓琳夫妇（右二和左三）合影。

朋友来家小聚，拿出一瓶白兰地小酌，朋友看到瓶上有两个人的签名，我回想起来是庄则栋访美时到纽约法拉盛华人乒乓球俱乐部与球迷互访后的晚宴上，两位画家送给庄则栋伉俪的酒，临行前，庄先生不喝酒便转送给我了。我们边吃边饮边聊，想起许多与庄先生聊天的有趣内容：

（1）要活的"没心没肺"；这句话是我生活里一直遵照的格言，无论自己生活是否大起大落；顺境与逆境，所以，每天都活的快快乐乐，"钱多多花，钱少少花，不可不花"。庄则栋听了我这句格言后微笑说：你这还不全面，除了"没心没肺"外，还要"没皮没脸""没羞没臊""没老没少""没大没小"。他这几句幽默的话，是我们愉快地度过每一天，减轻生活压力的良药。

（2）"三次世界单打冠军是被让而获得"；这个话题对庄先生来讲是个很敏感的话题，他用自己几年来的比赛成绩说话：连三次世界冠军，连三次全国比赛冠军，连三次国家集训队内部比赛冠军，那全国比赛和国家队内部比赛有让的吗？我基本同意庄则栋的说法，他从技术上有拿冠军的实力，数据在那里是最有力的证明。另外，我认为在第26届世乒赛男单决赛时，贺老总说：男单就让小庄拿吧！这句话不代表庄则栋没有拿冠军的实力，而是放下思想包袱轻装上阵，使这场冠军争夺战更有观赏性。

（3）庄则栋先生为人率直而且谦虚；07年夏他来美国访问时，把他的博客网址输入我的电脑，每次更换的文章我都认真地阅读，但内容不接"地汽"，总是报导一些我又参加某某活动，与会者有过去的某部长；某省长；某省委书记等，有似于报纸的新闻报导。一次在通电话时庄先生问我是否看了他的博客，我说看了但内容是否可以更接近生活，写一些有关体育方面或是乒乓球技术方面的文章为好，这样会更有观赏性。庄先生虚心接受而后改变写作文风及内容，观赏性提高了，内容丰富而且知识面也宽了，我从他所写的文章里汲取了很多有益的知识。

庄则栋先生已经走完了他的人生旅途，从他最后近五年的与癌症进行抗争，还是以豁达的态度离开人世，虽说对他的病是误诊，但对体内产生癌细胞的外来因素不能不与自己情绪无关。所以我们就是要"没心没肺"地活着，可能说起来容易，但我只能说尽量做到吧。

忆中国体坛传奇人物庄则栋先生（四）——庄则栋夫妇访问纽约图片展

庄则栋离开我们已有八周了，但我心一直难以平静，他为自己犯的错误已付出了很大的代价，四年的隔离审查交待问题，开除党籍和公职，牵连到孩子考学被拒之门外，妻子在与庄则栋离婚之后才使自

己的音乐专业有了继续发展的机会,真是一次政治上的失足而换来是妻离子散的悲惨结局。1987 年我回北京到他家见面时就知道他不能和墩子小姐（当时她是日本公民），之后邓小平主席批准了他们结婚申请,但夫人墩子必须放弃日本国籍,造成她到了退休年龄后不能享受日本的老人福利待遇。多

亏庄夫人-墩子女士二十余年前在庄则栋生活事业上处于低谷时走到他身边,无论在精神上和生活上给於了无微不至的照顾,尤其自 2008 年庄则栋发现癌症手术后的五年里,墩子女士更是精心看护照顾,经历五年的顽强与病魔抗争,终于带着对墩子的感激与牵挂安详地离开我们而孤独的走向天国。

　　庄兄,放心地走吧！今天我会把你博客中欠缺的章节替你补写上,希望你能看到。

　　最后,让我们全家对庄夫人-墩子女士的朴实地真情与高贵的品质表示真诚的敬意。

忆中国体坛传奇人物庄则栋先生（五）——庄则栋夫妇访问新泽西州图片展

社會活動篇

照片裡的故事（中）

社會活動篇

我们的挚友——韩馨茹女士宴请庄则栋夫妇

社會活動篇

乘船去"自由神"像岛的路途中,背景是纽约的曼哈顿区。
叶瑞玲女士在粤菜馆宴请庄则栋夫妇(共两张照片)。

今年继庄则栋之后我国体坛上又一颗明星陨落,她就是为我国女排赢得世界冠军的运动健将和功臣-陈招娣女士,他们都是为了我国体育事业贡出自己毕生的精力,让活着的人们永远记住他们为祖国和人民所作的一切。

为了纪念庄则栋对我国乒乓球运动及中美外交的努力,愿将他最后出国访问的照片展示给大家,缅怀他对"乒乓外交"所作的贡献,我们都是乘凉的人们。

照片裡的故事（中）

社會活動篇

附錄

庄则栋离开我们已经五年了，现在留下的只有回忆了，自从1987年夏天第一次回国探亲访友因受庄则栋两位姐姐委托带东西给庄氏兄妹，在他的四合院老宅子聊了数小时直到2009年最后一次在他家里，前后共六次相聚，五次在北京一次在美国的新泽西州。庄则栋离开我们已经六年了

在我与庄则栋的接触交谈之中，从来没有谈过任何文革里发生

的事情，也就是从他得口中从没有说过任何小道消息，你能感觉到他所说的事情的真实性，是个北京爷们儿，如果做朋友此人可交。

关于庄则栋在文革时期整过自己的队友一事：这方面的报道基本属实，中华民族五千年留下的毒瘤就是自己人整自己人心狠手辣，连为人也是这样，凡是与伟人有异见者，轻者丢官降职无限期劳动改造，重者丧命，这个毒瘤人人有，一旦你有了权环境又合适你也会这样

做，他的战友在文革后也做了高官不也是往死里整他了吗？

就连庄则栋的葬礼都加以刁难，不就是他文革里犯了错误，他为他所犯的错误已经付出了巨大的人生代价，妻离子散，断送了自己和前妻及子女的前途，中国有个习俗就是死人为大，死了死了一死百了。这就看出一个执政党的胸怀有多大多广？一些人对庄则栋的嫉妒有多深，因为乒乓外交一词及内容的专利权所有者—庄则栋。中美关系的改善都离不开他，也绕不开他，所以在庄则栋的骨灰送往墓地时就要求庄飚把父亲的照片翻过来，不能让群众看见他的面容，不只是害怕什么还是心里愧疚？我所遇到对庄则栋不公平的待遇不只这些，也不想多说了说了也无益，年青的中年的人们基本上不太了解那段历史，愿庄则栋安心于天国！

我也想向爱装大尾巴鹰的人进一言，当年让庄拿世锦赛男单冠军是党的决定，为了中国的荣誉让庄拿了三届世锦赛男单冠军，你们都是党员，服从组织决定并执行是你们的责任你有什么可不服气？再说了，没有让庄拿冠军的决定你就能拿冠军吗？在那之后的连三

届全国冠军，连三次国家集训队内部比赛冠军可都是庄则栋拿的冠军，你还有什么话说？就说你有拿冠军的实力，你有开创乒乓外交的思想水平和胆识与魄力吗？别什么好事你都想独个儿佔着。如果你真是如愿以偿，你的结局还不如庄则栋，起码庄则栋最后的人生路有佐佐木墩子陪他走完，因为庄则栋人比较真实厚道，不狡诈。

最后，我要向敦子表示我的敬意，我与庄则栋在 1987 年促膝畅谈时就知道你们之间的相爱的经历，妳能放弃日本国籍下嫁给在政治上犯错误的他，而且从重逢到结婚经历了沟沟坎坎最后是小平同志批准才结成婚，妳一直精心照顾他的生活，使他能在人生低谷得一知己，这是他命里自有贵人相助也是他自己积累的善德之结果。在他患病期间与庄则栋通话时，他多次表示有愧于敦子，因为敦子放弃日本国籍就等于放弃一切日本国的福利待遇，她在中国又没有工作也就没有任何福利待遇，很为敦子在庄则栋走后得生活担忧，所以，庄在生前搞了一次自己的书法展览，就是为敦子的今后生活筹集资金。事情已经过了五年，请敦子放心，庄则栋永远活在我们这代人的心里，也希望您保重身体健康长寿。

在日内瓦见到的北京人

2002 年我第一次参加老人乒乓球世锦赛，举办国是在瑞士的鲁曾儿，借着机会先到爱尔兰的首都—达柏林去看望原来在天津的朋友—王医生和孙医生夫妇，之后又到瑞士的日内瓦我们在美国的朋

友—朱太太，游览了日内瓦湖的秀丽风景，同时还见到了北京什刹海体校的教练—王健女士和曹立修女士。一晃就是十五前的事儿了，人生苦短还是抓紧时间享受人生吧！

"缘"（王磊国际击剑俱乐部给我的意外惊喜）

宿命论者指人与人的遇合或结成关系的原因，俗称：缘分，有缘相见。我很信"缘"，今天回头看一下自己走过的人生路就更能说明这个"缘"字在我的生活里无处不在。

左一是我的佩剑教练—赵雪，后排右一是我的重剑教练——王磊，右二是栾菊杰教练。

自从1958年考入北京体育学院（现今的北京体育大学）以来近

六十年的生活里，处处与"缘"字结合；首先，我考入北京体院就是与缘有关，我参加在中央戏剧学院举办的"北京体院招生介绍和表演会"，主持人是摔跤教练——王德英老师（中国式摔跤和国际角力自由式摔跤的全国冠军）用风趣幽默的语言介绍了武术系的各个专业并带表演，当介绍到击剑项目时，出场表演的一位是黄占鳌老师（1957年全国击剑锦标赛花剑亚军），太巧了，他是我们学校（北京育英中学即现在的25中）的学长，当时他是我校田径队中距离项目运动员，每年的全市中学生运动会他都为我们学校争得荣誉。看完表演便有了考北京体院的想法，又与班主任谈了，他很同意并支持和鼓励我。入学后，到了击剑班又一次与"缘"字相逢我的启蒙教练就是我中学的学长——黄占鳌老师。1960年击剑专业调整后，黄老师调到市内学校任教就再也没见过面，直到四十三年后（2003年）北体大五十周年校庆才再次见面。

1984年洛杉矶夏季奥运会的召开，我们把电视所有转播的比赛项目全录像了，因为这是我国首次参加奥运会，而且我国运动员在奖牌有所突破，并将这届奥运会的首块金牌由我国射击运动员—许海峰摘得，更让我惊喜的是栾菊杰在女子花剑获得金牌，这枚是中国有击剑项目以来的首枚金牌，也是中国击剑史上的首枚金牌，也是让我们曾经是击剑专业的学生感到骄傲自豪，在世界体坛上中国再也不是弱者，"东亚病夫"的帽子与我们永别了，栾菊杰为我国击剑事业作出了巨大贡献。自1984年栾菊杰夺得奥运获金牌后，我国的击剑事业进步神速，经过三十三年的努力至今我国已经在男女三种剑的团体与个人都取得过金牌或银铜牌，在国际剑坛已经是强队，我虽然年龄大些，在击剑这个专业应该属于第二代的学员，对后来成长起来为国争光的运动员一直怀有敬重他们的心情，可能类似现在年轻人所说的粉丝吧，不同的是年轻人表现在外面—手舞足蹈狂呼乱叫喊着偶像的名字，而我们是放在心里，从内心发出对他们的敬意，用羡慕和尊重的眼光注视他们。

机遇就是缘分，自从王磊国际击剑俱乐部于今年3月21日成立以来，与栾菊杰教练见过三次面；第一次是俱乐部开张的那天，她是俱乐部的顾问，而且她出生的那年与我考进北京体育学院选击剑专业学习是同年，俱乐部开张那天他还为小学员上了训练课，她给我的感觉是一位性格豪爽之人，执教认真热情，说话语速稍快，普通话里带有较浓的家乡（南京）口音；第二次见面是在7月初的全美击剑锦标赛时相遇，她带着加拿大自己的学员参加比赛，赛后便飞来新泽西州为王磊击剑俱乐部的暑期训练营上课，7月14日这天的上午俱乐部的沈教练打电话给我，让我中午时分到俱乐部有事情，当我到俱乐部才知道俱乐部给我的意外惊喜——庆生会，无独有偶的是栾菊杰教练也是7月14日的生日，而且，俱乐部还为我这位老学员开庆生会，真是让我感到高兴和意外，再次感谢俱乐部的负责人—沈教练及我的教练们，更有幸的是与我国击剑史上奥运首枚金牌得主——栾菊杰女士一起过生日，再一次感谢关心和帮助我的教练员及哄我一起玩剑的少年剑友们。今天晚上刚上完赵教练的训练课，正在擦汗就见栾菊杰走进练习场地，相互打招呼说了几句话我就去换衣服，当我回来收拾剑包时，她已经换好教练服开始上训练课了，他只是来参加明天（9月2号）俱乐部的 OPEN HOUSE，还抓紧时间给学员上课，由此可看栾菊杰教练对击剑事业的热爱与执着是值得我们这些击剑爱好者认真学习的。

与中科院院士张弥漫教授的偶遇

张弥曼是中国科学院古脊椎动物与古人类研究所教授、中国科学院院士、英国林奈学会外籍会士、瑞典皇家科学院外籍院士。

2018 年 3 月 22 日，82 岁的张弥曼女士在巴黎联合国教科文组织总部获颁 2018 年度"世界杰出女科学家奖"。

我退休前是住在新泽西州中部靠北的密尔本小镇，我的邻居于晓波夫妇也是从北京来的北京人（两家是正对门儿，我们是 9 号，他们是 12 号）。于先生是北京男四中的学生，文革是初中二年级，在那个时期他父亲让他念英文，他只是用心背记了很多的英文单词和看英文书籍，当时虽不能完全理解书的内容，文革后的恢复高考对他是绝好的机会，凭借出色的英文考取了中科院古生物学研究所成了张弥曼教授的学生。

张弥曼教授这次来美是开会同时她们师生还有课题研究和论文，于先生的论文曾在专业刊物上发表过，在教学中同时也做古生物方面的研究，他是

很忙的人。他在新泽西州的州立大学任教，在我退休的那年提升为学院的副院长，因我退休后就搬家至今已有八年了，不知他们近况如何。

我记不太清楚见面的时间了，好像是在 1995 年的冬天，已是二十三、四年前的事情了，当时张教授还没退休一晃眼我都是八零后了，抓住时间的尾巴，保重身体不能再晃了，否则这辈子都会找不着东南西北了。

与美国纽约电视 9 频道华裔主持人董恺悌的相识

在八十年代中期，中国两岸三地来美国的移民、留学生成倍的增加，每年的国庆、春节在中国城就是国共两党的海外臣民斗智斗狠的时间与场所。

我记得 1988 年在新泽西州文化中心举行的第一届"新中国日"活动，这次已经是第五届"新中国日"。

新泽西州的"新中国日"就是在这种政治形势和气氛下搞起来的，开始是林洁辉女士与律师事务所的王女士负责组织事宜。我也忘记自己是怎样参与进来的，我只是出力做些具体事情，当时我的工作正好是专职司机，大会就把接送嘉宾的任务交给我来做。这次我接的嘉宾是纽约电视台 9 频道主持人-董恺悌女士和她的儿子（右一、二是董恺悌女士和她的儿子），她是出生在山东青岛市，地地道道的山东姑娘，一小就来到美国，所以母子两人都不会讲中文。

社會活動篇

董恺悌女士在讲话中，特别鼓励来美的移民和留学的学生，要入乡随俗，要遵守法规，无论是学习还是创业，都要努力不懈，只要有吃苦耐劳的精神就一定能走向成功。

八十年代中期由中国来美的中国人并不多，基本上都是出身不好的但没被整死的人和他们的后代。也就是说是国民党时代的贵族们有条件移民的人都来到美国，后来就是官二代以及土豪们的低素质人群来美给美国人带来负面影响。

嘉宾还有纽约市举行的美东梅花小姐比赛的冠亚军（中间是冠军-彭丹小姐）参加助兴。彭丹小姐是来祖国湖南省在纽约芭蕾舞学

校学习，后因身体条件不太适宜跳芭蕾舞，在毕业后让香港影视界邀聘为签约为影视演员至今。

活动结束后，我将送诸位嘉宾回纽约市，临行前，董女士为了表示我为她们参加这次活动的接送带来方便表示感谢，送我一张在她的像片名片上写上我的名字和签上她的名字作为礼物，这是一种很尊重对方的一种礼貌性地礼节。

我曾还見过纽约电视台第二频道播音员-张棣华先生，他也是基本不讲中文，他說讲过多的中文会影响他英文发音的准确，因为他是用话筒和英文来挣钱的。

自从国内发生八九事件后，我基本不参加这些活动了，在美国生活非常自由，非常舒服，给我自己定一条规定：不参加任何党派的政治活动。虽然我对国内的一些现状不认同，但我热爱祖国，我不认同执政党的一些政策，我不喜欢它但我不反对它。要說一次没参加党派活动也不确实，在朋友的邀请下一起参加中国驻纽约总领事馆的春节招待会。

这张照片曾是纽约电视7频道和11频道主持人-董凯悌，她是新泽西州"新中國日"邀请的特别嘉宾，她出生在中國山東青島市，一小就随家長來美國，所以不會講中文，活動结束后送我一張照片并當場簽上她的名字。

董凯悌女士送我一張她的簽名相片

與社会贤达的相识和接触

　　这两张照片是参加 2009 年中国驻纽约總領使館的春節招待晚會。上一張是我們與總領使館的總領使-彭克玉先生的合影，下面一張是我們與中國駐聯合國大使-張業遂先生合影。

　　我在美國前後生活近四十五年，從未參加過任何國家政黨的活動，這是第一次。

　　八十年代初，台灣"新黨"發給我請柬參加招待會，我沒去。我也接到過大陸反共分子"中國之春"的王炳章先生給我的邀請信，我從没理睬過他們，即使八九年六四事件發生後，"天安門六四基金會"讓我參加，因會長和我很熟，但我拒絕參加，我還勸她遠離此事件，後來在一次聚餐會上，朋友告訴我，她被中國列入黑名單不能到大陸旅游觀光。

美國著名電影演員：周-湃西，我工作的"聖巴納巴斯"醫院每年都以他的名字舉行為透析病人募捐的高尔夫球比賽并带聚餐會。

右一給我簽名的是原纽约"洋基"棒球隊的明星隊員，也是全美聯盟明星隊的隊員，雖已高齡仍然參加義捐活動，他就是费尔·若祖托（下面的照片右一）

左一是美國著名高尔夫球職業運動員约翰-德利，1991年赢得高尔夫锦標赛的冠军，1995年赢得英國公开赛的冠军。左二就是著名演员-周-湃西。右一是演员-汤姆-锥森，在拉斯维加斯赌场的剧场演出单口讲笑话。右二是影视剧演员-凯文-詹姆斯。

這是我的高尔夫球遮陽帽，諸位明星在帽沿上簽字，這是一項十分珍貴的收藏品。

张彌曼是中国科学院古脊椎動物与古人類研究所教授、中國科學院院士、英國林奈學會外籍會士、瑞典皇家科學院外籍院士。

2018 年 3 月 22 日，82 岁的张彌曼女士在巴黎聯合國教科文組織總部獲頒 2018 年度"世界傑出女科學家獎"。

這是 1995 年張教授來美國時到她的學生家探望，我們是對門的鄰居，便受邀一起聊天吃個便飯。

左一是施敏先生，他不但在美國而且在世界也是名人，他是微電子科學技術、半導體器件物理專家。台灣中央研究院院士、美國國家工程院院士、中國工程院外籍院士。他寫的專業書籍已是等身之多，在國際上凡讀電子方面的博士，都必讀他的著作。他雖然退休，每年都會被邀请到中國大學講课。右二他的夫人-王令懿女士，他們夫婦既是我們的朋友，也是遠親，更是幫助我們在美國改變命運的貴人和恩人。

我的學生-陳崢和雷恪生到美国旅游時曾來我家并和我的兩家挚友一起聚餐（上面一張）。雷

先生和斯琴高娃的戲中（大宅門）的王管家和太監-李蓮英給我們留下不可磨滅的印象。

我們與央視"話說長江"的解說朗頌者-陳鐸先生和夫人合影留念，陳夫人和我都是北京市西城區中學老師，在對方學校都有相識的人，所以談話內容更豐富多彩。

我們與台灣著名歌星-林淑蓉女士合影，她是受海峽兩岸歌迷都喜歡的歌曲-"無言的結局"原唱歌手。在聚會上，她還應大家的請求與唐國強先生合唱數首歌曲。

在廣東中山與原國家隊主力隊員-李鵬首次見面，他是莊則棟的學生，1973年他與梁戈亮、许紹發、陸元盛重新奪回男團冠軍杯。2008年的世錦賽在廣州舉行，我請李鵬幫忙給美國隊在中山市解決三天免費吃住和訓練場地，因美國乒協是業餘組織沒有太多的經費，只能幫忙到處找關系化緣了。

與梁戈亮的巧遇，第一次是在日本橫濱的世界老人乒乓球比賽认识，因他在北京醫學院當乒乓球俱乐部教練，正巧我大學同班同學是同一教研室，說好到北京去他的俱樂部練球并合影留念後來，北京大学乒乓球隊來美國參加比賽，賽後，全隊來到葉瑞玲家與美國的球迷聚會，與梁戈亮再次會面熱情暢談（上圖）。

社會活動篇

2007年，北京央視五頻道乒乓球組的記者來美訪問，左三是記者-周到與我們一起交談。

左一是中國乒乓球隊的專職具有國際認證的攝影大師-齊大征先生，女士是中國乒乓球三傑之一姜永寧之女-姜小英，曾為廣東省乒乓球隊隊員，右一是我好友-楊志強先生，自己俱樂部的教練。

齊大師來美在葉瑞玲的俱樂部裡給我們照了很多我和我的球友-沈有成先生打球的照片，我和沈先生一起打了二十年乒乓球。

杨柳，現為北京大學金融專業的學生，原國家隊女隊隊員，曾獲全國乒乓球比賽冠軍，也獲得"朝鲜公开赛"冠軍。

與美國共和党華人總部主席-陳本昌先生和夫人在纽约的辦公室合影留念。

有人覺得我們和名人合影留念會提高自己的身價，土鳖意識，古話曰：命中要有只须有，命中没有莫强求。簡練的說法就是："命中注定"，不如自己在與名人交流中有意識的去學與你有關或你需要的知識不更實際一些嗎？

我感觉與各界人士接觸是個長知識和學習的過程，因為我和他們專業不同，經歷不同，感受也不同。所以在交談過程你會從他人身上學到不同事物的不同應對方法，學到在不同環境如何成長，滴滴的經驗會讓我們的人生路上少走灣路。

聊天過程是增加知識最好的時刻，在教室裡和書本上學不到的知識。

人生感悟篇

为自己"人生七十才开始"的画册所写的前言

我是 1940 年 7 月 14 日出生在美国加利夫尼亚州奥克兰市，因我父亲于 1942 年从加州斯坦佛大学毕业时正是二次世界大战美日交战而无法回到中国，直到二次世界大战结束及日本投降后於 1946 年夏才由旧金山乘船经太平洋返回中国。

1946 年夏回到北京（住东城区东总布胡同 63 号），见到了我的曾祖母，祖父，祖母，四位姑姑们及我的姐姐和两位哥哥。因当时不太会讲中文，上的是"圣新小学"（东单三条原纺织局旧址），46 年秋因父亲就任"东北化学三厂"厂长便随父去辽宁抚顺，47 年底返回北京，48 年底又全家去台湾（居住台北市），因父亲留京处理家产及生意琐事没能与全家同行，待父亲可以启程时已无法前往台湾了。到了 49 年夏，母亲便携我和三哥乘船经香港返回北京，我们找到父亲后就再也没机会返回台湾了（因已是建国前夕）。

55 年北京 25 中初中毕业，58 年 24 中高中毕业，63 年北京体育大学毕业后分配到北京女八中教课（文革中学校改名为 158 中，现为鲁迅中学）至 72 年底调入天津教师进修学院任教，后并入天津师大任教直到 81 年 4 月初全家移民美国。在美国的二十九年的工作可分三个阶段：81-86 餐馆，86-95 开车，96-至今在医院。

我的七十年生活，在中国和美国各半，在出国前的四十一年是我成长，学习和开始踏入社会之第一阶段：由于我的个性率直，生性懒散，说话口无遮拦加上自我约束能力差，造成我的政治免疫力差，在我的个人生活和政治的路程中走得总是磕磕碰碰，算我的运气好，尤其在"文革"中有众人（友）及贵人相助总算有惊无险的度过了人生中最后的一个政治运动。

第二阶段是从 4 月 8 日 81 年到达美国后，生活在一个与过去完全不同制度的国家里，人情事理都与过去差别甚大，为了全家生活大人每天打拼，孩子都从 12 岁开始打工，直到大学毕业，自己赚零花钱和大学的生活费，学费是申请奖学金和学生贷款，他们在大学毕业后 5-8 年才还清贷款。在这近二十年里除了工作外，我最大的收获是较为系统的回忆自己成长的过程及从走出校门踏入社会工作后的各种经历，很好地总结了做人，做事成功与失败的经验和教训，使自己的思想境界及生活内容提高到一个新的层次。

第三阶段是从 60 岁（2000 年）开始享受人生，到欧洲及日本旅游访友，尤其从 03-09 年每年都会中国探亲访友，与大学，中学的同学，一起工作的同事好友，我曾经教过的学生们及亲朋知己回忆过去学生时代的幼稚和顽劣行为，以及初入社会对人与事的懵喳喳的行为，调侃过去正视现在，笑谈未来。

后记：我是七十一岁退休（2011 年 9 月退休），由新泽西州北部的密尔本镇半岛南部的蒙柔镇，退休生活尚未完全适应，每周去打两次乒乓球，余下时间有时打高尔夫球，有时去俱乐部锻炼，总之较过去时间空闲多了，所以，从今年二月开了自己的博客，写些自我的人生经历和所得到的经验与教训，与亲朋好友共勉。而且，通过写博文交了有共识的新朋友，并通过给我博文的评论学到在当今年代，如何拉进自己与现实之间在思想上的差距。快快乐乐，健健康康地走完人生最后路程，给自己的人生之旅画上一个完满漂亮的句号。

"诚实"在不同体制国家里的体现

前几天，我在美国的中文小报看到一篇文章，中心思想是讲"诚实"，现实生活中总统和乞丐的故事，并不是总统如何对待乞丐，而是讲述他们都认为"诚实"是个好东西。所以，一个成为美国历史上伟大的总统，另一个在极端困境中得到很多援手，开始了新的生活。

照片裡的故事（中）

　　美国前总统里根在担任第33届加利福尼亚州州长（67年-75年）期间，得知女儿帕蒂在学校违反纪律后，于1968年3月5日写了封信给女儿，劝女儿做人一定要诚实，犯了错误一定要改过，下面我摘录她给女儿的信里的最后一段："难道妳不明白，任何欺骗行为——不管它有多么微不足道，都会带来不利的影响。如果一而再再而三的这样做，总有一天会陷入困境，甚至到那时还不明白为什么，是如何走向绝路。"里根在1981年成为第40任美国总统到1989年卸任任期两届。美国人民对里根总统的评价非常高，在美国人民评比的'美国历史上最伟大的十位总统'中，里根总统排名第二，仅次于林肯。

　　在道德的天平上，乞丐和总统是平等的，因为那时天平上不允许任何附加条件和砝码。在2010年8月9日星期一，发生在美国大都会—纽约市的一件'奇闻'，纽约一家广告公司的女主管玛丽亚-哈里斯走在路上时，一名乞丐向她乞讨，她身上没零钱给乞丐，就把信用卡交给乞丐，让乞丐刷卡购物。乞丐拿了信用卡走后，路人都说玛丽亚太傻了，谁知道乞丐会用多少钱，信用卡到手是否回归还，一些好事的人也和玛丽娅一起等在那里，想看到自己先见之明的悲惨结局。过了一会儿，乞丐拎着矿泉水和烟卷等日用品回来了并拿着收据，众人一拥而上去看收据，乞丐只花了$25元（折合人民币150元），乞丐平静地把信用卡还给了玛丽亚并谢谢她，这时玛丽亚才知道他叫瓦伦丁。路人感到很吃惊，乞丐居然没有大买特买，而且把到手的信用卡又还回给这位好心的陌生人，玛丽亚說：她经常看到瓦伦丁在乞讨，直觉告诉自己他是诚实的。过了两年零十个月，近日此新闻又被不少媒体刊登出来，除了讲述瓦伦丁用信用卡的过程，还讲述了事情发生后的故事；玛丽亚和朋友在事情发生后就去了"纽约邮报"，将刚刚发生的事情告诉了报社。报社也被瓦伦丁的诚实所感动，当即予以报导，顿时就在社会上引起了巨大的反响，报社接到大量的读者来信，都表示愿意帮助瓦伦丁。德克萨斯州一位商人看了报导后立即给瓦伦丁汇去了$6000元，以奖赏他的诚实，更让瓦伦丁惊喜的是，他又接到威斯康辛州航空公司的电话，表示愿意招聘他担任空中服务员，并通知他尽快签约。沉浸在巨大喜悦中的瓦伦丁感慨万千地說：

从小母亲就教育我,做人一定要诚实守信,即使身无分文流落街头,也不能够把诚信丢掉。我之所以得到这么多的人的帮助,是因为我始终相信诚实的人,必有好报。

通过上述的两件事,联想到中国具有特色的社会主义对"诚实"是否也认为它是个好东西呢?自新中国建立以来,初期大家还是遵循做老实人,讲老实话,但后来发现每经过一次政治运动,诚实的人就少了,讲假话的人多了,时至今日能遇到诚实的人就像遇到外星人一样难,能听到真话实话就更难,因现在的社会上的人根本自己都不知道他本人说的是真话还是假话。因在历次运动中说实话真话的结局都是很惨的,反而說假话瞎话仕途看好,只步青云的高升。目前,诚实的人,老实人,讲真话的人都会被认为是外星人是另类。事出有因,赶快拯救我们中华民族吧!

"诚实"是个好东西,是当今世界上越来越稀罕的好东西,让我们珍惜它,追回它,保有它。

先树人再传艺(与老同学吴彬聊天有感)

1985年吴彬作爲北京武術隊的總教練來紐約訪問

照片裡的故事（中）

人生感悟篇

在纽约长岛李泰良先生的武馆合影（左三为李泰良右三为吴彬）

去年秋天吴彬夫妇来美看望女儿，12月初的一个周末他和他的学生-江邦军（2002年世界武术锦标赛全能金牌获得者）要到纽约长岛看朋友也是同门小学弟-李泰良教授（世界武术搏击联盟-副主席；美国国际武术公开赛-主席），路经我家时小住一晚可促膝长谈。转天我们夫妇俩和他们师徒俩一起驱车直奔纽约长岛会面与李泰良先生，午饭后便到李泰良先生创办的武馆参观。因江邦军的武馆第二天有课便连夜赶回维吉尼亚，几天后我们去维吉尼亚去看孙男弟女时，再次与吴彬一家人见面，我还向吴彬讨学了一套晨练面操的健身方法，他还买一送一的给我演示太极拳-老八手，我尚未学会，慢慢地练习吧！从而在聊天时就说到他的学生-江邦军，我们虽然在一起只呆了两天，无论待人接物；言谈举止；都让我们耳目一新，来美三十二年首次见到这样懂礼貌的青年人，如果我们几个年纪大的人在聊天他就会静静地站在吴彬身后，仔细地听，从不插嘴，如果问到他时，他会用简练的语言清晰的回答问题，让人听了感到十分舒服。如果在行走时，如遇路不平或是上下台阶，他都会抢前搀扶老人。我和吴彬说：你的学生我在美国曾接触过几位，他们都很懂礼貌，做事也懂规矩，是否习武之人首先学的是"武德"。吴彬讲道：无论从事哪项运动或是做何种工作都要依做人为本。习武要有武德；从商要商德；医护人员要有医德；做人要有道德。一句话，做人做事都要依德为本依德为先。

我是一名体育工作者,移民美国前从事中学、大学的教学共近十八年(63-81年),见证了我国是如何摘脱"东亚病夫"的帽子,又如何走向国际体坛并成为世界体坛之强国,尤其我国在重返奥运赛场及改革开放后,经济基础雄厚了,物质奖励也紧紧地跟上,而这时社会转型走进商品社会,但思想教育没跟上,大家都向"钱"看。结果,造成一些奥运金牌获得者在获得奖励后的自我迷失,忘记自己今日所取得的一切都是来自祖国和人民的关怀与支持及培养,自我膨胀目中无人。我个人观点是祖国不需要这样的人,宁肯不要这块金牌而要一个对国家和人民有用的人。让这样的人出国家队,因为他(她)们代表不了中国人民,在他(她)们的身上不具备中华民族应有的优秀品德。为了挽救他(她)们不至于成为废品,禁止参加任何国际比赛,送到学校提高文化水平,增加知识,学到做人的道理,学懂人生在世要以"德"作为树己之本的道理。在最后让我再说一句肺腑之言来提醒这些优秀人才的家长们,不要让孩子当成聚宝盆和为己取得名利的工具,在孩子取得成绩时要教他(她)们知恩感恩报恩,要谦虚谨慎戒骄戒躁继续为国家和人民作贡献,这样才不至于断送了孩子们的前程。

朋友多,源于诚信与包容

是我走向社會時的人生路上的老大哥和老师-晏君力先生(中)

人生感悟篇

老人大上（中）為我中大人生的路上的老師羅霖同學也是我生活中的老哥哥

天津師大的同事（左四）和天津外國語大學老師也是北體大的學長（右二）

天津工業大學的老師們是我太太的同事也是我們的好友

照片裡的故事（中）

我的乒乓球教練-葉瑞玲女士，也是忘年交的好朋友。

"在家靠父母，出门靠朋友"这句话流传于民间已有很长时间，究竟起源于哪个朝代已经无从查起，从我踏入社会至今使我受益匪浅，在当今谎话连篇假话满天飞的时代里，不管你有多大的本事，首先是"作人"，做人最重要的两个字就是-诚信，即作人要诚实要讲信用，这样别人才能走近你，是否能成为朋友自己还要具备吃亏既包容的心，就是别人有困难你要伸手帮忙，去付出，不论是精力体力财力都要毫无怨言地去付出而不讲回报，否则那不是友谊而是交易。如果没有朋友的帮助呵护而且是来自精力体力和财力上的支援，我不可能走到今天立足美国有房子汽车而且退休后吃喝不愁。在和朋友一起聚会聊天时有人问我：老常，你怎有那么多的朋友？。我想是我的性格决定的，我自认为生性率直性格开朗不会用心计（这样活得太累），有的人就说：和老常交往心里不用设防。要说与人打交道用心计，我还是屡战屡败，我的心计都用在打球上了，技不如人时只能靠用心计（即战术）来取胜。因为我的学生曾给我下过断语：常老师，你不适合搞政治也不适合做生意。所以，我自认为我不是个"帅才"而是"将才"。个人浅见让大家见笑了。

如何玩好手中"自己人生的这副牌"

我是天津电视台"非你莫属"节目的忠实观众，即使出门在外，回来后也会一集一集的补看，职场招工是我们这代人从来没有经历过的事情，我们毕业时根据国家的需要来分配工作，我们只有服从的份儿。每次看节目我都有感到自己与现在社会之间存在的差距太大了，一方面是技术与知识的差距，二是思想认知方面的差距。有时也想和现代的中青年人交谈，发现有时真是鸡同鸭讲，这就是现在说的"代沟"吧！

上个周末的"非你莫属"节目中的观察员—涂磊先生对一位求职者说的一句话即精辟而又有哲理的人生警言：你的人生里不在意是否拿一手好牌，而是能否将一手坏牌打好了。现实生活中的我是在孩子们完成学业走向社会时，我的生活上千斤重担总算是卸下了，工作时间没有精神压力，空闲时我就静下心来回想自己所走过的人生道路上的种种坎坷经历，既有经验也有教训，也可以说我的手中的一副牌是从1953年8月父母离异开始作为分水岭；以前是生下来手中就握着一副好牌，无论怎么出牌都是赢。53年父母离异后，父亲的工作也由天津"开滦矿务局"转到"北京矿业学院"（现为中国矿业大学），我也进入北京25中初二并开始住校直到婚后第二年才由北京调入天津从而结束了单身住校生活。也就是从那时开始我手中的牌就变成了一副坏牌，我从出生后就没离开过父母。我父亲的一步错就步步错，他本来手中有一副好牌，打成了一副烂牌，第二次婚姻从开始到他老人家走完自己的人生路的28年中基本上没过过一天舒心快乐的日子，就匆匆的走完自己短暂64年之人生历程，一步之错就失去了出牌的主动权而改变自己的人生路。我刚开始住校非常不习惯，加上失去母爱，就经常逃学回到天津找母亲，这样一学期下来我的功课几乎全部不及格，后经补考总算全及格而继续升学，到了初三开始踢球后使我发生了转变，功课也跟上了，也不太调皮捣蛋打架了，上课也认真听讲，学习成绩也进步很多，高中考进24中，这所学校足球是强项，体育老师—赵长兴老师和梁振生老师都是北京足球界的老前辈，曾为 50 年代足球界的佼佼者，也是北京队，华北队的主力队员，与当年一起还有史万春先生，孙鸿年老师，孙鹏老师等前辈。我上高一刚到 15 岁，入学后就被选入少年队参加全市比赛，从此以后便与体育结下了不解之缘，高二时我班的军体委员—周寿华是从北京长辛店中学考来的，属牛长我三岁，生活阅历颇为丰富而且篮球打得好，是我校队的绝对主力，也是我打篮球的老师，也是生活中的兄长（文革期间是在河南平顶山市体委工作，任篮球教练，十余年前因病去世），高一我班篮球打全校联赛时我还是替补，只有观战看的份，到高二就成了主力队员，到高三全校联赛我们获得亚军。周末有时一天赛 2-3 场球，也不知哪儿来的体力，体育活动占用了我大部分业余时间，在思想上减少了我对父亲再婚的抵触情绪，但我对父亲再婚的夫人直到她去世也没有任何称呼。是体育在我的人生道路上给了我进步的动力，也是体育把我手中的坏牌在人生的赌局中最后胜出。

最后，我在这里要对我成长过程中，曾经给了我文化知识和专业技术及如何做人道理的老师和教练，深深鞠上一躬并诚心的說一声：非常感谢您们对我的精心培养和耐心教育，使我在教育事业中成为一名合格的教师，也让我可以面对我教过学生的家长们问心无愧的说一声：我对得起教师这个称号。

写完"自己人生的这副牌"后所带来的故事

序：经博友沈先生的推荐让我到"文学城"的"常青人生"栏目去发表我的博文，因老年读者多。我博客 2/3 的文章在"常青人生"发表后的六周里有近三万六千多人次阅览，但他们对我的经历及家庭背景很好奇并感兴趣，所以才促使我写了这篇"交待材料"，以满足博友们的心愿。

我来到"常青生生"这个栏目时间很短，却有十几位博友看过我的文章，在这里对您们说声：非常感谢您们（加州花坊，亮亮妈妈，弓 X，雨前茶，林依，明紫，苗青青，Orange88，Coach1960，不思进取，成长，费嘉，沉鱼，广陵晓阳）的阅览和给我提的建议与意见，

人生感悟篇

在上述诸位博友中有两位是我北体大校友（与亮亮妈妈通过 E-mail 交谈，与 Coach1960 是电话联系，所以他知道我的情况多一些，他曾在贴中提过我是有故事有背景的人），与其它的博友们没有过交流，但从我写的自己故事中会有些想知道我的家庭背景，说句实话也没什么大不了的背景，你们有耐心烦我就唠叨几句。

我的名字叫常叙庸，老常家祖籍是山西洪峒县人氏，明末清初战乱加上灾荒而且山西有些人满为患生活异常艰苦，朝廷下旨命向东移民（即向河北河南山东三省移民），朝廷发给每家移民安家费用，当年常家共有近千家移民，一支移民到河南而另一支有七百户移民到山东落到寿光县（现名为常家庄），后来闯关东找生路，我们常家世代为农，这支有记载从我曾祖父的父亲开始；我曾祖父兄弟四人，我曾祖父——常荫廷行大，二曾祖和三曾祖经商务农，四曾祖父——常荫槐与大哥为官。我的太祖父因几代务农积攒一些钱，让我的曾祖父兄弟四人念书，曾祖父——常荫廷在清朝末考中举人，到黑龙江省任职道台（为朝廷命官四品，相当于省长）直做到中华民国建立后的一段时间才退休还乡。四曾祖父——常荫槐曾任黑龙江省省长兼东北铁路局局长与杨宇霆同为奉系大帅——张作霖的左膀右臂。在日本制造的皇姑屯事件后，张学良继任父帅之位称之少帅，其官位高于我叔曾祖和杨宇霆，当时的张学良年轻放荡不羁，吸鸦片，赌博，找女人而不务正业，但杨常二位见到张学良从没称呼少帅，而是直呼其乳名——小六子，天长日久张学良心里很不舒服，加上身边谗言的马屁精们挑唆使少帅在心理种下杀机。这也是在历史上被称之为"杨常事件"。

我祖父——常炳彝字绍襄生于 1896 年，法政学堂毕业后随四曾祖父行走，官至哈尔滨海关督办，皇姑屯事件后，祖父处理完四曾祖父的后事便举家前往北京，曾任大兴县县长。日本占领期间北方王克敏伪政府多方威胁利诱盼祖父出山，然祖父自始至终不为所动在家赋闲直至抗战胜利。

抗战胜利后祖父曾任当时北平市参议院及平津冀热察五省市军纪吏治督导团秘书长（团长李嗣聪），1948 年冬，祖父母率曾祖母与四位姑姑全家和我们一家五口还有我舅舅一同迁台。四位姑父除大姑父是陆军文职官员——热河省主席刘德荃的秘书,其他三位姑父均为空军驾驶员,二姑父和三姑父是总统专机组的驾驶员,隶属国民党空军第二和第三大队,四姑父是战斗机驾驶员隶属空军第四大队。四位姑姑除大姑有先天性心脏病而没能念大学外,其余三位姑姑均能说一口流利英语,二姑还曾任英文翻译于北平国共停战军调处。我祖父在台湾期间曾任监察院内政委员会专员迄至退休。

50年代初,我在台湾的亲人发生过一件大事,我大姑父原是热河省主席—刘德荃的助理和参谋,1948年刘德荃没有随蒋介石转移到台湾而是留在大陆,1949年后当了辽宁省主席(和衛生部副部长),但他的夫人和儿子都跟随国民党去了台湾。事情就发生在刘德荃的儿子与我大姑父二人去香港返台时将一名共产党的地工带进台湾,并将这名特工安排在我二姑家,东窗事发国民党宪兵队发现此事将所有参与人员抓捕归案并处于死刑,50年代初凡是通共一律死刑。此时,我大姑已是六神无主,便去找我二姑请她去和蒋经国商量一下可否从轻处理。蒋经国先生与我姑姑是好朋友,在迁移台湾前蒋先生常到我们在北京东总布胡同的家中来(他来时将车停在另一条街,我们家斜对门是国民党卫戍区司令部,不想碰到熟人),时而喝茶聊天也有时打麻将。这次事情较为严重,但最后还是释放出狱,几年后我大姑父当了国民党行政院院长——孙运璇先生的顾问。我二姑父被此事件牵连离开总统专机组,为了生活他凭借自己的优秀驾驶技术被聘邀到美国中央情报局工作,空投国民党特工人员到大陆沿海及内陆省份直到1956年在江西上饶地区被击落身亡,他的证件被送到北京军事博物馆展出。

我父亲的情况较为简单,1938年就读于北平燕京大学,因被日本宪兵队逮捕冠以同情抗日罪名,最后我祖父通过华北军政要人的关系保出来,为了避免再次出事便出国留学到美国加州的斯坦佛大学,1942年毕业后正值第二次世界大战期间而无法回国,直到才回到46年夏天才回到国内,当年冬天便到东北抚顺第三化学厂任厂长,48年解放战争时便回到北平在开滦矿务局工作直到53年调入北京矿业学院任化学课程教授，59年调入北京化工厂任技术安全科总工程师直到1981年去世。

关于我父亲的第二次婚姻在这里不想多谈了，人已经死了，死了死了，既一死百了。作为这错误婚姻的双方他们心里很清楚对与错，但我父亲对她的和他们的子女都尽到了责任和关照，而她对我们兄弟二人是从精神到物质都从各方面的进谗言，是用心计而紧张我们父子关系。所以她的孩子对我父亲是非常感谢与感激。我们兄弟俩至今都不可能原谅，虽然她已经死了。但她的子女与我的关系很好，而且我们经常有电话联系，过几天我将回北京参加北体大六十年校庆并相约见面畅谈，他们理解我的心态，也谅解我的态度与看法。因双方子女都健在生活在美国和中国，都有家庭及子女，为了自尊与颜面就不谈此事，毕竟是属于个人隐私，望大家见谅。

能写的和能说的我都作了，我9月18日到11月到7日回国参加校庆，探亲访友，游山玩水，回忆青少年时期的往事，积累人生阅历，更好的快乐的幸福得走完人生路程。

我一生最爱和最适合的职业—教师北京女八中老三届的同學來美國旅游到紐約后，顺道来我家探望。

北京老三届知青海外兵團
（男四中，女八中，女十二中，師大女附中）

北京魯迅中學 71 屆六班同學合影（2003 年）

天津教師進修學院首屆畢業生（都是老三屆高二高三的學生）聚會

我这一辈子在国内就做了一种工作，一做就是十八年，63年毕业到北京女八中工作了九年，72年婚后调到天津教师进修学院（四年）后并入天津师大（五年）工作也是九年到81年四月移民到美国。

我当教师最大的成就感有两方面：一是我在教学中的成就感也就是每在课堂上教同学练习一个动作时，自己能用最短的时间和最有效的方法让同学们掌握动作的要领而能独立完成动作，并且在教学过程中没有出现任何伤害事故。要想达到上述目的重点在于教法，这方面要动脑筋花些功夫才能找到动作之关键，以及为掌握动作要领的辅助练习方法。比如以教简化"太极拳"24式为例：我先教"野马分鬃""搂膝拗步""倒卷肱""云手"四个动作用两节课（每节课为一小时），因这四个动作都是多次重复，而且还包括了几种步型，其余的二十动作都是做一次，然后每次课教几个动作这样学起来就节约了时间。当你所教授的锻炼方法同学们都能掌握时也是自己最有成就感的时候。

二是对"桃李满天下"有了深刻的切身体会，看到学生们今天大多数事业有成，有了幸福美满的家庭生活，而他们的子女也也长大成人走向社会，有的学生是三世同堂。他们都经历了"文革""上山下乡""返乡回城"的艰难地生活历练，每次与他们的聚会都会有说不完的话，我们大家都有共同的经历，有共同语言。这时，自己

这五位同学都是體育愛好者，三位打過籃球和排球專業隊，兩位打過籃，手球半專業。

就会感觉到做教师的责任感和使命感，到了今天大家都是年过花甲

时，再聚在一起时那种亦师亦友的感觉真好，特有成就感，如果让我再次选择职业，我会毫不犹豫地选做教师。

"梦"和"过年"

今年是我活在世上的第八十個年头儿，也是第一次看到全国人民如此这般万众一心抗击疫情，我从微信中看到一个有趣但真实反映了"宅"在家里面的"痛苦"："体温正常，食欲正常，体重异常，精神失常"的四句话，从而让我想出一个我的秘方供大参用！就是睡觉做美梦-"嫁娶美夢"，醒来后會精神愉快，回想梦中的快乐镜头，一天下来也不会愁眉不展的样子。

用句玩笑话，梦里头的出轨和越界不存在道德与法律的问题，能在烦恼时解决苦闷的灵药。我的灵感有时候就是来自梦中，俗话说："日有所思夜有所想"，白天說話聊天時，灵感就在瞬间，也许没抓住，晚上梦中會再次出现有时或突然惊醒，这就是再次抓住灵感的机会。

每年过春节除了初一饺子初二面，初三盒子往家轉的老传统外，就是逛庙会。另外就是提落點心盒子大年初一各家轉拜年送礼，这几项是必须要做的。

目前的年过的没意思，不准放鞭炮就没有年味儿了，我认为过年不准放鞭炮就是没有灵魂的的年，不如不过还省钱少传染疾病，岂不两全其美。

今年因疫情传染病来势凶猛，所有春节庙会活动停止，文体的竞赛和演出也都停止，每个人一律在家的自我隔离，避免被传染與传染他人的机会。中国人实在是太多，人多本身就是最大的污染，而且又是传染源。去掉一些没用没实际意义的传统习俗未必是坏事，大家都是工薪阶层，没必要花很多钱送礼為了個面子。我认为面子是自己在工作中挣来的，是自己人品修养与为人处事的涵养的积累。即不是花钱买来的，也不是送礼送来的。

不能放鞭炮的年就可以彻底改革，没必要搞什麼长假期，长假期就是人为制造的灾难，春运火车票难求，车厢人满为患，假期到处都是人挤人，人挨人，旅游時景点的卫生极差，吃喝拉撒睡都是问题，不得传染疾病才怪！

希望能在这次抗击"新冠肺炎"胜利后，國家很好的总结一下，减少集中的长假期，减少人为制造的混乱，各企业公司除国家法定节假日外，都应有带薪假期1-2周/年（根据工龄长短而定）。

春节就是每个家庭团聚的日子，两三天就够了，而且，中國过去是農業大国，幸幸苦苦劳动一年，在收获一年所得后，春节庆祝與休息。现在社会结构改变了，农民人数减少很多，农民工增加，作为当今的领导還遵循老旧一套方法很难有所突破與作为。

丢掉或忘记"传统"吧！

从国家大剧院看四周天空是灰朦朦的，開演前我們還不感覺霧霾的困擾有多大（上），演出结束走到长安街，我的媽呀！眞受不了。

照片裡的故事（中）

这次回国参加北体大六十年校庆，我们俩是九月十八日乘机离开美国直到十一月七日才返回家中，在国内探亲访友及旅游共待五十天。近十年我是每年都会回国探亲访友，总是怀念过去"传统"的东西，包括吃喝，人际交往的情义以及儿时的顽劣情景，随着时间的流逝而"传统"的一切悄悄地远离我们，可我还死揪住"传统"的尾巴不放手，结果是我看什么都不对更是不顺眼。

（一）每次回国总想吃些"传统"的北京小吃及佳肴，结果每次都是一样既乘兴而去败兴而归，小吃如年糕，切糕，驴打滚，爱窝窝，豌豆黄，绿豆糕等甜粘食，炸咯吱合，焦圈儿，豆汁儿（东安市场的豆汁何），面茶，炒肝儿，卤煮火烧，爆肚儿（东安市场的爆肚儿满）都是我最想吃的风味小吃，但味道口感都不对。做这些食品的老师傅都已作古，手艺没有传承下来，同样的食材但因佐料不同，制作程序不同，火候不同其食品的味道口感就会有天壤之别。全聚德的烤鸭质量尚可，服务质量及生意道德水准是不敢恭维的，变着方儿的宰人。我自小吃烤鸭就没见过全聚德烤鸭店会收取葱酱钱，切下一小块脆皮撒上一点白糖也要收钱，荷叶饼质量根本谈不上，都是机器做成的饼吃是用笼屉热一下，而不是人工烙出来的，其机器制饼难以下咽，有损其烤鸭的独特之香味。越是百年老字号的店，菜的质量越差，价钱高，因他们只是给"现代土豪"们服务，"土豪"们根本不知道什么菜应该是什么味道，他们去老字号店吃的钱，为显示他们的身家价值，能责问服务生为何把鱼翅汤当成粉丝汤端上来还送红醋。

（二）每次回国都住在北京，但今年回来后，我只知道它是首都，它不是我曾经成长和生活的古老安静庄严的北京城。目前，据说人口已有三千多万人，我每天都和一群没教养没礼貌没道德的"土豪"们在地铁，公交车上和街道马路上拥来挤去，在交通工具里所看到的是一群中青少年的"低头族"与"闭眼族"，尽管他们面前站立有老弱病残，依然视若无物，中华民族的悲哀呀！何谓情？何谓义？何谓孝？何谓礼？何谓耻？自文革开始后至今，凡是能喘气儿的人还有百分之几的人懂得上述五个字的真正精髓？在历史上具有辉煌记载的古都如今已被高楼大厦所掩盖，成了一座四不像的城市，几十层的高楼大厦被雾霾弄得脏兮兮，每天都是"灰头土脸"的迎接国际来宾，是否影响国家形象？

丰台区赵公口的天桥，溜狗时不清理自家宠物的粪便。牵只狗愣充善心人，实际上就是一位没文化没教养的土鳖。

通过这次在国内旅游探亲访友的五十天，使我感悟到能懂得"传统"的人也仅剩下我们这拨在交通工具"罚站"的"老不死"们，也就是說"传统"与现在的社会的发展不能并存，因"老不死"的人数在全国十几亿人中占的比例太少了，而且我们这拨人也不是有油水可榨的对象，也只能凑在一起来个精神会餐，自我解馋的回味"传统"的余香。

政治智障儿的胡说瞎写

我与母亲，舅舅和长我两岁的哥哥于一九四九年八月份由台湾经香港回到北京，经历了开国大典，镇反，三五反，肃反，整风反右，反右倾，人民公社大跃进到六十年代天灾人祸造成的困难时期，气还没喘过来就开始了十年浩劫——无产阶级文化大革命。之后，我于一九八一年四月八号全家移民美国至今，回想在新中国建立后的三十二年的生活经历，而我今天是生活与国内没有任何关联的立场可以较为客观的总结与评价自己和生活过的中国之过去和现在，因为在我走到生命尽头之前我觉得自己活明白了，所以，我要有最后的一次胡说八道和瞎写乱画。

（一）看问题不要脱离当时的历史背景与环境，自小生活环境优越，不懂"穷人的孩子早当家"的真实内容与涵义，所以，生活得太自我，有嘴无脑的乱讲话，根本不懂社会制度变了，自己的一切言行要追随当今的社会潮流，而不是让社会潮流适应我自己。这是我生活在新中国里在政治上屡犯错误的根本原因。今日我虽然生活在异国他乡，但我可以大言不惭地说：我是爱国者，热爱自己的祖国。虽然我的父母均在文革中遭到迫害致死，我承认内心无法释怀对建国以来的所作所为造成的恶果，但改革以后的三十余年的硬件取得成绩有目共睹，尽管尚存很多问题。

（二）我这次回国参加北体大建校六十周年校庆后又到南方城市走马观花的游览一下，颇有感触而且写了数篇"回国观感"和"旅游观感"，内容大多是批评城市的日常生活里存在的问题与不足，可能让一些生活在国内的人们对此感到很不舒服，尤其是对大批外省市生活在北京的"四无一有"的土豪们及农民工们有怨言，这是事实造成北京原居民对他们的抱怨，他们身上的的确确带着五千年历史积淀下来的垃圾恶习，城市人不习惯这些是很正常的，这不是他们的错，是历史，贫困的环境，艰苦的生活以及没有受文化教育的机会所造成的今天的后果。我们换个角度来看这个问题，我认为这种现象是改造和清除他们身上的恶疾之开始，因政府没有能力派出大量工作队到农村，边缘的落后山区以及少数民族区落普及中学文化教育；道德教育；法制教育；礼仪教育，而飘落在各大城市的这些人就是他们本人这一代受益不到这些教育，但他们的下一代，孙子，重孙，玄孙们就基本上完成了转变，他们就是在半个世纪后或是一个世纪后的中国科技界；教育界，金融界；军事界的精英门。所以，我们在发完牢骚和怨言之后，起码我们以及我们的儿孙们甚至再往下两三代人都要忍耐我们看不惯和不习惯的现象与习俗，我个人乐观的预计百年之后会有个新的再生中华民族。

看"非你莫属"后有所感悟

"非你莫属"是一栏电视节目，从开始播放至今已有三年的历史，也是经人介绍说这个节目虽是职场招聘节目，但观赏性很强，内容新颖，当时的节目主持人是张绍刚先生，如今换了主持人为黄健翔先生和观察员—涂磊先生。近三年，我们每周末必看的节目，一期都不落的看，从节目中学到了知识，知道国内的发展，以及学到和懂得生活中新的语言词汇，下面我想谈一下自己看完节目的感想：

（一）没想到自己一不留神也成了"粉丝"，这词儿是从英文 Fan 同音直译过来疯传到每一个角落，在美国口语中就是狂热者，狂慕者就像球迷，影迷，明星迷等，我很爱看这档节目，期期不漏的看。因为我从职场招聘当中看到这些公司企业的年轻老闆身上的优秀品质和他们白手起家艰苦创业的历程，也看到他们对事与物和人的敏锐观察力。我很敬佩的几位老闆：杜子建先生，慕岩先生，姚劲波先生，徐钊先生，刘惠璞先生，陈欧先生，朱虹女士，史晓燕女士，尹峰女士等。尤其令我敬佩的是杜子建先生能在自己人生道路经历坎坷的大起大落之后迈出坚定的脚步而勇往直前再创灿烂辉煌的今天。也通过看节目学习到我所不知道和不懂的一些知识和信息。

（二）从节目里看到参加职场招聘的学生们身上存在的优缺点，也就是自己看到了目前国内的教育与我们那时有何区别和存在的问题，在求职的学生中很多都很优秀，也有一些眼高手低的毕业生，优秀的求职者让老闆们互相争抢，也会对一些准备不足的求职者提出意见与建议，而且尽量能给于机会。从而想到我们大学毕业后是国家统一分配，只要在政治上没有严重错误都会有工作，有饭吃并能养家糊口，我们从这点来比较当今的毕业生，可以说我们要幸运多了，不足之处只是工作地点与专业是否理想，那就要看自己的运气了。

（三）今年九月下旬是北体大的六十年校庆，很凑巧在信息路的速"8"酒店入住，可当我们拿出身份证明（美国护照）时，柜台小姐告知外宾不能入住，因这家酒店大部分顾客都是北体大的校友，在 75 届的校友帮助下总算住下了，接下来的事情我才明白此家酒店不接待外宾的理由了。这家酒店没有电梯，旅客需自己提着行李箱爬楼梯到房间，在国外从没见过没有电梯的旅馆，这与国内五层以下的建筑物均无电梯设施的规定是有天壤之别，在美国也有速"8"酒店，都要考虑到老人，儿童和残疾人的上下楼的问题，只有在中国是被很多政府官员所忽略或忽视。就说不招待外宾，那中国的老人儿童和残疾人就得自己负重爬楼梯而不被照顾？我记得速"8"酒店的老总—徐钊先生也是海外留学生吧！

（四）我们对尹峰女士的"咖啡之翼"很感兴趣，因我们天天喝咖啡，而且对咖餐厅的内容甚感兴趣，我也在网上查了有关"咖啡之翼"在北京的一些资料，得知在工人体育场附近，东大桥一商贸大厦的顶层。那里是繁华热闹地区，我们和我的两位学生一起去吃饭，饭菜的质量还可以，价格适中，环境还可以，只是饭后我们聊天时大家要了咖啡，等了很久才端上来，一喝咖啡是温突突的，甚为扫兴，因我们在美国每天是咖啡必喝，是有瘾的，我想是服务员在咖啡煮好后忘记马上送过来，吧台的工作人员也没催促提醒而造成的。我在节目里看到是尹峰女士是在招聘管理层的人员而不是服务员，所以，我觉得在服务员培训这环节要加强，它们毕竟是从小城市或是农村来到北京，如何做好咖餐厅的服务工作是有区别于快餐店和一般的中餐馆，因带有文艺范儿的气息从视觉和感官上根本没有体现出来。

（五）我们开始观看这栏节目时主持人—张绍刚先生，他的主持风格我们感觉较其它栏目的主持人有新颖独特之处，这也是吸引我们非常爱看这档节目，他与求职者和老闆之间的调侃互动造出良好轻松的氛围。但到了今年初时，张绍刚先生的主持风格有所改变，言词过于尖损尖刻，有时还带有对个人不够尊重的攻击讽刺，每次再看节目时总担心会吵起来，多亏老闆们涵养素质高，免予和化解尴尬的场面出现，在这里我尤其对慕岩先生的涵养性表示敬佩，值得自己学习，如当年与慕岩先生同年的我能有慕岩先生一半的涵养与修养，那我也就不是今天的我了。换了面试官—黄健翔和观察员—涂磊后，我很喜欢他们的主持风格，黄健翔先生是资历很深的主持人，我过去看过她主持的体育节目，也作过足球解说员，他这次作为面试官态度平和而不失幽默和风趣，掌控会场也很得体并恰到好处，我们是经常被逗得开怀大笑，我特别喜欢和欣赏观察员—涂磊先生的发言，他对问题观察敏锐，语言精明而简练同时还非常中肯，我个人很崇敬他们。

（六）退休后的生活中，除了锻炼身体就是看电视，有的电视连续剧就是打发时间，有的剧情荒诞无聊而且经不起推敲，有的剧情接地气，有看头而且引发深想很有社会教育性。有的众艺节目很有观赏性，还能学到知识与常识，遂在美国但通过国内各地方电视台的新闻联播，可每日都知道国际和国内所发生的重大新闻和突发事件。它是我们老人生活中不可缺少的必要节目。我们用的是 italkBBtv 的中文机顶盒和"魅力中国"两种节目的机顶盒,希望它给我们带来更多的欢乐和减少得老人痴呆症的几率。

读"人生的七堂课"有感(一)

这个周末中文小报登了一篇"人生的七堂课"的文章,很受启发也倍受感动,对照自己反省走过的路,在很多方面我有进步甚至是较大的进步。这件事的由来是星云大师的一位徒弟,在海外留学多年终于拿到耶鲁大学的博士学位,回台后见到星云大师说:"师父,我现在得到博士学位了,以后要再学习什么呢?"星云说:"学习做人",学习做人是一辈子的事,没有办法毕业的。下面我就七堂课内容来总结一下自己的成长历程;

第一、"学习认错"。对这一点我有深刻体会,仅举两例说明,一是文化大革命中自己的言论所招来的灾难,在我六十岁后沉静下来反思过自己的问题,在文革中我说的话之内容是没有错的,为什么别人都不讲,难道别人就没有敏锐的洞察能力?是因为自己是个政治上的"智障儿",在错误的时间,错误的地点,讲了不合时宜的话。二是我每次回天津总会和我们师大的体育教研室及北体的学长们一起聚会,09 年的聚会时我们天南地北的聊天,小廖问了我一句:老常,你会打篮球吗?等回来后我还真以小廖的这句话总结我自己的篮球运动经历;高中,大学到工作,在这个时段(1955-66)里是依仗年轻速度快,有一定弹跳能力加上手感好,投篮有一定的命中率,位置一直是前锋。缺点;喜爱单打独斗,太爱表现个人的能力,打球没有集体配合观念(早该来美打 NBA)。从文革到出国前这个时段(1966-81),我已经没有过去的速度,弹跳的优势,开始带篮球队既要教基本动作还要他们比赛,位置也由原来的前锋改称后卫,负责组织进攻等,作教练是要有冷静头脑又要有观察比赛变化而具有作出应变能力的指挥官 ,在这方面我还是做得不够的,尤其后期的球打得真是有些"无厘头"之感觉。学习认错是自我解放,自我放下包袱,自我总结教训使自己提高进步的过程,来美国后我最大的收获就是学习认错，自我从抱怨和怨天尤人的思想状态里彻底走了来。

第二、"学习柔和"。牙齿硬，舌头软，人生到最后牙齿掉光了而舌头却不会掉，道理很是简而明。所以柔软才能使人生长久，硬反而使自己吃亏。我从上高中直到出国前（1955年-81年）在处理事情上违背了讲柔和的原则，古人曰：宁得罪十个君子，不得罪一个小人。可我却违背古训，专与小人干战，会上会下只是为了称一时口快嘴瘾，却给自己的人生道路上设置了太多的障碍，即使我的群众关系很好，别人也不能每回都替你去拆除障碍。时至今日我在这方面有了很大的进步，学会了柔和使自己变得快乐，使自己的人脉关系更广。在生活中如果真能像禅门所说的调息，调身，调心，慢慢调伏像野马，像猴子的这颗心，使它柔软，人生才能活得更快乐，更长久。

读"人生的七堂课"有感（二）

第三、"学习生忍"。"忍"与"争"这两个字是对立的，也是能代表一个人的思想水平，在对待发生的事情处理上这两个字也能体现当事人的文化素养。我刚参加工作时，还用学生时代的的处理问题方式去面对社会，不懂"忍"的内容及深奥的道理，处理问题都是随性而发。记得一件让我终生难忘的事情；大概是64或65年的夏天，北京市教育局来函；在毛主席畅游十三陵后，号召到大风大浪中去锻炼，各校组织游泳活动。当时女八中的校长兼书记是王季青女士，副书记是李培荣女士，李书记的先生是将军，但她本人的文化水平和素养并不高。在李书记与我交谈完了有关如何组织学生游泳后，当我开门就要离开党支部时，她突然问了我一个问题差一点没让我晕过去，她问：小常，现在游泳有男女分池吗？我当时年轻气盛随口回答：有，东城八面槽的华清池。暑假过后就没给我排课而是到"卢沟桥农场"参加劳动实习。其实生活在现实的社会里就是忍一口气，风平浪静，退一步海阔天空。忍可替你在生活中消除遇到的所有麻烦和不愉快的事情。忍就是用智慧处理和化解所发生的事情，使大事化小而小事化了。

第四、学习沟通和第五，学习放下，这两点也离不开"忍"，理解了忍的精髓，沟通与放下也就包含在其中。这两点的中心思想就是互相了解互相体谅互相帮助，尊重对方，包容对方才能使自己永远处于心静如水，淡定洒脱，与世无争，保持心情快快乐乐的享受每一天。

第六、"学习感动"。随着年龄的增长，随着人生阅历的增加，自己的心态有很大的改变，对很多的事与人比过去容易动容动情。我们养过一只猫——咪咪，她是1988年1月8日来我们家直到2007年6月去世，与我们生活了19年半的时间，她是我们家庭重要的一员，我们是泪流满面非常伤心的埋葬了她，并永不再养宠物。能被感动说明是心地善良，是爱心菩萨心菩提心，有能让你感动的事情，说明社会还是光明的，希望自己听和看到的多些光明少些负面。

第七、学习生存。为了长寿，为了生存我们需要有健康的身体做保证，我在大学虽然在体育专业院校学习，但来美国后，为了全家生活拼命工作而缺乏锻炼，我在1981年赶来美国时70公斤，到1996年初我的体重已达到90公斤，我从96年4月开始锻炼到2001年开始打乒乓球至今，体重减至78公斤，两年前退休后运动量减小，体重维持在80-82之间。身体健康精神就爽，也让孩子们安心工作不必分心忧虑家长的健康。

最后，我的感觉这人生的七堂课可用两个字概括——"包容"。除了学习生存外，从一至六那一内容能离开包容二字。其实就是要我们生活得洒脱一些，不要对生活中的事情太计较，要求太完美，不要给子和他人太多的压力，这样大家生活的就都开心了。

写"博客"所得到的意外收获

2月17日这一天是我在网易的博客创立一周年，在这一年中共写了61篇博文其内容有旅游观感，回忆过去，生活感叹等，实际上是大白话，吐真言，发牢骚，达到心中不郁闷，气血通畅，有益健康，同时又能与朋友达到思想交流，从中学习做人做事的道理。去年的8月5日我在文学城又开了博客，共有38篇从我网易的博文在文学城的"常青人生"栏目和我的博客里发表，收获与感触颇多，在我的两个不同的博客各有不同的读者。

在网易开设的博客读者主要是我在北京原女八中（文革期间改为158中现为鲁迅中学）九年的学生和老师以及在天津教师进修学院和天津师范大学的师生，还有我在国内的大中学的同学和亲朋好友。这一年里有近3900人次观览我的博文，90%的评论是学生写的，都是鼓励与支持，其实我的博客是学生帮我开设的，而且通过越洋电话来教我如何操作学博文以及处理会发生的问题，既学到有关电脑操作的知识，又能通过写博文抒发对往事之怀念与对现时社会的一些问题的己见，也算是老年生活中防老年痴呆与健身的好方法。

我在"文学城"开设的博客是在我博友—沈致襄先生建议下从去年8月7日开始，把我在网易所写的博文有38篇转载这边发表，同时也在"文学城"的"常青人生"栏目发表，这边的博友会在我的博文写评论，除鼓励支持外，还有不同的意见与见解，尤其是对人与事的看法较为深刻透彻，对我来讲是受益匪浅，还认识了新的博友和校友，从而也得到了一些新的信息。在"文学城"的博客有近9万人次阅览过，这对我是莫大的鼓舞也增加自己的写作信心。

通过写博文和浏览博友的博文后，对我启发很大，很多博友的博文被浏览的人次相当高（少为几万人次多至几十万人次），对比之下自觉在写作技巧与选题方面有先天的不足之处，二是博客版面设计不如他人，一是电脑操作技术不灵光二是没艺术细胞毫无创意，他人的选题更接地气贴近生活，内容多样化，有风花雪夜，有人生保健知识，有人生经历之趣闻等等，写作形式有散文，叙事文，诗歌等，像似看电影的文艺片，侦探片，喜剧片等而我的博文只是纪录片，在当今在社会生活的人们更需要的是刺激与激励，我应朝这方面努力。通过这一年的努力，虽有许多不足之处，但对我这在中学时期作文几乎没得过四分（五分制）的学生，我也很知足了，知足者常乐吗！

谈谈"中华民族"道德底线何在

中国现在怎么了，是否得了"重症"，每天发生的事情都使我产生一个疑问-我们的道德底线何在？从49年建国以来，因我一直是生活在城市里，当时人们的道德水准还是满高的，大街上发生了突发事件都会有人帮忙，甚至夜不闭户。58年参加高考期间我乘公交车的时间较多，售票员的服务质量与态度今后是再也看不到了，老年人与孕妇及带小孩的上车马上有多位乘客起来让座。中华民族道德第一次滑落是三年自然灾害，人连吃都吃不饱也就不顾什么道德不道德了，当年偷抢食物已不是什么大罪了，人与人的关系也不像从前那样友善了，在公共场所都会因一点鸡毛所皮之事大吵甚至动手打架，每个人都是一脸苦相。

　　第二次中华民族道德滑落是在十年浩劫的"文化大革命"中，人们为了表示自己是想把队站对了，把朋友一起说的知心话给揭发出来，批判自己的亲人而且无中生有并无限上纲，.实际上每个人都在这场政治运动中作了表演，而且都是丑角，都被这场运动给运动了，我也是其中的一员。文革中说实话的都趴下了，说假话的都站着呢；文革后说实话的虽然站起来了但还是等于趴着，说假话的还依然站着而且还飞了起来；所以能瞪眼说胡话的；睁眼说瞎话的；满嘴说假话的都是走上仕途的必备技能。

　　第三次中华民族道德滑落是改革开放以后的三十年愈演愈烈，一句话都是钱闹的，即出现了官商勾结；官官相护；以权谋私；以权谋利。2000年左右传说：如果把官员每隔一人揪出来枪毙就有漏网的；把每个人都枪毙就有冤屈的，至今这句话应成为是没有冤屈的，他们把国家的钱成千万上亿的钱装进自己的口袋，下面的农民商人也不落后，市场上便出现了毒米毒面毒奶毒菜假酒假药等等不一而足，为了钱亲人朋友反目成仇而且利用暴力手段杀死对方。尤其前两周发生在吉林的偷车案件并杀害了婴儿，可看出人性何在？连畜牲都不如。多年前发生在美国之中国留学生因博士论文答辩没通过，为发泄自己的不满举枪杀害两名世界著名宇航方面的教授和一名中国留学生，另一起案件是一名中国男留学生为了想和一名女生交朋友但遭到女生的拒绝而产生了杀机，约在咖啡馆里喝咖啡时举刀将女生头颅砍下拿着头颅拂袖而去。这样的青年人是极度自私，个人意愿达不到时就走向极端。这些事情的发生难道还不能引起社会的关注吗？尤其应该引起教育部门的注意，现在教育的大环境太污浊，家庭教育方法不正确过于溺爱，这些都是我们要及时著眼解决的问题，否则，中国到底还能走多远？

对我国的足球想说几句话

足球对我个人成长有改变我人生轨迹的外因动力，这事要从1953年暑假父母离异说起，父亲的工作已从天津开滦矿务局调入北京矿业学院任化工课程的教授，父亲除给我母亲生活费还要负责我们的学业与生活，自小家庭生活条件优越，在家庭发生变更之后很难适应。1953年刚够十三岁便开始住校，当时在北京25中上初二（因我父亲就是这所学校毕业原名为育英中学），一是与父亲新组家庭格格不入，二是受不了住宿与伙食的条件，三是我自小就没离开过母亲，基于上述三点我经常装病请假或跷课逃学回天津找母亲，到了寒假成绩单发下来时，除体育外所有课目均不及格，后经补考总算全部及格跟随升入初三，也就是从初三开始踢球，对我的学习和遵守纪律等方面都有很大的进步。另一方面也是受我父亲的影响，他是体育爱好者，在美国留学时曾是斯坦佛大学足球校队的守门员（斯坦佛大学校刊年鉴有照片，但文革被炒后不知去处），50年代在北京时为"利华"足球队的守门员（正职守门员是北京31中体育老师—徐琪先生），当年的"利华"足球队有名将及国手如：孙鸿年老师，孙鹏老师和年维泗等人。我高中考入北京24中，当时刚过15岁，入学后被选入少年足球队参加北京市"五爱杯"足球比赛。也正是足球运动把我从不愉快的家庭生活解救出来，落下的功课也逐渐跟上了。从高中到文革前历次国外足球队访华比赛都看了，从初中开始看匈牙利国家二队和三队，苏联的泽尼特足球队与中国队在实力上有差距，但当年的亚洲和非洲各友好国家队访华几乎无胜绩。五十年代我国在世界杯预选赛与印度尼西亚队争夺出组赛中，中国队在客场的比赛输了，当时总结原因是思想紧张加之体力上的问题，回到主场是北京的先农坛体育场，比赛那天是座无虚席，因我父亲当年是北京矿业学院工会体育部负责人，每次国际足球比赛的票我都会有。那场比赛中国队是优势，3比1的比分直到下半场处于领先优势，还是体力问题被印尼队追到三平，最后是左边锋—王陆踢进致胜一球。当年的队员脚法很好，右内锋—张宏根射进的一球是相当漂亮，那时的最佳阵容是：守门员—张俊秀，后卫线是陈福赉，高筠时和姜杰祥，前卫是：陈成达和谢鸿钧，前锋是：哈增光，张宏根，年维泗，方纫秋和王陆。到了六十年代守门员较为突出有天津队的张业福，北京队的李松海还有桑廷良，队员有戚务生，胡登辉，孙云山，王后军，张正友，孙霞丰等等，因时间过得太久了，名字已记不起来了，他们曾与巴西"马杜雷拉"俱乐部来访华交过手，踢得很精彩，虽败犹荣。后来还有美国"宇宙"队访华，队中不乏世界足球明星，今天我只能记得巴西的贝利和德国的贝肯鲍尔。在我离开中国时有位足球运动员可以说是德才兼备，他的名字就是容志行，时至今日没有见到另一位可与他相比的运动员了。自新中国成立至今已近六十五年了，足球队参加世界和国际赛事也有六十余年的历史，我国足球的技战术也是提高很快的，但为什么近十几年的足球战绩不能令我国球迷满意？

我国足球运动的发展过程存在诸多问题，例如：足球运动的领导阶层的贪腐问题和随之而来的黑哨，打假球的事件，其根源就是"钱"闹的。

（1）改革开放前，运动队的教练员和运动员工资都不高，而且五十年代运动员的文化水平高，有大学生和高中生居多，对自己肩上所担任的责任认知水平也高，吃大苦耐大劳的训练精神也高。随之世界的经济发展与科学技术的提高，各项运动技术也在变化和提高，要达到改变与提高是需要有一定的文化知识作基础去认识与理解。而我国早期专门化的训练出来的运动员文化水平却越来越低，很难理解其当今足球运动发展的精髓与灵魂所在，本国教练员基本是运动员退役后直接作教练员，如何用现代的足球理念去指导训练呢？因你本人就没在新足球理念指导下被训练，周而复始的循环我国足球何日是尽头？虽然现在邀请外教来训练球队，但他们的权力是有限的，而且低文化知识的教练员和运动员对新理念的理解也很难通透。

（2）目前，我国的足球运动已经是职业化，过去是国家体制，运动队除教练员还有管理全队生活，思想工作的政工干部。现在，职业队是如何管理我不是很清楚，但肯定一点，一个作为职业球员要有一定的职业道德操守，譬如：做医生要有医德，生意人要有商德，总之做人就要有品德和正确的道德观念。在足球发展比较早的国家（例如欧洲及中南美诸国），在职业化经营与管理有一套完整的体系和方法。而我国在这发面起步晚，就目前的运营状况是否合理？有哪方面还需要加强与改进？从国家队近几年给球迷们印象极差的球赛是对泰国业余队输得凄惨汗颜和前些日子与伊拉克的比赛，队员在场上的表现球迷是很清楚的，你有没有卖力气，是否充分发挥，对球迷来讲是"独眼将军"——一目了然。在俱乐部踢球表现挺好，到国家队就不行，这不是好的理由。以欧洲的英超，西甲，意甲，德甲等国的俱乐部球员为例，每个俱乐部都是从它国重金买来的球员，他们既在俱乐部踢球也为本国的重大比赛踢球，其表现也没有很大和不可思议的差别。我认为目前我国足球界的人士（包括领导，教练员，运动员）要精通现代足球的理念，有了新的正确的认知才可能用自己的技术来展示出教练员的战术，反之战术又可促进个人技术的提高。

（3）我的看法不知是否正确，但愿意谈出来与大家商确。足球是深受广大群众喜爱热爱的运动项目，在我国三大球类中水平最低的就是男足，薪金最高的也是男足，俗话说"有钱能使鬼推磨"，但中国的现实是"拿了钱的鬼不推磨"，在当今的商品社会里还有这样的傻冒老板作如此的赔本儿买卖？此现象应该纠正，就"货"论价才对，女足如成绩和在世界排名高，他们的工资就应该比男足高，因运动员出卖的是技术。最后，想说几句不着听的话就是：做"钱"的主人而不是钱的"奴才和孙子"，只有会挣（赚），会花的人才时有品味的人，反之会变成"鬼"。

注：最后的话是说给有名无品，有钱烧包的运动员们，外国运动员也有。你们是公众人物，要给喜爱你们的大众起榜样作用，不要做被大家唾弃的可怜虫。

为职业女網运动员——李娜叫好！加油！

李娜在职網大满贯赛中取得法網和澳網的冠军和三次亚军，作为中国运动员是值得骄傲，目前世界排名升至第二，创造了几个中国和亚洲运动员在国际女網赛事中的"第一"（得冠年龄最大的运动员，排名最高的运动员等），她的年龄如在中国已经退役当妈妈了，但在进入职业赛事后的几年拼搏取得了应有的丰盛的荣誉及人生的回报。而且，在刚结束不久的冬奥会上，女子短道，长道速滑项目上，李坚柔，周洋，张虹等运动员都取得了优异的成绩而且为祖国和人民争得了荣誉。

当运动员取得胜利夺冠后，都会表现得异常兴奋，大喊大叫，流下激动的泪水，尤其是在记者招待会上回答记者的提问时都会说出心里的实话："感谢我的父母""感谢我的教练和我的队友""感谢曾经支持我的朋友们"等等不一而足。前一段时间因运动员在取得胜利后回答记者问题说了首先感谢自己的父母的话语而招来一片指责声音——忘恩负义，弄得年轻的运动员不知所措，搞的一头露水承受了巨大的精神压力。一个人是否知道和懂得感恩是受环境的影响熏陶及教育，"滴水之恩当涌泉相报"而且是回报一辈子，尤其是人情。用钱和不用钱被帮助是恩，要记一辈子要报一辈子；用钱都还不了的是情更是要记一生一世。

我个人认为没说："感谢人民，感谢党"没有错，也不能认为他们是忘恩负义，原因是现在社会的大环境较过去有的巨大的变化，从过去的政治挂帅到如今的金钱挂帅，从过去的对伟大领袖"个人崇拜"到如今的对"金钱的膜拜"，如今已经没有人把"感谢党和感谢人民"挂在嘴边了，运动员们对政治已经淡漠了，大家思想上都有为祖国体育事业争光；为全国人民争光已是他们的信仰了，难道这种思想还不够崇高吗？说句实话：目前要进行思想教育是首位，但领导要进行好自身的思想教育是重中之重，俗话说：上梁不正下梁歪。年轻人在世界重大比赛荣获冠军后被采访而说出感谢父母又何罪之有，刚获得胜利时运动员是过于激动和兴奋，头脑发热所以回答记者提问与大会发言有所不同，感谢父母有什么不对？正说名他们是有"孝心"的孩子，拿到奖金就想到给父母买房子改善生活，这些也是现在大环境教育下仅仅剩下可怜的尽孝道的思想了。真正在各种场合都应该口中念念不忘的说："感谢党感谢人民"是领导，你们都是出身好的红X类，是党用人民的血汗钱把你们养大成长而大学毕业后走上领导岗位，结果又如何？有目共睹的是大量搜刮民脂民膏，包养情妇过着糜烂腐朽的生活，你们有什么权力和脸面去指责这些为祖国体育争光的人们！

上述问题牵涉一个体制问题，我个人认为我国体育应两条腿走路，国家体制下的运动队一定要保证，否则今后的国际比赛我国将会没有什么收获，因为目前在体育推行私人俱乐部的职业化来代替国体制还不成熟，经济基础还不够雄厚，个人和家庭的经济能力还不能提供足够的经济能力来培养运动员。李娜开创了个人竞赛项目的先例，职业比赛就是代表个人参赛，她是通过比赛赚钱，比赛是她的职业，如同教师，医生等一样，所以，李娜在今年获得澳网冠军后，在领奖时说："我感谢我的团队，——。""感谢我的赞助商——。""感谢我的教练——"，这是实话是肺腑之言，是让她获得冠军在技术上；体能上；心理上的保证。如果在职业与其它重大国际比赛在时间不冲突的情况下，还是可以代表国家参赛的（如奥运会）。李娜是位很有个性的运动员，尤其是在回答记者采访时表现极为突出，有时记者提的问题确实带有挑衅性和暗藏玄机。李娜从没有否认国家自小从业体到专业队再到国家队的培养经历，运动员们都是具有爱国主义思想。从常理来讲，一般是谁对你的人生轨迹之改变有重大影响的人，在你赢得胜利的那一刻是会首先想到的人。平心而论，应该说句感谢党的话，我们这一代的人是应份的；一是从上中学到大学都是免费教育，只是伙食费自套，生活困难的学生有助学金补助作为伙食费和零花钱，二是毕业时，只要不是右派或反动学生，都由国家分配工作，工资基本上可以养家糊口。

最后，我个人对目前我国体育事业中存在的一些问题提出个人的看法；一是我们培养出来的运动员的标准是什么？答：首先人品端正，再是专项技术高超。二是起码要有爱国主义思想，应该懂得为国争光是运动员追求的崇高目标。举我国足球项目为例；男足水平是我国三大球类最低，成绩最差，工资可是最高，在俱乐部踢球还像条龙，再到国家队为中国踢球却像条虫。为什么为中国踢球出工而不出力呢？因怕受伤会俱乐部不能上场而赚不到钱损失惨重。这样的人退役后走向社会不就是一个残品废品吗？谁会用这种极端自私之拜金主义者。以我个人之见，还是为了他不要成为废品，即球队不接受"有技无德"的球员，把机会让给有德而技术有提高发展前途的运动员。

我的最后一次告白

为了愉快幸福的走完人生的最后一段路程，下定决心改变自己，此文的发表就是我新的题材博文开始。

自改革开放的三十年以来，中国在工农业，科技方面，军事方面都有极大的飞跃的成就，中国在全世界人民面前可以大声地说：我们来了。我国当今的世界地位已是举足轻重，中国人民在国外的地位也提高了，在这光辉灿烂的光环背后却有太多的腐败见不得光的黑暗面。每天打开电脑去上网阅览国内外新闻，但看到国内的报道大量的是人们生活中的身边事儿，可是件件事都违法，违背道德与良知，这就是我们从社会主义转向资本主义，从计划经济转向市场经济必经的过程。我个人看法是自新中国成立以来，在形式上土地收回为国有制，经过工商业改造后，均成为国营国企，但在思想体制上却一直是封建主义或是半封建半殖民地。改革前后在经济建设；科技发展；国防建设上虽有天壤之别，但在思想体系仍由过去的旧思想残余，而且农民思想过重的体现在各种不同的领域里，这些都是目前出现的问题所在。

（1）关于国家体制：我认为要视国情而定，过去在国际上都称中华民族是一盘散沙，这也有实际的原因，中华民族是由五十六个民族组成，无论从生活习惯，民族文化，语言文字以及历史都有自己民族的不同之处，光是我们汉族来说，举个例子；就广东省来讲，不同城市，地区，乡镇，村落之间的语言都讲不通，何况中国拥有偌大的地域和众多的民族，谈起民族团结容易吗？中国是一个历史悠久的多民族的农业大国，农村又是依姓氏家族组成，这样的形式长期存在，造成人们思想里有很强的家族观念和地方主义思想，这也是造成不团结的重要因素，表现最突出为族群之间，村与村之间的械斗常年经久不息。真要提到民主自由，全民普选，依法治国还要再等一个半世纪可有民主法制的雏形，当前还是要为国家的安定和社会和谐多下点儿功夫吧！

（2）必需摈弃"唯成分论"的思想："唯成分论"在党真正掌权后表现尤为突显，虽然中央人民政府也有其他民主党派人士参加，那都是陪衬起个花瓶绿叶的作用。从中央及各部委的领导多数是出身好，几代都是苦大仇深的穷人子弟来担当，但他们是文化水平低而又没有专业知识的外行，工作方式方法简单粗暴，在执行党的政策上造成一定的错误与偏差，影响极为恶劣。改革开放后的领导层有了很大的变化，文化水平提高了，有的人还有高学历，但在干部选拔和提升还是走老路，要出身好，所谓根红苗正的祖宗几代都是赤贫的后代和太子党们来胜任。太子爷们利用自己父辈的人脉关系和国家的的资产来淘得自己的第一桶金，然后再利用职位上的便利大赚其钱。赤贫子弟在有了权力之后，他们要为自己过去的贫困生活讨回满钵来弥补缺失，他们是心怀对有钱人的复仇心态来疯狂的贪污搂钱，达到肆无忌惮的地步。他们将自己所伪装起来的真实嘴脸暴露无遗；用兽性对待财色，用惰性对待工作，用奴性对待领导。他们是几代人从未见过太多钱的人，当手中握有权力之后会变出如此之多的金钱，他们已经晕菜了，台湾的总统—陈水扁先生就是一位活生生的案例。选拔干部的唯一标准就是人品与才干。

（3）有病就要动手术，早治早愈：当前，国内正在进行反贪腐，老虎苍蝇一起打，这是让人振奋的事情，希望不要虎头蛇尾的走过场，因为它会导致亡党亡国的大事。仅举一例便可证明；目前，仅广东省茂名市政协主席冯立梅被调查。从而，这正是重新调查茂名窝案的一把钥匙。在2009年的茂名官场窝案共涉及厅，处级干部240余人，直道 2012 年，时任广东省统战部部长，茂名市委书记周镇宏被调查之后茂名官场才安静。媒体报道称，当年处理茂名窝案时，放过了 160 余名官员。仅仅广东省一个茂名市涉案官员就多达近五百余人，那么全省会有多少？那么推算到全国又会有多收？难道如此诸多的党业蛀虫不会造成亡党亡国的恶果？希望领导能记住"水浒"连续剧里的一句歌词是：该出手时就出手。还有一句话；即使医生有病还是可以给病人医治。

结束语：我们实属人微言轻一族，也知道说出来的话无足轻重，无关痛痒，谁让我们是龙的传人，黄帝的子孙，生活在海外的华人们都怀有一颗爱国的心，都希望祖国繁荣富强。我们看到当前国内存在的问题也只是干着急也是束手无策，希望国家和老百姓都能幸运地度过政治上和经济上的难关。

电视剧"老农民"观后感

"老农民"作者写的剧本是我近六十年所看到写农民生活剧本最接近地气，最贴近农民真实生活，最贴近当时的历史背景，基本上能反映出农民的真实思想状态。因为我国是一个历史悠久的农业大国，长期受着封建主义的思想统治。古代的中国曾有过朝代繁荣昌盛过，强大过以至疆土扩展到欧洲，但从十九世纪末叶到二十世纪中一直是处于被世界列强瓜分国土，掠夺财富和文化国宝，被世人称为"东亚病夫"。被迫接受与各列强签订的不平等条约，就因当时的政府腐败，奸臣和贪官主政，造成国弱民不聊生，与弹丸小国的日本所进行甲午海战也已失败而告终。

在中国近代史也有很多历史事件到目前都欠真实性的报道，国共两党都根据本统治集团的利益来撰写自己的党史和国家的发展史有的是歪曲历史事实。所以，目前，我们也只能就事论事的来探讨自 1949 年中华人民共和国成立至今，已走过 65 年的历程，在这几十年里，农民的生活（包括衣食住行诸方面）在全国平均数值提高是多少？我手边没有准确的数据资料，我只能将我看到的农村情况作个叙述和比较。通过"老农民"电视剧所反映出来的问题来看，其实我国农民对生活上真是要求不高。

在这齣戏里的主人公——牛大胆是一位贫苦农民的代表，土改时的积极分子，为了能让农民过上吃饱穿暖的日子，带领农民兄弟与天斗与地斗，在三年天灾人祸的年代里，有胆量盯住上面的错误政策，偷偷种粮食和烟叶，用搞副业挣来的钱买粮食维持大家的生命。另外一位是马仁礼出身地主家庭，大学生曾在北平工作，土改后被扫地出门，父亲第二天去世，从此过著夹著尾巴做人的日子，因有文化是牛大胆知心伙伴，既表现出不同出身而且还要同穿一条裤。自土改以来到改革开放，这三十年在农村的变化从地主手里把土地分给农民，但农民分到手中的土地还没捂热乎那，就已经过互助组，初级社，高级社到人民公社把土地由农民的手里又变回集体所有。紧接着就是天灾——三年自然灾害，全国被饿死上千万人，人祸就是错误方针政策——三面红旗（大跃进，大炼钢铁和人民公社）造成劳民伤财的结果。

何时我国能有一个标准？

我前前后后在美国生活了四十年，回过头来看看我国自 1949 年建立中华人民共和国至今走过六十五年多的历程，前三十年是在政治运动风暴里颠簸过来的，无论是经济上，人性上，道德认知上都是在滑坡向下。改革开放以后，大搞经济建设，我国的的确确取得巨大的成就，人民生活水平有了很大的提高，但是，也必须承认我们民族的道德素养目前已滑落到没有底线了，难道这还不是值得我们该关注的时刻了吗？好的应继续发扬光大，下面想谈点不足之处：

（一）

有关"法治"问题方面的探讨：我们国家也喊了多少年的依法治国，可是就是做不到，我们明白要实行依法治国不是一件容易的事情。中国是一个具有五千年历史的农业古国，一直是帝王的封建统治，虽然推翻了"三座的山"，但从思想上却很难做到清除封建主义思想的流毒。我想举几件处理过的案件来说明：50 年代河北省地委书记——张青山和刘子善因贪污两万元被执行死刑，50 年代的镇反肃反及反右反右倾等运动被害者,有的被判有期徒刑,有的就是长期的劳动改造,60—70年代的政治运动里,因对运动和领导言论有不同看法就会被处死刑。到改革开放初期,政治环境和空气有很大的宽容度,全国都在为发展经济建设而奋斗,随之而来的贪污受腐化贿风冒头。80年代初第一个百万元贪污犯是黑龙江省某地的一位女经理被判处死刑,后之千万元判死刑,至今已是几亿乃至时机已到上百亿,是否也判死刑?80年代初,婚前性行为或通奸即为流氓罪可判死刑,今天只属于道德范畴,无罪可言。法律条款就是死的规定,就要按条款上的规定来量刑,不能根据政治环境来决定和改动法律内容和条款。

(二)

近期盛传有关中宣部对舆论控制限制的说法,从网上的一些文章也能看出一些迹象。歌颂毛泽东的文章多了,对建国后的三十年的不加分析而盲目的肯定多了,还规定宣传媒体不得刊登有关"马克思主义毛泽东思想"过时了及反党的文章。我认为没那么紧张,在中国已经没有阶级斗争了,只有统治阶级和被统治阶级,只有"官二代"和"富二代"的富人与穷人老百姓,而且党掌握着军队——枪杆子,党的地位是不可动摇的,不就是老百姓对当今的社会环境有不满情绪而在下面发发牢骚而已,又何必如此紧张害怕呢?至于"马列主义毛泽东思想"是否过时?我看还是让事实说话最有力量。从1949年至1976年的文革结束,共产党将土地,矿山,工厂等所有生产资料国有化,,私人商店到了1956年也都公私合营了,文革开始就都成了国营。这就是共产党的社会主义的发展方向,也就是遵照马列主义毛泽东思想进行的社会主义建设。时至今日再看一看,私企在各行各业比比皆是,走的是资本主义道路,但称此为"具有中国特色的社会主义道路"。你说过没过时?地球上有社会主义国家吗?北欧诸国如瑞典,挪威,芬兰,荷兰,丹麦,冰岛等国的人均收入居世界前列。倒是成天喊这主义那主义的,改革开放以来,生产总值翻了多少倍,但人均收入排名较过去倒退很多名。成了国富民穷国强民弱的状态。党政各级领导几乎人人贪腐,贫富差距太大了,在这种社会环境下生活连发几句牢骚都要严管限制，太可笑了吧！

（三）

我再说几句话，就其观点可能与上述一样，有的社会上议论是领导阶层自己造成的。因自己制定的法律条款可以不遵守，而对老百姓却是严格执行，你能让老百姓服气吗？当年我们来美国，要求我们必须退职，交回住房，注销户口才可拿到离境证明。到1996年我妻弟移民来美，办的病退，房子保留，工资照发。现在来美的都是国内拿一份退休金，美国这边再拿美国联邦的补助金。我的学生曾在国家机关的人事部门工作，也知道国家有条文就像我们这样的人应如何处理的问题，此条款伸缩性较大，也就是可以理解成还是挺有点人性化人情味的条款。在学生的鼓励下也想试一把，能成的话最好，起码回国探亲访友的花销就有了，我给原单位人事部通了电话，陈述了我的情况，得到的回答是：我们没有接到这样的文件，——再说了，吃甘蔗也没两头甜的呀！我突然闻到很大的醋味儿。另外，因我们是持美国护照，要想落叶归根就免谈了，因中国不承认双重国籍，我们只有遵守的份，这是王八的屁股——规定。那怎么有很多具有外国籍的演员却是中国政协和中国人大代表，外国人参与管理中国的国事的会议，岂不是怪事。过家的一个规定可随意执行，还大谈什么法制，不觉得可笑吗？自己打自己的嘴巴子，真是打得山响而却不脸红，可见脸皮之厚。中国还能有自己的真实的近代史吗？

给国内的亲朋好友买东西所想到的

我们全家移民来美已整整三十四年了，说句实话，现在是非常适应这里的生活习惯，举一个最简单最实际的例子：在美国日常生活里，你所要做的事情都有辅助工具帮助你完成，甚为方便。厨房的各种厨具是应有尽有，小至剥蒜皮的用具，大到绞肉机，和面机，压面机，切肉机等等不一而足。各种不同的开瓶器，尤其是我们过去没见过而且也在日常生活中也想不到的异常方便的生活用品。日常生活小事反映了这个国家对老百姓生活的高度重视，是社会发展及人生的大事来管理与运作，所以，不同社会制度的国家人民生活质量就不同。如果一个国家的领导能把人民的生活质量与发展宇宙航天技术；与发展导弹现代军事武器；与发展国民教育；与全民医疗保险等同起来一样的重视。因现在的各级领导被老百姓信任度太低太低了，那是因为这些人头脑的"私"字已恶性膨胀到极致，对"贪"和"欲"已到无以复加的程度，真的希望在大力反贪腐后，中国能出现一个新的政治局面。

自从改革开放以来，各省市地委县级的领导都轮番的出国考察，真不知他们究竟考察到什么？还是学到些什么！可能大部分时间都用在购物或是被坦胸露背，超短裙高跟鞋的美女迷得魂不守舍吧！究竟这些领导出国考察前有没有统一的认识和思想，重点是哪几方面？我看就是公费旅游而已。

中国现在在军事战略上的武器发展是有一定的优势，是否可以分出精力关心一下如何改善人民的生活内容和如何提高生活质量！下面就我个人所看到和想到的问题谈谈看法：

（一）关于居民住房（别墅除外）：在美国所看到的两层以上的居住场所都设有电梯，而且在规格上对病人的移动和残疾人的移动都给于极大的方便。而中国在房屋建筑上有规定——六层以上才有电梯，真是具有中国特色的社会主义的产物。请问：第二层到第五层的居民的老人如何上下楼？残疾人如何上下楼？坐轮椅的病残人又如何上下楼？当有人需要急救，医务人员又如何将病人从楼上运到急救车内？居民买了大件生活用品又如何搬入房内？

（二）各级领导在发展城市建设的着眼点是什么？领导自己的业绩为主，为自己的仕途升迁铺平道路。例1：我于2012年去山东省的菏泽市，这个市在山东省是贫穷的县市，可它的政府大楼盖得是相当气派而且也够宏伟。如果从天空鸟瞰大地收入眼帘是毫无规则和艺术设计一般化的高楼大厦与残垣断壁并存，一个城市没有整体规划，各部委，各企业都自行其是，虽然高大建筑物不少，给人视觉上没有丝毫的美感。残垣断壁又是强迁强拆所留下的后果，自己官升三级，那善后的工作又该谁来收拾？就这样没有计划盖的房屋有多少是给老百姓居住？我认为一个城市的好坏标准；[1]看城市改造规划有序，市容整齐清洁，交通秩序和社会治安良好。[2]商店，菜市场，餐饮业的管理是否得力，商品是否卖假货，次货；菜市场的农作物是否有经过严格的质检，是否有毒菜，毒肉及化学药剂超标；餐饮业用的调料是否是代用品或用地沟油以及餐客吃剩下回收再继续卖给顾客。[3]看居民日常生活及业余生活的精神面貌如何？以及在解决矛盾时的态度，也就是观察居民的文化素质的表现优劣。

（三）所有的建筑设施是为了方便乘客的，不是花瓶给人看，也不是装饰品，譬如：电梯。北京的地铁是给每天上班族解决让人头痛的交通问题，虽然每天车辆都很拥挤，但线路畅通而且不会发生堵车的问题，时间上有保证。可是，坐地铁的不光是中青年人的上班族，老人，残疾人，拿行李去火车站或机场的人如何进出站台？有的地铁站进或出口没设电梯，有的有电梯但是锁住的，要用还要找工作人员来开电梯，既不方便又浪费人力，更让人气愤的有的进站口既没电梯又没滚梯，有的站有滚梯但不开，这对老人，残疾人无疑是一种出行的灾难。

（四）要说的问题很多，就不一一都在这里学出来了，想说就一点，为什么聪明的中国人能用最短的时间，在宇宙航天领域达到世界先进行列，反而在我们日常生活里的用具，生活起居的一些设施，老年人和残疾人的一些生活辅助器具却远远落后资本主义的国家呢？问题的根本就在我国的各级领导从没把"人"放在首位来思考问题，要把人们的生活内容和质量作为头等大事来抓，此事得到解决其结果是人心稳定，精神面貌焕发光彩，给提高民族文化素养打下良好的基础。我记得自上学到参加工作，有一句话却深深地印在我的脑子里，"要深入群众，了解群众的疾苦"，在当时的文艺界更是这样要求作家，演员"要下到群众里去体验生活，生活是创作的源泉"可到了今天还有哪位领导遵循这条教诲而行？今天在职的领导们，如果你们每天也去挤公交车或是地铁，而且也要按时上班，迟到扣奖金；每天下班后做饭，洗衣服（虽然有洗衣机，但还是来人工操作）等家务劳动，周末去菜市场买东西而没有特供，也住在没有电梯的楼里，当他们自己体验了老百姓的日子后，对他们今后的工作和思考问题的角度会有帮助的。要身临其境才能获知第一手材料。

（五）严格把住食品质量关，严格执行法律条款，对制造毒米毒面毒水毒菜各种残害老百姓身体的食品和药物及营养保健品的集团和商人，要坚决打击和制裁，决不手软，对这些间接谋财害命的歹徒坚决镇压，一定起到杀一儆百的效果。

（六）上述一切一切的问题，就是领导的思想是主要根源：中国有五千多年的悠久历史的泱泱大国，而且是农业大国，农民人口占多数，而且长期是受封建主义统治，也就是主子与奴才的关系，主子从来都不会考虑奴才的生活与疾苦，只有他们统治阶级自己。农民祖祖辈辈都在和土地打交道，进行生产就需要劳力，所以，男人和牲畜是最为主要的，人与牲畜来比较，人固然重要，但人和人在一起可以生人，牲畜就要花钱来买，在农村弄钱比弄人要困难得多，如果家里有一头牲畜，那简直是全家的大事，百般呵护精心照料，一般农民家庭都是孩子多，牲畜少，所以孩子都成了放养，自由成长。但中国的统治者从古代到近代的主导思想从未脱离封建主义的农民思想体系，要讲人权，要讲重视人民生活的内容与质量，把人放在首位来考虑一切，谈何容易。

闲说毕福剑所引发的

最近一周大家热议的话题，就是毕老爷在私人餐宴上发生的事情，我想有微信的人们都看了晚餐时毕老爷的脱口秀，我先不说这个段子的来历。我个人认为，首先，不要上纲上线扯上阶级立场，又搞文革和文革以前的那一套整人手段，就是一个私人聚会，边聊边喝边吃，聊天的内容基本就是日常生活中的趣闻为主的各种段子，本人把微信有关毕老爷说的段子内容前前后后的各种版本，都仔细看了，我认为没有什么大问题，毕老爷的唱词是没问题，但接唱词的对白不是毕老爷即兴而发，而是在东北地区流传民间段子里土匪的答话，只是毕老爷作为央视节目主持人，是公众人物，自己的言行举止在群众中会有影响的，最起码语言谈吐不能带粗鲁之语，污秽之词。仅此而已，不必大惊小怪，天塌不下来。咱们甭说世界各国家的总统被本国与他国的的人民指责与批评，我国的微信不也有人把其他国家的总统画成漫画来讥讽他们的政治态度吗？下面我就借毕老爷的事情所引出来的诸多问题谈谈我个人的看法：

（一）公众人物，名人，明星，歌星等，自身的言行要自律，因你面对的是观众及热爱你们的"粉丝"，要给他们正能量的东西，你们是有起着典范作用的。大部分公众人物做得还是很好的，我个人就非常敬重著名演员——陈道明和杜宪夫妇，无论是他们的文化知识，个人道德素养以及待人接物的礼节都值得让人尊重与学习。但最近突显的是文艺界出现的吸毒，嫖娼，感情出轨等等负能量的现象污染了观众和"粉丝"们的眼睛。

（二）对执政党和领袖是否可以议论与批评的问题：作为资本主义多党制的民主国家，不存在这个问题，人民有权力批评政府和总统，如果有对总统人身攻击的话，要看对方是否告你，如果告你，那你就要出庭打官司，否则是不会有麻烦。但在一党执政的国家里才会出现这样的问题，也就是当前国内对由建国开始到文革结束，这二十七年里，有一部分中青年人对这二十七年的领导人——毛主席大力歌颂和赞扬，我个人不怪他们，他们大力歌颂和赞扬的那个年代，我只想问一句：你们出生了吗？你们经过1950年"镇压反革命运动"，1953年的"三反五反运动"，1955年"高饶反党集团""胡风反革命集团"，1956年的"社会主义改造，工商界的公私合营"，1957年"反右斗争"，1958年的"三面红旗大跃进人民公社"，1959年的"反右倾翻案风"，1960年的天灾人祸困难时期和庐山会议批判"彭德怀反党集团"，1965年又开始农村的"四清运动""社会主义教育运动"，1966年"文化大革命"。年轻人，知道吗？一个国家在二十余年里，几乎是年年搞运动，你们知道在历次运动中总共死了多少人？我看到的数目有多种不同的版本，就说1960年的困难时期农村饿死，说少的是三千万，说多的超过七千万。并且使上百万个家庭破碎，妻离子散。我们这批八十岁上下的人都是经过多次运动历练过的，请问这些歌颂者们，你们的父母有在文革中被迫害致死的吗？我记得原国家领导人——陈云先生对毛主席的一生评价还是很贴切的：毛主席建党有份，建国有功，建设有错，文革有罪的四句话。我个人对评价毛主席是伟大的政治家，军事家是完全认同的，在中国近代史上也是伟人，建国初期的的确确是路不拾遗夜不闭户的情景，人与人之间很有礼貌。有一件事发生在六十五年前（1950年秋天）的下午，地点是在北京王府井大街，当时的画面至今在我的脑子里清晰如初；我骑自行车由南向北，当年十岁的我骑车光顾着好玩，车速有点快，当我发现有位妇女带领男童手中提一个提袋正在过马路，我赶紧捏闸，但还是碰到了那对母子，所幸没有碰伤对方，但把手袋中买的茶杯给碰碎了，我很紧张的连忙道歉，那位母亲不但没有责怪我，看我当时的紧张和窘迫的样子，连忙安慰我说：这儿人多，骑车小心点，别骑太快了，赶快回家吧！也没让我赔偿碰坏的茶杯，我连忙道谢。我都不敢想，如果事情发生在今天的王府井大街会是什么样的结果？可是，世上没有如果而只有结果。另外，在博克，微信以及网络上的一些文章，对过去的我党领导人都有书写，也有讽刺，挖苦，谩骂等词语，我看也没像这次毕老爷事件，搞得沸沸扬扬，好像毕老爷犯了该枪毙的罪过。历任的主席不管功与过，也不管是伟人还是凡人，是人就会犯错误，有错说错，今天毕老爷有错该批评还是该处分都可以，那就不要用已被大家公认的错误方法，即文革前的无限上纲上线，追祖宗八代出身，一棍子打死的办法来处理问题吧！别忘了，党中央已对毛主席发动的"无产阶级文化大革命"有过定论：十年浩劫。

（三）保持清醒的头脑，不要被毕老爷的事儿干扰了抓贪反腐挽救党和国家命运的大事儿。今天拿毕老爷说事儿的人，我想他们是在客观上已经起了搅浑水的作用，作了被党中央打趴下而还没死的"虎狼及苍蝇"们和他们的残余势力想要做的事情。切切要警惕这帮还有能量的虎狼崽们。怪事！昨天下午打球前收到我学生发来的微信"中央电视台对毕福剑辱毛事件的处理决定"，我没来得及看，打完球才看内容并转发，总觉得不对劲儿；[1]处理得太快太及时了吧！开除一个人的党籍，也就是结束一个人的政治生命连十天都不到就解决了。在毛泽东时代开除刘少奇和林彪的党籍也经过数月或更长的时间才完成,难道电视台的领导们都打了鸡血竟如此的兴奋?[2]内容完全不像党的下达文件之格式和语气,令人起疑?首先,开除公职,不再担任"星光大道"的主持人和央视任何节目的主持人,并在央视过去取得的成绩,奖状等等都不算.试问这次犯的错误与过去的成绩有什么关联?在报纸上向全国人民道歉,而且还要到毛主席纪念堂认罪道歉!这帮虎狼的孽崽及他们的残渣余孽还真想得出这种帮派黑社会的做法,还要到纪念堂?一看就知道假造文件。而且今天一早再看,这"央视对毕福剑的处理决定"被屏蔽掉了。[3]这场闹剧也是四月五号清明节,北京福田公墓事件的续集;清明节那天,一些缅怀毛主席的人给其夫人——江青扫墓时与他人发生争论,一派说江青是毛主席的夫人是无产阶级革命家等等——,另一派就反对他们的观点,后来发展成群体事件,为了清明节扫墓能顺利进行,警察开始抓捕数位高喊"毛主席万岁""江青同志万岁"口号的人们。但这位记者先生是来自"新民报",他的观点在他写的采访文章里所用的词汇很明显。写到警察抓人用词是"警察的反动气焰太嚣张,才导致事件的发生",这句话不是更反动之极,敢说今日党领导下的政府警察是反动气焰,是胡作非为,当年文革我被打成现行反革命时都不敢出此言呀!后辈晚生真是厉害,真是后浪推前浪,我已经趴在沙滩上啦。

(四)我想毕老爷今后短时间不会再作央视节目的主持人了,我就该称呼您"毕老师",我相信您的人生经历和阅历要比我丰富得多,在这我只想就我的人生路的坎坷向您进一言,切记古人的教诲:'宁肯得罪十个君子,不能得罪一个小人',我认为自小就是直性子,好抱打不平,尤其见不得小人,早忘记古人的教导,专跟小人干战,就是不和君子吵架。其结果是惨遭小人的算计,小人就是我这种性格人的克星。民间有句俗语"人怕出名猪怕壮",在您没名的时候,没人算计你,当你出名了,来自小人的嫉妒,诋毁,对你散布流言蜚语等就会倾巢而出地扑向您。而您自己身边的小人却被忽略了,造成了今天的结果,要说是惨痛的教训也可说是人生新的转折点和起点,因为您在前一阶段以为自己积累了相当丰富人生路程上的精神财富。

（五）对用"辱骂毛主席和共产党"一词来说毕老爷我认为很不恰当，应该把当时的环境及毕老爷选用这个段子的原版内容及出处，唱京戏的是代表何人，对白的又代表何人，这一点必须弄清楚。如果对白就是表演者的即兴道白，那我会说一句：毕老爷，您太不应该了，的确您的道白过线了。如果不是上述情况，也就别上纲上线了。凡是吃五谷杂粮的人，哪个敢说没犯过错误，毛主席他是伟人但不是神，文革时期的两报一刊的社论大标题"伟大的舵手明察秋毫，洞察一切"，其结果是毛主席自己选的接班人都被打倒了，合着一个没选对，这不也是工作中的失误吗？总有些人在把伟人变成神，就是这些人是人民群众中的搅屎棍，他们就是过去时代的利益收获者或是当今时代的失意者。记住，伟人犯了错误还是伟人，只是伟人犯了错误给社会和人民大众带来的损害伤害也大。你我这样的凡人就是不烦错误还是凡人，犯了错误也没什么影响。

（六）我已离开中国三十四年了，最近几乎年年回国探亲访友，国内的政治空气比以前宽松多了，大家私下聊天都随意发表自己的见解，如果政权真能让老百姓发牢骚说怪话给说倒了，那我看也就该倒了。我们老百姓就安安心心的凑合过日子吧！

（七）最后再说一点，现在的中国文化真是够呛，不知道应该如何看现在的语言与文字的表达，毕老爷的事件已经表露出这个问题，发表的文章或是微信的内容用字和词，真是让人难以入目，如：CNM，TMD，NMD，SB，等等不一而足。在街上青年人的讲话和吵架骂街的词汇真是难以入耳，讲话如不带上女人的生殖器官，性行为就没内容没劲儿了。我只能说当今的文化是低俗的流氓文化，痞子文化，说句玩笑的话，咱们骂人能否不带脏字？我记得当年我教课时的一位同仁，姓刘的语文老师，也是电影"地下尖兵"的作者，他骂人即不带脏字而且还幽默：你这个人怎那么"甲鱼子"呀！而何时我们能重回真正的中华文化？就是青年的一代从现在开始，而且教育界也能跟上有效的措施，要想成为文明的社会中的文明人，大家齐努力，百年之后定成功！

中华民族急需的是——诚实和诚信

我生活在国外前前后后已有四十余载，在中国生活三十五年，而这三十五年是我人生道路最重要的时段（国民党统治时代三年，共产党统治下过了三十二年），我是 1946 年随父母由美国回到北京上小学一年级，新中国成立时念小学四年级，直到 1981 年再次回到美国外来。这三十五年里，是我学习成长的重要时段，还算运气不错，上学期间遇到的老师在教育我们全是尽心尽力，真是从德智体诸方面对学生进行学术教育和生活管理上（我从十三岁开始住校），不像现在的教育商业化，培养出来的学生人品素质高尚的不多，残次品不少，两眼只看利益，满嘴假话和谎言，做人没诚信，这是当前的中国社会最大危机。

我今天写这篇随想是为生活在海外的同胞提个醒儿，别把国内的生活习惯和坏作风带到国外来，从国内移民到海外基本去欧美洲大洋洲的诸国家；一是经济较中国发达，居住环境好。二是教育制度好，育人为首位，培养独立思考和创造能力。三是移民去的国家全是民主法治的资本主义国家，也习惯一下奉公守法是每个公民的义务与责任，如在公共场所若无旁人的大声说笑和讲电话，确实引起西方人的反感。中华民族是灵魂丢失而急需补，首先要补的是"诚实"和"诚信"。

在这儿我只想说事儿，不想讲出事发的地点和人物名字，大家生活在海外，为讨生活每日打拼也不容易，只讲事儿别断了人家的生路。一件事儿发生在中国超市：东西方在生活文化等方面存在很大差异，在商场经营理念上也有很大差异，因我们现在生活在民主法治的国度里，与中国是绝然不同，在国外各行各业都有法规，国内表面上看私有规定，产品不合格给钱就能通过上市去卖。我曾在某中国超市买了两瓶辣椒酱，一天在吃早餐时无意中发现辣椒酱的商标有一小纸条贴在上面，我好奇地揭开，原来小纸条下面的印有产品有效日期被挖掉，而重新打印上新的日期贴上来欺骗顾客，卖过期产品是不道德的商业行为，一旦发生食物中毒，顾客会将商店老板告上法庭，视顾客受伤害程度而负上刑事责任和经济赔偿，岂得不偿失，失掉了信誉在经济上又受损不菲乃至破产.中国超市的过期食品，蔬菜，水果等都会在周末减价，其质量很差，如果这样的食品在美国超市就处理掉了，不会卖给顾客。

二是中国人在做广告内容不实过分地吹嘘，用移花接木的手法来吸引顾客，近几年由国内专业队退役的运动员到国外发展的人数不少，在全球五大洲（除非洲）里许多国家的乒乓球代表队都有中国人的名字，乒乓球是中国的国球，技术水平居世界之首，在国际乒坛也是一枝独秀，他们在海外通过他们的努力用乒乓球这项体育运动推动了文化交流，也为在海外开展和推动乒乓球运动的普及与提高做出了贡献。在美国新泽西州，纽约市，加利福尼亚州，德克萨斯州，麻塞储萨斯州等也有多家乒乓球俱乐部，俱乐部的负责人和主教练基本全是来自国内省市队或是职业俱乐部的运动员，在美国就有诸多的原国家队，国青队，省市队和专业俱乐部的运动员如：原国家队的李赫男，葛新爱，成应华，黄统生，范义勇，王晨，高君，冯军；国青队的有叶瑞玲以及省队优秀运动员庄永祥，刘乃慧，吴越，李宇翔等等，他们有的多次代表美国参加奥运会和世锦赛，叶瑞玲女士不但多次代表美国参加奥运，世锦赛等国际赛事，而且曾任美国乒协副主席并多年担任美国国青队的女队教练，今年在巴西里约热内卢的奥运会她担任美国女队的教练。这些全是在他们为自己祖国效力之后，又在推动国际乒乓球运动的发展与提高发挥余热。

虽然大家为乒乓球运动的发展尽了力，但也要为自家生活尽力寻找学生的来源，各显神通来扩展自己的生意，大家都离不开利用地方的中英文报纸做广告宣传自己，这也是生意人常用的方法，可是广告的内容要实事求是，不能说假话大话来欺骗顾客，切记美国是法制国家，如有人好事多事追究广告内容的真实性，岂不是自己和俱乐部的名誉受损而且在经济上也会有相应的损失 。小至自己名声受损，大至给中国人丢脸！如有一俱乐部为了招揽更多的客源，广告内容与事实有很大出入，介绍俱乐部曾培养出在国际比赛里获得名次的青少年运动员。但我这里手中的资料显示，2014年世界青年奥运会于八月在新加坡举行，美国青年女队的教练是叶瑞玲（Lily Yip），美国女青队员-Lily Zhang 经过五关斩六将的拼搏，最后获得女子单打的铜牌，为美国乒坛 60 年来首次在世界大赛中荣获奖牌而创下历史，但她是来自加州湾区俱乐部的运动员。而后在 12 月份于中国上海举行的世界青年锦标赛团体赛再获铜牌；2015 年 11 月 29 日-12 月 6 日在法国又一次获得世界青年锦标赛女子团体赛的铜牌，参赛的女队的队员名单：AmyWang (LILYTTC-NJ); Prachi Jha (ICC CA); Grace Yang (Gao Jun TTC LA)，上述参赛的运动员除 Amy Wang 是来自新泽西州的叶瑞玲乒乓球俱乐部外，其它队员均来自加州。在近二十年里美国乒乓球代表队的男女运动员来自新泽西州有：庄永祥，邱俊荣，Cory Eider，叶瑞玲，邱嘉琪，林婷婷，Amy Wang。

"门当户对"就是幸福婚姻的基本保证

目前，我正在看连续剧"都挺好"和"金牌律师"，两个剧的内容是现代的生活中的家庭父母与子女之间的关系处理问题和闪婚闪离的故事。两个剧内容不同，但从剧情表现出来的问题源头是婚姻，也就是婚姻不是"门当户对"。

【一】门当户对：从自己的人生经历与四十八年婚姻生活的感受，门当户对的内容包括几方面：双方家庭在社会中所处的地位、家庭成员的文化知识水准、双方家庭的经济收入、双方家庭的历史背景以及双方家庭成员的素质及道德修养。

"门当户对"在中国人的心里已是根深蒂固，究竟从历史哪个朝代开始我不清楚，起码有近千年的历史。

自新中国成立后，什么都要标新立异，把很多中国的传统礼节，规矩也包括婚姻的门当户对作为资产阶级的产物给以批判并肃清流毒。远的不说，咱就說文革中的婚姻太多太多的门不当户不对的婚姻，出身好但家庭生活贫困，娶了臭老九的子女，由于生活习惯不一样，生活方式不同，文革结束后大部分婚姻都以离婚收尾。我自己也存在门不当户不对的婚姻，刚结婚两年，我也由北京调到天津工作，在一起生活七个月发生矛盾，经常有口角，就是生活习惯，生活理念不同，从没因经济大权由谁执掌的问题有过口角，我太太什么都要争第一，当第二都很难受的主儿，所以家里党政军大权都让她一人执掌，我只当财政部长，由结婚到现在家里有多少钱，我太太是一无所知。1973年夏天某夜晚发生口角她提出离婚，我没接茬，因当时隔壁邻居李医生在场劝解，事情也就过去了。

我之所以没有回应离婚是因为二十年前（即1953年夏）我的父母离婚给我带来的精神上的巨大的伤害。我父亲的一步走错，我从此不再有资格说"门当户对"这个词，我与我父母的朋友家庭已不具有门当户对的条件了，所以我在一些问题和具体事情我只能让步或委屈自己。当年我父母离婚时我刚上初中二年级只有13岁，就开始住校自己管

我的两个女儿和她们的大舅父子俩。

理自己的独立生活，吃着难以下咽的集体伙食。这一学期基本是经常请假逃学回天津找我母亲，到寒假我的成绩单就是"祖国山河一片红"。我不想让我的女儿步我后尘吃二遍苦受二茬罪，这口气就是硬咽下肚子里。

【二】成了家就要负责任到底：我没离婚就是对家庭负责任，对我的孩子的成长负责任，如果光想自己生活要快乐，你有没有想过你孩子快乐吗？一个家庭的组成需要男女双方负责任，不能不随自己

照片裡的故事（中）

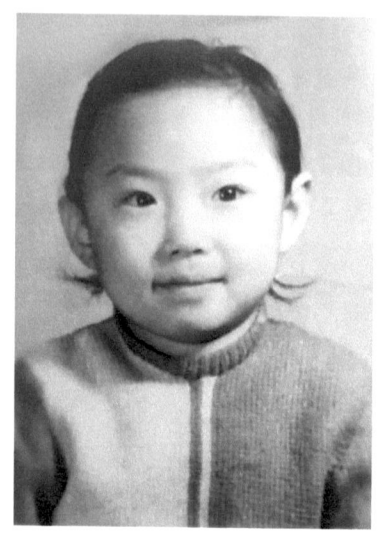

我的二女儿-常冬，从小就淘气而且聪明。

的心意就离婚，一切都从自己个人的爱好出发，不考虑别人的想法都是自私的（存在家庭暴力的和有一方已有出轨行为不在此范畴）。我们之间在婚后的四十八年里，真正吵架激烈的只有两次，一次是1973年在天津，另外一次是199X年在美国，两次争执提高了文化涵养的层次：（1）家是生活里的安乐窝和避风港，不是论坛也不是法院，一句话，不是讲道理对错的地方。（2）家里与太太掰斥讲理是脑子进水的表现，我对我太太有个客观的定论，妳是咱国家唯一没有任期年限的"总理"，因您的前任已于1976年先走一步而结束了文化大革命。（3）不要去做世上无人能做成功的事情-改变对方的习性。

【三】知恩图报的感恩思想：古人曰：滴水之恩当涌泉相报。我们结婚日期是1971年9月25日，为什么赶在国庆节的前一周呢？因为过了国庆我又要被隔离审查。多亏出了林彪事件救了我，从此以后我的厄运就此结束了。是感恩思想支持我的婚姻走到今天，即使目前我太太已生活不能自理，每天只能在沙发和轮椅及床上度过，我尽量让她每天每刻都高兴，不管是黑色幽默还是黄色幽默，反正从我嘴里就没一句正经严肃的话，让她笑口常开乐的合不拢嘴，让她笑得感觉

我的女儿和她们的舅妈于1976年初的合影。

她们在 1980 年的合影

就是跟一个极不靠谱的人在一起过日子就对,每天就是高高兴兴地混日子。我的岳父岳母对我极好,这一对从农村走出来的老人真是心慈目善,施善于人助人为乐,我是在人生低谷时与我太太结的婚,我岳父岳母及全家也没因为我是516反革命分子不接纳我。她们对我的恩要用终生来报,所以在她除可自己吃饭外的一切日常生活的事情我都会毫无怨言地做好一切,现在有阿姨来照顾,两女儿觉得我也是八十岁的人了,她们商量决定请阿姨来帮助照顾我太太,既减轻我的负担,也给我有每日的锻炼的时间。

在 1981 年来美国前在武汉长江大桥的留影。

【四】以挚友、知己相处:不管是红颜知己还是蓝颜知己,就是双方可以过心,无话不谈的玻璃人,透明而无杂质。我们都已经过了谈情说爱的年龄,近五十年的婚姻生活彼此太了解了,一举手一投足彼此之间都知道对方要干什么，无需隐瞒与欺骗，所以话间的直白，也只能用幽默与调侃来沟通。她有时大小便不能自己控制，在我给她清理后她总会歉意的说：真对不起，又让你……，我說：哎！不就两个礼拜不吃炸酱面呗。

我们之间说话或是开玩笑都会与众不同，也就属于那种不靠谱的一类；一天吃饱撑的没事儿干就开始斗嘴，我太太对我说："你甭臭美，哪天就给你顶绿帽子戴戴"，我说："就这顶绿帽子我都等了四十多年了，要不然您再多给我两顶，也說明您的回头率达标了"。我们就是这样每天一有机会就逗几回嘴，这也是生活乐趣，穷人乐穷逗闷子。

临来美国前去墓地陵园祭拜我岳父岳母。

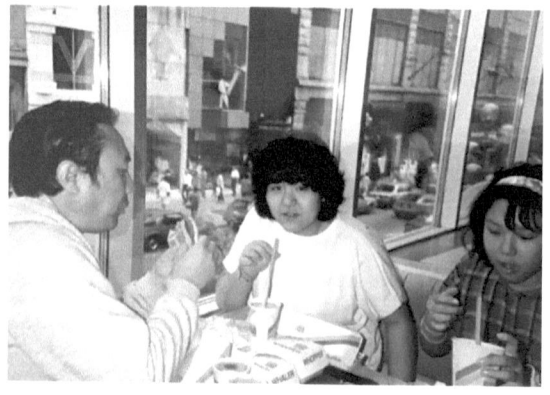

1985 年我们一家四口自驾去加拿大旅游，这是在蒙克利尔市吃早餐。

结束语：我写的只是我个人婚姻生活的经历与体会，它既没没普遍性也不具代表性，与大家交流交流生活经验。孩子们都大了，也想我们的当年一样为生活奔波劳碌，为孩子们的成长操心操劳。我能有今天的生活成果，一是感谢我的父母尤其是我的母亲对我的影响和教育。二是我的家庭，家族对我的无形之影响。三是感谢十七年大中小学教育我从无知到有良知的老师们。四是感谢在我踏入社会工作在生活和政治上帮助过我的朋友。

我的人生最重要的改变就是文革结束后，在我姐姐和哥哥的帮助下成功的全家移民到美国。我的两个女儿是从小学一年级和三年级开始，他们受的是纯正的美国的正规教育，我很感谢这个社会环境对我女儿成长的良好影响。她们从十二岁开始周末打工，在校都是体育运动代表队，平时还去做义工。她们大学毕业后走向社会，利用周末和节假日去孤儿院做义工，捐赠玩具和钱，"911"事件后，大女儿下班后开车去纽约做义工并捐钱给受难家属。她们毕业后和有小孩之前也会给母校捐钱，这种知恩图报的思想是在学校和社会良好的环境影响中所学到的。

2013年的春节，都回到我退休后买的房子过年。

我在此除感谢我的姐姐哥哥外，我首先要感谢的是施敏和王令懿夫妇和李德钦和韩馨茹夫妇、，徐祖文夫妇、杨祖时夫妇、万其昌和喻丽清夫妇和jinie陈（黄太太）。来到美国后，他们都是我的人生路途上的恩人，虽然他们对我的帮助大小多少轻重深浅有所不同，但恩情对我来說是同等的重如山，时间有用完的时候，事情有做完的时候，欠钱有还完的时候，但恩情需用终生也难以說还清。

2014年的感恩节全家福合影。

2016年的感恩节是在维吉尼亚州二女儿家过的，我们在日本餐馆吃完饭在停车场的合影。

名人与凡人之间只是一纸之隔

这张照片是 58 级击剑班于 1960 年初在北京五道口商场的餐馆吃散伙饭后的留影。前排左起：本人、【高兴安】、【王龙春】。

后排左起：【方国英】、陈家珍、程学古、詹玉麟。

我们当时共有男生九人，张俊民、马正山二人没参加吃散伙饭。女生三人：陆佺、李梦华、孙玉春也没参加吃散伙饭。

击剑专业除了我转到冰球专业，程学古转到田径系中长跑班，马正山到了投掷班，詹玉麟退学回上海。其余的男女生都转到武术专业。

这张照片是我们 58 级于 1963 年毕业后四十九年的首次为老同

学的生日聚餐,这里就有我写这篇趣闻轶事的主人公。除我和我太太余下四人(左一至左四)都是武术专业毕业生,而三位男士都是我国武术界的名人(左一-陈家珍教授,中华武林百杰、武术国际级裁判。左二-门惠丰教授,中国十大武术教授。左四-吴彬,中国十大武术教练,明星运动员-李连杰等人的教练)。名人与凡人一起吃饭,菜入口后的味道都一样,消化后支农的货品也一样,但在社会上不同场合名人与凡夫俗子才能显示出差距有多大。

1958年9月新生入学后,北京体院教育改革,从原来的体育系和运动系改为以运动技术分系和专业,我和陈家珍选的是击剑专业,吴彬在上海上学时就在业体校练举重,门惠丰在入学前已经是北京的武术练家也是名将,他入学后没有在系里上课而是在北京武术集训队训练。我们入学时正值全国各行各业都在大跃进,几亿人民头脑发热定指标,定计划,虚报成绩和产量,我们学生也不落后。我们除了头脑发热制定不切合实际的计划,每天上下午的训练,晚上还要上文化课,一次俄语课上因白天训练太累了,老师讲课是我打瞌睡,没听见老师提的问题,当老师叫我站起来回答问题,我懵懵忡忡站起来不知如何答对,后面吴陈二位小声提示我"好死不如赖活着",结果哄堂大笑,因标准答案是:"宁为玉碎 不为瓦全"的英雄豪言壮语,在那个讲阶级斗争的年代,我的结局是什么可想而知了。

前天我打电话给陈家珍,随便聊天就说到我有一张家珍在体院穿击剑服的照片,家珍说是不是穿西装照的?我说记不太清楚了。家珍说:西装是你的,我们大伙儿都借你的穿上照相,照完就还给你,我说:这也太不公平了,平时我穿西装外套,发型是分头,系里认为我的穿着是资产阶级思想的表现。我和家珍说:这也忒不公平了,你们也是穿西装照像,完事儿把西装还给我,合着我去顶雷子背黑锅的,你们偷驴我去那个拔橛的,完事儿你们该入团的入团,该入党的入党。我运气可真够背的,上述两件事儿,两次年级批判,也就是我们太天真不懂什么是政治?同学无意的玩笑招来的是政治批判,是毕业鉴定负面材料。

可就今日来说,我这几位名人同学实属没有架子,我有事每次需要他们帮忙都无话可说伸手帮忙。每次吴彬来美国看女儿我们都有机会见面，因她女儿和我的女儿住的很近，而且吴彬的学生们和徒子徒孙很多在美国开武术学校，我要开车陪他到处去看武术界的朋友，吴彬的队员-张桂凤的武术学校与吴彬的女儿同一个镇子，还有他的学生-江邦军，世界武术锦标赛冠军。十届全国武术锦标赛个人全能冠军-赵长军，也有门惠丰的弟子-李泰良，高美涧等诸多学生与弟子。他已到新泽西州也有在什刹海体校的同事-周乃扬夫妇，总之，吴彬来美国所到之处都有他的朋友学生弟子们请他一起聚会，他每次都让我与他同行。后来我开玩笑說：你不在美国时是否写一份委托书写明由我代表你参加诸位弟子们的宴请。

2012年，吴彬和他的队员-江邦军（武术世锦赛冠军）新泽西州和纽约州会友，休闲时分来到我朋友-叶瑞玲乒乓球馆参观，他们认为这馆就是在国内也是专业队的训练场馆。

次日我们来到纽约州长岛李泰良的道馆，李泰良是文革后第一届考入我院武术专业的学生，师从我们这届留校生-门惠丰教授。李泰良（左三）是"世界武

术搏击联盟"副主席、"美国国际武术公开赛"主席和《心意道》创始人。

吴彬（右一）和他的弟子李连杰（右二）、甄子丹（左一）的合影。

名人与凡夫俗子之间只是一纸之隔，因为名人之所以是名人是需要特定的舞台，凡夫俗子不需要任何舞台，他们到哪都是凡夫俗子，名人没舞台也是凡夫俗子一个。凡夫俗子是人类世界的中坚力量，名人就是这个社会里的点缀，也就是森林里的野花儿是陪衬。森林百年之后定成材，野花儿百年之后还是野花儿。

世纪同龄人中的另类

我今天写的是我亲身经历的事情，世纪同龄人是指同一属性即从 1940-1952 年之间出生的人。也就是目前虚岁 68-80 岁的人群，具体来讲就是老三届以前的人群。因这个年代的生人受过良好的系统的教育，在做人方面大多数人都很诚实善良，有公德心，有助人为乐的品质。就在这大多数优秀的人群中也是有另类存在，因为他们也在美国生活，我这篇文章就不插放照片，我只能说事儿，给他们一家三口人留点面子。（我用代用名来写）。我们相识于国内，先生就算姓寇名五吧，夫人就叫她寇力吧，女儿-寇未，一家三口的职业都在文艺界，先生原是从事话剧方面的工作，后到京剧团做舞台效果方面工作，太太是演员，文革后逐渐成为名角儿（据说是国家一级演员），女儿是戏剧学院毕业曾为市电视台的主持人，其实一家都有较好称职的工作，不知是家庭教育的缺失，还是大环境影响的结果，还是祖辈基因的遗传，事情发展到后来就有点儿变味儿了而成了另类。

  在我大女儿出生后的数月我的工作由北京调到与我太太同一城市，也就认识了这位寇五先生，他是我太太大弟弟的朋友，文革时期他们同属文艺口。因寇五的太太-寇力是样板团的演员，演出任务繁忙，我很少见到她来我岳父岳母家，寇五的女儿只比我女儿大一岁也是七零后。反正文革期间也没什么事可干，寇五时不常的来我岳父家闲聊天，岳父母都因身体健康欠佳，已经不上班在家歇病假。寇五是演员说话幽默，小道消息多，经过他的添油加醋加工加之老人闲在家中无聊，我们知道他接长不短的来蹭饭吃，但老人每次听他胡吹乱侃之后都挺高兴的也就不在意他的到来，我岳父母也是非常好客的老人家。

  我们在1981年初移民美国前夕，寇五先生给了我一个美国的电话号码，让我们帮忙联系他的姨夫-朱国祯（原国民党上海市市长），可是来到美国后我给朱国祯打过电话，将情况说给朱先生听，但当时就被他拒绝与寇五家联系，不知何因？我想是因为当时的政治原因吧。2010年前后，在新泽西州我朋友家见到寇力和寇未母女俩，知道寇未与美国人结婚，从他们婚后生活情况判断这段婚姻纯属为取得美国合法身份走捷径。事实证明就是这样，女儿在成为美国公民后就马上办理离婚手续。如此家教我们实在不敢领教，太实用主义，记得寇五夫妇在女儿成为美国公民后也取得美国的合法居住权，首次请我们去纽约寇未的家，一见面寇五就向我说能否给他一套西服？当时他的体型比我胖，一看就知道是不自我控制饮食的后果，我也没退休西服我每天上班都要穿，很客气地讲了原因婉言拒绝了他的要求。这是我要讲的第一件事。下面我讲第二件事：时间是2011年我做完左膝换关节手术后五个月是回国探亲访友，他们夫妇知道我们回国而且还在换膝手术后的恢复期，我按他们给我的地址坐公交车到站下车就给他们打了电话帮忙开车接我们一下，寇五在电话里说他走不开,告诉我们再走一站多地,他也知道我做了膝关节的手术,等我找到他家时才看见他与亲朋好友打麻将,我算是给他留个面子,没有马上转头就走,稍待片刻便起身离去。第三件事发生在我退休后的 2014 年秋季,在我们要回国探亲前,他们邀请我们去他们的新家暖房,在聊天儿过程中,得知他们的女儿是做传销的卖保健品。回想当时的情景,女儿就宣传各种营养品的功效,母亲在一旁吃营养品做托儿,在我们說话的时候女儿寇未就挑了一些营养品并说对我太太身体恢复很有帮助,我也是为了我太太的身体就答应买一点试试。回家后我太太问我买了多少钱的营养品?转天上午我打电话询问共消费多少银子?答案:$2600 余元。这个数也就是我退休前的半个月的薪资,虽不影响我们的生活,但让熟人这样坑钱就像嗓子眼儿进来一个苍蝇-咽下去恶心,吐不出来咯应。

好像在商场有这样一句话:卖东西想赚钱就得宰亲朋好友及熟客。从此以后我们对他们是敬而远之,五年里再没有任何来往与联系,可以说花钱买教训,总算学费不高,没被人坑得倾家荡产已是幸运之事,我只能说是老天有眼在保护我们一家。

人生警句就是打开自己烦恼之钥匙(之一)

既然无处可躲,不如傻乐;既然偏求不得,不如满足;既然没有净土,不如静心;既然不能如愿,不如释怀。

这四句话,即是自己人生的总结,也是人生路途的警句。不同年龄阶段,不同的政治环境,都会有这样或那样的的不同表现。

【一】不计后果是的发泄来换得心态平衡

当时只有十三岁,刚上初中二年级,我自出生以来就从没离开过我的母亲身边,学前一直跟随父母身旁游走美国东西两岸,直到日本投降后回到中国住在古城-北平(今天的北京),此后七年里除北平外还随父母的工作去过东北的抚顺,后又于 1948 年冬随祖父母去台北临时避难,没想到竟是一生中再也没见到我的曾祖母和祖父母及三位姑父等亲人。我和母亲、舅舅和三哥于 1949 年夏季从基隆路经香港回到北京找到我父亲准备再去台湾,此时海空交通完全断绝,只能留在北京了,开始上小学四年级。

1953年夏季,我父亲的工作由天津开滦矿务局调入北京矿业学院基础课部任化学教授,此时并与我母亲离婚,我与三哥随父去京读书。十三岁的我自幼已被母亲的关爱没有锻炼自我控制力,独立生活能力。一到北京就住校,吃集体伙食,饭菜味道奇差而难以下咽,自己洗内衣裤袜,经常忍饥挨饿,对父亲与母亲离婚心怀不满,对继母品德性格满腹怨恨,当时发泄这些不满与怨恨只有两条通道:一是逃学,回天津去母亲处吃喝和发泄不满,二是在学校与同学之间稍有矛盾就会大打出手,虽然没有混流氓,但也属思想落后学习落后的学生。初中二年级结束时,我的成绩单是"满堂红",可能也就是体育及格数理外语都是红色,当时我要是股民就发了。没办法,只有临时抱佛脚突击一下,总算补考及格有惊无险的升入初三,在初三我遇到了我人生里改变我命运的挚友、球友,初三我们一起从踢小皮球开始了我们的足球起步阶段,这一年踢下来战绩可观,以全胜无败绩结束了初中学生生活,而且在我即将毕业前夕(也是即将超龄的前夕)第一次混进共产党的政治组织-中国少先队的队员。

每个人都在生活中遇到不顺心的事十有八九,都需要发泄,但选择对发泄通道很重要;我选择体育运动项目在平日锻炼和参加比赛来发泄自己的情绪。另,也可选择出外旅游,国内外根据自己的时间和经济条件来定。

高博禹(右一)和我初二和初三都在一班,關宏凯(右二)初二和我,高都一班,初三就和湯志永(左一)一班,我们四人的关系一直保持至今。高中他们

三人都是 65 中少年队和校队，我是踢一年 24 中少年队后就不踢了改打篮球。

这张照片是去年（2018 年 11 月份）在北京的朝阳门内的"東興楼"聚餐时的合影留念。以上两张照片相差七年，这张里有两位新人是大学的同学，王德泉（左二）和石國今（左三），他们都是球类系 58 届篮球专业，王德泉毕业后分配到北京宣武区業體校篮球教练，改革后改行当了中国的保龄球的教练。石國今分配到北京西城区業體校篮球教练，我称呼他是我党的贵族和绅士，技术好，工作踏实认真，不图名利，让他做体育系统的管理职位他坚决推辞，只做一件事，教小孩儿学篮球和更重要的是育人。他们二位是我敬重几位中共党员中的两位！这张照片有几个特点；1-除了石國今，我们五人都是北京市 25 中（育英中学）初中同学。2-我们的共同爱好都是球类（足篮球）。3-我们的友谊长存（从相识至今，年头长在 61 年到 70 年，1949-2019）。4-这张照片里的人都是"学而有成"在业内都属顶尖人物或是专家级人物，无论是在市级还是国家级。只有我例外实属另类，我是少壮不努力，老大图奖杯（牌）。少不更事，不成熟还不能约束自己，做事欠考虑，年岁大了，自我总结人路上的对与错，制定出我的人生新的战略战术，就是凭兴趣爱好进行锻炼。等到熬到大多数人能吃不能动，或是每天靠轮椅晒太阳，我这时再准备稍露峥嵘，来一下满足自己的虚荣心就收场谢幕了，掩盖一下少壮不努力的丑闻就行了，我也就舔着脸下台。5-我们一起几十年，是一拨儿待人诚实厚道，心地善良而且有良心知道感恩的人这绝不是自吹，而是事实。

所以，在自己的人生道路选择朋友和同路人很重要，你身边的人是为你解忧还是为你添堵，均在影响你每日的发泄方法与深度。

人生警句就是打开自己烦恼之钥匙（之二）

既然无处可躲，不如傻乐；既然偏求不得，不如满足；既然没有净土，不如静心；既然不能如愿，不如释怀。

这四句话，即是自己人生的总结，也是人生路途的警句。不同年龄阶段，不同的政治环境，都会有这样或那样的的不同表现。

【二】自己无能为力时，必须心静，必须释怀

在当前我的生活环境要做到心静、释怀还是能做到的，也就是说环境可以影响一个人是否能做到心静和释怀，我讲的环境是指生活和政治两大环境。

在我的人生经历中，能影响我对某些事情或现象做出选择静心还是释怀，那就和一个人的性格和涵养有关。我之所以这样讲，是我个人在不同社会环境都生活过，可以说在性格和涵养是决定因素，可在不同政治环境下就会发生不同的结果。

2008年10月，我们高三（3）毕业五十年首次聚会，共到十五人，站立右一是我班的老班长，团支部书记-周育才，也是这次聚会

的召集人组织者，品学兼优。服！

2011年，前张照片三年后再次见面，已有二人驾鹤仙游，来了八位，过去的副班长团书记因三观有差距就不再聚会了（老班长-周育才人在洛阳请假缺席）。去年聚会只有照片的前排右一，右二和后排左一，左二四位，后排右二因事没来，其余三位老同学也驾鹤仙游也。

（1）我档案里的"不戴帽子右派分子"的由来："起哄"而飞来的政治横祸。

由左至右依次是：周寿华、李文尧和我，周已过世，李失联，正在查寻。

吕岳，北京铁道学院毕业分到"华北水电设计院"，早已过世。

两张照片里的四个人同住一间宿舍，1957年反右运动是放暑假开始的，学生不参加运动，我记得清清楚楚是高二的暑假老师搞运动，我们高二的班主任是耿廷阁老师，教我们"达尔文基础"课，运动中被打成右派。开学高三班主任是"立体几何"老师-陈寶琦。开学后，同学除了看大字报右派老师的言论，我能记得老师里有白克体育老师，王顺德历史老师，侯长春和孙化民二位美术老师，其它教师谁被打成右派就记不太清了。当时学校并没有明确表示搞什么运动，因为中学生不搞反右运动，印象里是可以提意见。我们宿舍四人用胶水把报纸粘起来成一个长的从三楼教室垂到一楼的长幅标语，由我们四人里的老大-李文尧（考入中央戏剧学院舞美系）执笔（刷）写了五个醒目大字"讨回面包债"（我校舞蹈队与女十四中舞蹈队练舞，用学生会费用买面包一起吃）。高中毕业后，在大学期间，他们申请入团时都被问过此事经过，我是到文革时被同院邻居的"小脚侦缉队"主任告诉我说：你的材料里写你是"不戴帽子右派"。这五个字是反党还是反人民还是反政府？当时，也就是起哄架秧子，带来的是一辈子說不清楚的政治污点。

（2）抱打不平，感情用事带来政治上的灭顶之灾：高中同窗-吕岳结婚我们高中的几位同学前去祝贺，时间是文革里武多最厉害时期（1968年），他的未婚妻是北京师范学院66届毕业生而因文革延迟分配，在等待期间发现患有胃癌，手术后静养时期分配方案下达：到农村与农民"三同"（即同吃同住同劳动）锻炼，试问：六十年代我们对癌症的认识不就是宣判人的生命"死刑"吗？术后不给静养还去劳动，吃粗粮，是不是等于对病人的"死缓"促成"立即执行"。此事让我血涌入大脑，无法控制自己情绪脱口而說出："共产党没人性"，接着又说到："文革就是毛刘二人争权夺利"，以及过去很多的错误政策，饿死数千万人，大跃进就是大冒进以失败告终。林彪的吹捧为人的话语跟让人呕吐，伟人曾经反对吹捧拍马屁这一套，但作用到自己身上一样的舒服美！不幸的是我的同学女友因感情问题而将我们在婚礼上的谈话揭发给工宣队，我们被各自单位收容审查，交待问题，这时心里有些害怕了，知道后果严重就采取死不认账。

說句实话，人不可能总被幸运之神照顾，至今我都不明白自己怎就没事儿了，一句话，在一党执政的独裁统治国家里，老百姓绝对没有话语权，必须闭口，只能说假话和政府保持一致，否则，监狱的伺候。自1949年起，新中国就是在新的封建主义皇权思想指导下制定了一系列所谓的社会主义建设的政策，伟人也曾说过："我就是比秦始皇还秦始皇"。主席就是皇上，人民就是奴隶，比过去有点文化和知识的奴才。这话说得有点儿不好听，今天社会的发展情况我想大家心里都有数，在世界上有哪些国家比中国还差？我想可能就剩非洲的独裁统治的落后国家了。

（3）自己面对事情感到无能为力时，就必须心静和释怀：我目前的生活环境和政治环境都可以自由自在说、写、看、做，心情舒畅，基本上没有任何烦心事。

可是微信所传递的信息，的确让人看了心情产生愤怒、产生怜悯、产生同情、也实实在在深感无奈。我真的可以两眼一闭不闻不

见，反正我也没有中国国籍，如果我真能做到，我就当不上"不戴帽子右派"了，更甭说文革里的516现行反革命分子了。

该静下心，该释怀了。一切都是过往云烟，健康的身体才是自己最大的本钱。

这三项体育运动我即感兴趣又能健身，它们是让我静心和释怀最佳选项。我一定积极锻炼身体，争取健康长寿，希望能活到看到中国有希望的一天，也证明名牌大学培养出来的学生当国家领导人比党校培养出来的要优秀，起码是为本国老百姓着想，有钱也为本国老百姓谋福利。

"你要放得下并不等于要忘记"——一挚友的忠告

近来写了不少短文，其内容我的挚友诸篇都认真的看过，太多的文章里都牵扯到政治，自己虽然嘴上说不过问政治但篇篇内容都离不开敏感话题。不论是写常家的事情，还是自己的事儿都扯上政治，不管是常家给谁背黑锅，还是被运动死父母的恨，再写再说能解决问题吗？

"你要放得下并不等于要忘记"这句话的意思我仔细的想了想，有点儿明白了就是不要拿着包袱走自己的人生路，放下累赘轻轻松松地走完自己人生路，快快乐乐地平平安安地过好每一天。微信就在两会结束时就要求政府官员公布个人财产问题上有句话：究竟是集团利益和十四亿人民谁的力量大？实话：集团利益力量大，人民的意愿就是屁泥！我这点儿事犯得上天天拿着包袱过日子吗？

微信上还看到一句话：会装傻充愣就是最聪明的人。我认真仔细地琢磨这句话，我正好与这句话走了反方向，我是看着像聪明实际是个傻子。这句话用另个说法也能解释得通，全党九千万左右的党员，难道他们看不出目前存在的问题，他们是披着合法外衣在装傻充愣，既不影响升迁还利益兼收。

这让我想起以前的一件事儿：参加工作后，教师队伍里有很多年轻教师均未婚，我们教师团支部书记因教师支部已多年没发展团员了，午饭时告诉我准备发展我入团，我心里挺高兴，在政治生命的道路上可以更上一层楼，因我加入少先队就是在超龄两周前入的队，下午下班时，书记告诉我已超龄，我的政治路就进了死胡同。她真是很认真的小教条，小马列。文革时，我们好像是一派的，后来我还开自己的玩笑說：我真要是与她结婚可真进了党校学习班了。文革后期（就是九一三林彪事件发生后的第十二天结婚）我真的结了婚，虽然我没进党校学习班，但我是进了公检法系统。现在我都非常敬佩我这位同事，过去的马列，她这几年的微信内容全都是风花雪月，百鸟朝凤，百花齐放，医疗保健，国内外知名青山绿水，就是一个政治敏感的词和字都没有。她是我看到的最有毅力、定性的"政治傻子"，她就是我的朋友也是我学习的榜样（讓我感到意外的是他不是黨員）。

再者，刚刚过世的李锐先生是老党员、老革命，也对党的方针路线有过建设性的提示，其结果如何？自己要求不进八宝山、不覆盖党旗，这是对事情绝望的表现，奋斗一辈子的结果就是言不由衷而且与初衷相悖。我还有什么理由放不下呢！

我真的没有什么羁绊让我放不下，我已经生活在蓝天白云的天空下，呼吸著新鲜清爽的空氣，過著每天健身高興愉快的日子，翻篇就是解脱，就是放下。

韩红的歌，唱得我心痛！

在今年春节初二的"我是歌手"节目里，韩红所唱的一首——"橄榄树"让我心痛并心酸，眼泪已无法控制地自然流下。这首由陈泰祥先生作曲，三毛女士作词并经胡彦斌编曲，再由天后歌星——韩红演唱，确确实实触动到我的内心之隐痛。生活在异国它乡，远离家园的人们，有谁不思念家乡，不能回国探望亲人的心情又是何等悲伤，有太多的无奈和伤痕是无法用语言来表述的，眼泪是最好的见证。

生活在异国他乡的人们，基本上都会思乡念家，尤其到年老之时，落叶归根的思想就更浓厚愈强烈。但对我们这些手持蓝色的美国护照是没有一丝机会可言，因为中国不承认双重国籍。既然是国家的规定，我们只能遵守，因为新中国成立以来，基本就没有这种问题存在，这都是发生在九十年代以后的事情，说得更具体些也就是近十几年的事儿。我不是个懂政治的人，不知道双重国籍是否对中国有害，是否有辱国威？还是有丧失主权之嫌？美国肯接受各国移民生活在美国，而且还允许他们在美国工作，精英人士可为美国金融界，科技界做出巨大贡献，移民们也得到相应的舒适及幸福生活，是一项双赢互利的事情。为什么中国就不能在双重国籍的问题有新的政策能有利于美籍华人呢？

我提这个问题不光是涉及我的个人的利益，因我的子女及兄弟姐妹都在美国和加拿大，但我的后代他们总和我提起回中国去看看，我的女婿是美国人，是学建筑专业，对中国的古代建筑有极大的兴趣和爱好，2008年首次去中国旅游，北京的故宫，北海，景山，颐和园等建筑极其吸引他，对古代建筑拍摄了大量的照片做为参考和留念，尤其是对中国的美食，简直是赞不绝口。就因为我们家都持用美国护照，对回国探亲访友很不方便，现已退休，悠闲的时间是大把的，总想与亲朋好友多待些日子，可护照上的签证一般是三个月，如延期还要到公安局去办理延期的手续，很是麻烦。目前，在美国和加拿大两国的华人持美加护照的人数很多，再加上他们的后代及长辈和亲戚的七大姑八大姨为数也不少，他们大部分人士在国外留学念学位，然后再找到工作，结婚生子，但这并不代表他们不想落叶归根呀，他们或许回国继续报效祖国，或者落叶归根回家养老安享晚年，这对中国有什么不利或是跌份吗

美籍华人里有相当部分人是偷渡来美国，经过十年二十年的努力奋斗都在美国取得了合法身份，这些人都是从闽粤两省为主的全国各地偷渡来美，她们在美都是做体力活，赚得是幸苦钱，她们年纪大了在美国养老从经济上来讲，不如回国内享福。其实美籍华人每月拿美国社安的钱回国折合人民币都是万八千的，不也是给国内的经济市场增添外汇吗？

美籍华人虽然都手持同色同款的美国护照，但中国给的待遇大不一样，我和我太太每次回国办签证，同样是申请"两年多次往返"，但中国领事馆批给我太太是两年多次往返，我的只批给一年多次往返。当我问到旅行社工作人员时，为什么夫妻二人批的年限不一

样？她们也回答不上来。去年借回国参加校庆之际，在北京机场入海关时向海关官员询问此事，终于得到准确的回答：你太太出生在中国天津市，你出生在美国加州。连出生地不同都会影响签证的待遇，我服了，真是应了"有钱就任性"这句话。我怎能决定自己的出生地，那得看我父母在哪个国家生活我就生哪儿。这种规定怎么能嗅出有阶级唯成分论的味道？如果我出生在"白眼儿狼"的亚非拉穷国，是否就成了第三世界的阶级弟兄，签证时可享受"两年多次往返"？我的祖籍是"山东省寿光县"，标准的山东汉子，我正在写一篇有关去年回国祭祖的日志，我会把我们常氏家族的祖宗八辈儿给倒腾清楚，就是证明我是纯中国爷们儿。

最后，谈一下我写这篇文章的初衷，我确实对实行美籍华人不得有双重国籍有自己的看法，承认双重国籍，我认为对国家对华人都有好处，我确实不懂政治，也理解不了这项规定意义何在？[1]我想谈第一点，我的出生国家无法选择，因我父亲1938年来美留学，母亲陪读，大学毕业后正是日本偷袭美国"珍珠港"而爆发美日战事，交通中断无法回国，直至日本投降后才回到北京。[2]我今年整七十五岁，从1946年夏天回国，秋天开始入小学一年级到1963年北体大毕业，完成十七年的学生生活，步入社会开始历练人生十八年（前九年"北京女八中"体育老师，而后九年调到"天津师范大学"），直到1981年4月全家移民美国至今。与家人天地相隔三十一年才于1980年在美国的亲人才找到我们，立即申请出国探亲，百般阻挠到1981年才成行。我来美国的主观原因有与亲人团聚，另外是我从出生到六岁回北京，记得美国的生活情景，物质的极大丰富，民主自由的舒适生活都是我向往的客观原因是当时的政治大环境逼迫我必须得走，感觉我的出身在国内没出路，在涨工资和评职称的问题上都会受到阻挠，让你堵心烦恼，总之给你人生道路上处处设有障碍，玩心计我又是白痴，不走就得折寿。[3]我虽然生活工作在美国，但中国毕竟是我们的祖国，是我亲人祖祖辈辈生活的地方，我怎会不热爱自己的国家呢？我从出生到今天有四十年生活在美国，三十五年在中国，但在中国的三十五年是我成长的三十五年，学知识学做人的三十五年,永远不会忘记教育过我的老师,永远不会忘记陪伴我走过人生低谷与苦难艰辛时刻的挚友们,永远记住和感谢带我走出政治暗流的过心人,也要感恩在我生活里遇到的贵人。这些全是我在中国生活三十五年在精神上所最富有的精神财富,对我来讲是无价之宝。这就是我为什么要写这篇文章的驱动力,不要因为设置"双重国籍"而甩掉和丢掉生活在海外的爱国华人。[4]目前在全球的各个角落里,只要有人喘气儿的地方就一定会有华人,为什么这样?难道不值得政府申思反省吗?就国内目前的贫富差距之悬殊,0.2%的人掌控70%的财富,我们的教育事业失败,民族道德素质跌倒没有了底线。改革开放是对的,只有前进没有后退,造成今天的局面,是应该好好的总结和反思。

閒時雜談

我這一生可以說是坎坷奇趣（崎嶇）,用"奇趣"二字正是我的人生路與我周圍十七年學生時代的同學和參加工作後結識的同事以及我所教授的學生有很大的不同。

*一是我一出生就是沒有中國籍的中國人（我是四十一歲到美國後才知道）,出國前一年我到美國駐中國領事館拿到我美國的護照時,我都沒意識到這個問題。

*二是我八十年的人生路在美國走了四十五年,最重要的三十五年（1946-1981）即從小學到大學的十七年（1946-1963）的學生時代的生活基本上都是在北京度過的,工作十八年（1963-1981）,北京天津兩地各九年,當教師。

*三是我經歷了建國十七年以來最大、最殘酷、最悲慘、死亡人數最多、國家經濟文化教育損失最大的政治運動,與我切身利益無關的政治運動,受到了洗禮、教育,讓我知道在一黨執政的國家裏應該如何生存?我的政治面目就給我的政治思想水平訂了級別:少先隊員應屬學齡前幼兒班。在這場運動獲桂冠-"516現行反革命分子",哎!最後平反給摘了。

基于上述三?,外加我的大家庭環境背景,使我的觀察問題和結論都會和大家有差別，凸顯的幼稚。因我對政治的敏感性是来自我的生活里的感覺和做人的道理及信仰，我舉一例子來說明我看問題的立場和觀點：我的好朋友夫婦倆是從台灣來的外省人，他們二人都是非常善良的人，對我們幫助很大，可是從十年前他們去中國的次數多了，尤其是城市大批的高樓摩天大廈平地而起，讓從台灣來的外省人有很大的觸動，每次大伙兒聚會這位太太總是滔滔不絕講共產黨如何偉大，並還責備我們夫婦倆為什麼總對大陸有意見？有一次吃飯她又說同樣的話題，我也是年輕氣盛說了一句：如果妳父母要是死在無辜的政治運動，你還會說這樣的話嗎？李敖如果沒被國民黨關進監獄，女兒不在北大上學，他也不會如此肉麻的吹捧大陸。話說完也後悔，人家畢竟曾經在我們困難的時候主動伸手幫過我們，當時我也是七十三四的人了，何談"年輕氣盛"？只能說自己涵養差，沒有寬容心，朋友之間多想對方的恩！不要貪圖一時嘴上的痛快。

　　解放初期，我從内心擁護共產黨，禁止吸毒，妓女從良，禁止賭博，真是為老百姓謀幸福！但後來政治運動年年搞，個人迷信推至頂峰，隨之而來的假大空開始進入各個領域，從此，真話絕迹，假話是最受領導歡迎的官場語言。發展至今謠言和小道消息就成了對真話的懲罰，因小道消息過一段時間就會成為黨媒的頭版頭條新聞。人微言輕，所以盡量不要對國家的政策，社會現象加以批評，說句實話，這些事情跟我們沒有半点關係，真是多說無益呀！

　　從一件我們日常生活每天都可能遇到的事情來說國家的政策，如：我們大家都會有自己的朋友，你是否願意去交又懶又不愛幹活兒就想伸手跟人要錢花的癩人交朋友嗎？自家人吃飯、看病、住房、上學、工作都成問題，先不顧自家人的死活而去把錢用來交懶漢位朋友，這樣的人我們能交嗎？我就是用日常做人的標準來衡量政府的作為，所以我屬于不懂政治一族。

做人還是厚道一點好

　　今天我想說人生路上的一些經驗教訓和體會與大家交流，沒有什麼對錯可言，各抒己見而已。

人生感悟篇

　　趙忠祥先生於 1/16/2020 晨因病去逝至今是第五天，連頭七還沒出，對趙先生的私生活，人品，個人性格等诸方面的文章逐漸多起來，對他的五億遺產的分配說三道四，試問這些文章的寫者：這些問題與你（妳）有關系嗎？你們和他共過事嗎？大部分人都是聽別人說的，也就是寫者基本上沒有第一手材料。

　　趙忠祥先生也是普通老百姓，只不過他的工作讓他成了眾人眼裡的名人，紅極一時而且又多年主持春晚，更是名噪一片。他的事情不外乎婚外情，發生這樣的事情都應該男女雙方的責任，雙方是你情我願否則就是強姦刑事罪。他與饒女士之七年婚外戀情已通過法院解決，五十余歲男和近三十歲女戀情，咱們公平的說是誰騙誰？中华民族的劣根性就是數千年的封建主義的皇帝強權強勢對弱勢的奴隸奴才的統治已經習以為常習慣了。你看趙忠祥這點兒破事兒至于的嘛？有的領導人到各地視察還要美女專門伺候和特殊服務，有太太在身邊還要再設生活秘書，這秘書職權之大，就連太太要見自己的丈夫都必須通過生活秘書，你們有胆也怼一回也讓我們這幫慫人漲漲見識。

　　死了死了，就是說一死百了，入土为安或是一縷青烟游西天。趙忠祥先生是走了，就讓他平靜的走吧！他的親屬還要在這個世上生活，他們家里的事情就讓他們親属自己去解決吧。如果你們真是有勁沒地儿使，我建意你們為大伙兒做點兒實事，有關國家養老金的問題，有關國家退休金的問題，有國家體制問題，要不然你們來個最有興趣的問題-解決中國足球隊何時能走向亞洲和世界？

　　上述如有不當之處還請原諒，因我對政治遲鈍，人情世故和待人接物欠火候，我是到六十歲後，在醫院工作時間有空餘，能坐下來很好地回想自己在國內十七年的學生生活和十八年的教師生活以及來美後的藍領生活。從這六十年的生活經歷讓我逐漸明白如何做人，做有愛心的人，做有良心的人，做有仁慈心的人。我自己知道過去我說話嘴太損，不知不覺中把人給得罪了，多虧平時大家了解我，知道我說話不過腦子，随着年齡的增長自己已改掉些毛病。

　　所以，從六十歲的二十年裡，生活內容比過去充實多了，除了體育鍛練外，還把常氏家族史，自己八十年生活成長歷程用文字表達出來，所以，多些包容心，自己活得也快樂，說句實話：與人為善就是與己為善，給自己鋪路。

這張照片是2000年我六十歲在照像館拍的"全家福"

何谓"幸福"？

為什麼想寫這個題目的感受，因為我在大年初一寫的"闔家歡樂，鼠年吉祥"後，親朋好友及同學們在回覆裡都說到闔家歡樂的"幸福"時刻，並祝我們家庭生活"幸福"，所以寫一篇感受作為謝謝大家對我們的關心和祝福。

對我們倆來說，每逢節假日，外出回來一開門滿地大小不一各種各樣的休閒鞋，心裡不是嫌亂而是想到大鳥小鳥又都飛回窩了，這種感覺也是"幸福"。

這個是給生活不能自理的老人洗澡用的椅子，椅子可以轉動，便於病人從輪椅移到洗澡用椅，然後，將椅子推進去轉動九十度成面對噴頭。

今天初二午飯前，俩女兒一起給媽媽洗個澡，她自生活不能自理後，都是每天給她擦洗上身和下體，女兒從网上買到輔助器材，可以讓我太太經常洗澡。

洗過澡之後，有些容光煥發之意，也顯得精神多了，女兒把媽媽推到飯桌前，母女說說笑笑，都有幸福感。

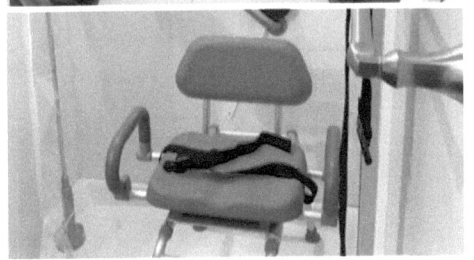

中午，我從廣東餐館訂的粵菜-"清蒸龍利魚""核桃大蝦""中式煎牛排""青椒牛柳""干煸四季豆""魚香西芥蘭""牛肉絲炒飯""鷄肉炒面條"。

在厨房，李阿姨因二女兒一家都愛吃蔥油餅和炸醬麵，便把昨天炸好的一大瓷罐炸醬都給裝起來，還有一小瓶阿姨自制的餃子醬料。阿姨又給她們烙蔥油餅，一共十張，二女兒分得七張，大女兒要走兩張，外孫女當場吃一張。午餐餘下食品除"清蒸龍利魚"留給我們做晚餐，餘下來個捲包會。孩子們回家吃的高興，見到父母身體安康也高興，這也是小皮襖，我們都有幸福感。

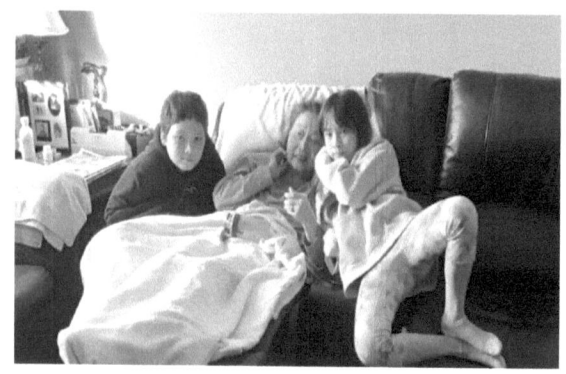

兩天的中國年過完了，和姥姥說"再見"，孩子們各自回家，大人上班孫男滴女上學，下次聚會何時？只有盼望與希望。

其實，幸福每時每刻都在妳的身邊，主要是你自己感到才是真的，所以，每天你自己都會知道生活在幸福還是痛苦之中。一句話，你自己就是生命中最好的心理醫生，自求多福吧！生命之短暫只在瞬間，珍惜眼前最重要，明天的事等妳明天早晨眼睛睜開後再說。祝鼠年萬事如意！

也談一談我對"心態"的認識（上）

"哪像8旬老人，完全是中年人的狀態！在國內別說80歲就是60歲也不敢玩擊劍，您太厲害了！體力、精力都不輸年輕人，我以為這源於您的獨家秘方——良好心態強大的心理素質使您無論順境還是逆境，都能坦然面對！了得！"

這是我原來同事看完我的微信"與冠狀病毒性肺炎爭高下"之後寫下的鼓勵之言，他的話也讓我反思與回憶過去的一些事情，使我認識到心態會影響身體健康這個說法。

人生感悟篇

北京女八中体育教研室的四位男老师。

我在女八中的唯一一次的女排暑期集训。

【1】参加工作以来，第一次因說话得罪领导被下放到"卢沟桥农场"劳动教育。起因：我在北京女八中工作，因市教育局在毛主席畅游十三陵水库之后下发文件，号召广大人民在"大风大浪裡锻炼"，校领导-李培荣副书记找我谈话，

内容是如何组织全校师生去参加游泳锻炼。结束后，我开门正要离开校长室之际，副书记突然问我：小常，北京现在有男女分开的游泳池吗？我的回答太快了，根本没经过大脑就脱口而出：有，王府井八面槽的"清华池"（洗澡堂子）。暑假后开学没给我排课，我就去了农场，那次到农场参加劳动锻炼的成员都是北京各学校的教师和待

451

照片裡的故事（中）

分配的当年大学毕业生，共同点就是思想與言论偏"右"，與黨的步调不太一致。

其实，在那兒我呆的时间不长，那段时间裡，组织了一个篮球队，时常有比赛，另外患有文艺活动，我說相声，表演口技等，干活日子不长因腰伤复发被调回学校教课。每天干活說說笑笑，因來的人思想上是有共同的认识，也有共同语言，时不常的賽个球，编个节目，日子挺好过，說說笑笑，玩兒玩兒闹闹日子过得也挺快，我们毕竟不是犯罪分子。

上面兩张照片是我我"闪婚"與"骗婚"的证明。

【2】文革清理阶级队伍期间（1969-1970），因在高中同学结婚

时一起聊天，当时没像今天出门戴口罩，结果是"祸从口出"，内容涉及到对文革，国家领导人（毛林周）和过去的政策等方面，因我们其中的一哥们儿跟女朋友两人闹分手，她一气之下把我们谈话内容揭发给工宣队，我就被单位隔离审查，你要说当时一点都不害怕那是假的，在文革时期没有法可言，领导说你有罪就有罪，说枪毙就枪毙，我是如何过来了，原因不详。被隔离时我也会请假外出下馆子吃饭，买"红星"二锅头65度，每天与酒为伴儿，我也练出来点酒量，每顿能喝半两。

我就这样当了回"5.16现行反革命分子"，解除隔离后，几乎每天校外打野球，赛完球到"东安市场"北门的东来顺饭庄小吃部，来碗鸡汤馄饨，一两"红星"，一盘儿炸花生米，酒足饭饱后，酒驾（自行车）回家睡觉，就这样去一次天津我太太的家，被两位老人认可，就这样"闪婚"把老婆"骗"回家，直混到十年浩劫结束。

也谈一谈我对"心态"的认识（下）

【3】1981年4月8日下午从北京国际机场乘"国航"于9日凌晨降落在美国纽约市"甘迺迪"国际机场，我二哥和三姑来机场接我们。回到新泽西州的家里见到被台湾海峡分隔三十二年的亲人。

左起：我的二哥，三姑，姐姐。

照片裡的故事（中）

第二天去商店买些生活用品衣物等，晚上在姐夫姐姐的餐馆吃饭，第二天就正式上班开始工作了，至今我记得清清楚楚我姐夫的一句话："我没有钱养闲人"，这句话我至今铭记，有道理。对照一下我姐夫（他是中华民国外交部第一常务副次長的秘书，世界五大洲除共产党执政国家，他几乎到过所有的国家）的话，我國在國内外养了多少闲人和白眼狼？在厨房帮忙洗碗，包馄饨，摘豆角，餐厅的清洁卫生，包外卖到后来練習做应待生，也到外面餐馆打工，做炒锅即炒菜的厨师。

我姐夫带我太太去纽約市的缝纫机店买了一台工厂用的电动缝纫机，从华人车衣廠拿来半成品加工為成品，一件只挣$1元多。开始数月我太太整天以泪洗面，觉得在国内大学当教师，到美國在餐馆打零工，思想转不过弯而来。在考下驾驶执照後，我们生活有了改变，开阔了眼界，加上在中文学校教武术，认识了很多来自台湾的外省人和香港人，他们有的是帮我们改变人生的贵人，有的是我们生活里的顾问，让我们更好地了解美国，生活得更自由。

這些帮助我的贵人都非常谦虚平易近人，無論是世界的著名学者或是高学历的研究员和工程师以及经济富裕的商贾都是平等待人，从不以工作职位高低来下菜碟，這就是绅士与土豪的区别。我觉得我们生活里從进入美国后，就是一路走下來都是在善良的人，慈善的人一路引领我们朝前走。是他们的爱心善心影响了我们,让我们感觉到每天都是阳光明媚,心里充满着希望,所以心情开朗。

【4】我說的這件事在很多人听了以後,对我有了从新认识的感觉,我简单说一下事情的经过-2017年6月份是我有教练后的第一次参加全美擊劍锦标赛,我自1960年取消擊劍这项目后就再也没碰过劍,所以每天都会去俱樂部練習,一天快结束时,我看了一下手机关于股市的行情,一看吓我一跳,股市大落,快收市了,我当天就赔了十二万五千美金,我的脸突然变得有点异样,教练问我一句怎么了?

我說股票赔了十二万五千块。真的?我還能騙妳!過一会兒休息完了接着练,教練就說:老爷子,您还練,回家歇着吧!我說:没事兒,咱接茬兒練,这钱没了就是没了,你跳楼還是卧轨那钱也回不来,還不如练劍即练身体又能解除压力。練習结果,一剑之差没能进前三名,最後荣获第五名。年底结算,2017年只输一万多一点,如果当时跳楼或是吃农药死了,岂不是天大的"冤情"吗?

說句实话:因為我們夫婦俩于1996年曾飞到德州休斯顿去看一位高人(九叔公),没等我們开口他把我們双方家庭状况說得丝毫不差,並知道我們家有一座人造玉的佛像,我太太說没有,她问我有吗?我說有是妳姐姐从国内带来的。九叔公最後說我一辈子没有意外財,但一辈子不愁吃穿。所以,我就好好玩兒,吃到老、穿到老、玩到老、目前,微信几个人发:想能益寿延年就是每天看美女,其实,我從六十年前就开始了,从未中断过,希望梦想成真。

颁发奖牌後在台前与我的美女教练和太太一起合影,美女教练

的好处，因为总看美女，我的年龄倒是延了，可技术退步太大，每次上课都被她吼：怎么又忘了，上次课刚练完。我只能回答：我竟想益寿延年，别的就忘了。

过去就是翻篇，未来才是希望

人的一生是很奇妙也很传奇，有高峰也有低谷，但不是每个人都有和自己一样的经历，就说我自家的姐弟四人的阅历大致相同，而经历却有所不同。过去就是我们走过的人生路，回忆就是从自己成长的经过里发现和总结成功与失败的经验教训，否则，未来的人生并不见得就平坦顺畅。

活在当今的社会里确实比过去要艰难得多，过去和现在都是說实话会惹祸，说假话得烟儿抽，造成人格人性的极度扭曲，本来中华民族最大的弱势就是一盘散沙，极不团结，内斗本领高于外斗。再是仇富心态一直存在我国劳动人民的思想里而根深蒂固，改革开放后就更加凸显了。

是中国人就这两种劣根性，我也不列外，由于家庭的影响，社会的影响，接触人的影响等等诸多因素造成着劣根性在每个人的精神层面表现有所不同。尤其历次政治运动的错误造成的抹不掉的思想影响都存在每个人的思想行为里，加上现在只认钱不认人的社会风气，已经进入无情可谈无义可讲的时代。

我今天说的这些话虽然道理成分多，也是说明我这个做老师的有多失败，中国的教育有多失败，我们曾经是师生关系，我们能有今天的良好朋友关系，是在五十年前开始认识之后，经过政治运动的洗礼，我们都互相了解互相尊重才有今天的开了友情之花结了友谊之果。

这些照片大家都不陌生，有2014年咱六班过六十岁生日聚会后的合影，也有去年十一月我们聚会时的留影，这些都是我们大家之间情谊永存的存证，也是见证。在聚会的过程中充满激情热情感情，一切都在杯中。我非常怀念这个场景，也让我特别的留恋与你们交往的过程。可是现在你们给我出了一道难题，让我来到裁判员或法官来评论你们之间发生的微信里文字间的误会,你们想一想我会管这事儿吗?我远在大西洋的彼岸,我就不劳神费力了,为了减少你们之间的矛盾和促进你们之间的团结,我决定不表示任何意见,因你们都和我有个人微信,这样不影响我们之间的联系。

情义无价(在自己的人生里是如何看待钱)

照片裡的故事（中）

昨天上午，我和革命伴侣看了央视的"感动中国颁奖大会"节目，每一个得奖人的事迹都感动得让我俩泪流满面，又让我有写出自己对社会里存在的一些问题之感受与看法的激情。我出国之前，大家的收入基本都在同一水平线，与同事，邻居关系处得非常好。我们全家是81年初移民来到美国，87年第一次回国探亲访友，感觉比过去有很大的变化，主要体现在城市建设方面。但是，从九十年代末开始有了变化，国内来的中年和年轻的留学生，合法与非法的移民之思想逐渐与我们这个年龄段的人已有了很大的差距。最突显的问题就是他们与人的交往非常实际，既是实用主义，就是对我有用者交无用着去。再者就是对"钱"的认知。

我的理解是-钱对于我们来说是需要而不是重要。对于我们最重要的是用钱买不到的东西-情义。情既是亲情，恩情，友情。义既是仗义，侠义，义气。人这一辈子要走过漫长的人生道路，既有高潮也有低谷，虽然很多人都讲："没有永远的朋友，只有永远的利益"。如果你只注意到利益而没有永久的朋友，在你用钱解决不了问题时就会体会到朋友的重要性（酒肉朋友不在此列）。以上观点是个人的体会，可能我的人生经历有点特殊，加上我的性格，自己能成功地走到今天都是靠朋友的帮助与提携。

首次遇到人生裏幾乎無雪的冬天

都擦黑兒了，五點多了，我正炒菜時發現雪停了，趕快跑到車房門外照兩張雪景，這點兒雪連半寸都不到，哪年不是雪一下就是三四吋乃至半米深，今年美國的雪也湊經濟不景氣的熱鬧。

請看我女兒車窗上的雪，只和煎餅一樣的厚，可憐的三九天呀！

"一张感人的相片"所想到的

下面一张相片是在这场抗击"新冠肺炎"战役中病愈出院的小患者，向照顾他和送他出院的護士阿姨深鞠大躬，表示由衷地感谢她所做的一切。

上面一张相片醫生查病房，與年幼的患者相互鞠躬的问候和致谢，时间间隔近百年。

这就是百年來的医患关系，这两位年幼的小患者如此的有礼貌，定是受到良好的家庭教育和良好的周围环境的影响，为什麽会出现当前的伤医杀医的恶劣社会现象？在我们打赢这场瘟疫戰之后，是否应该坐下来，好好反思沉淀改革开放以来，我们收获到什麽？我们又失去了什麽？

恕我直言，我們这拨三零和四零后的人所受到的教育非常幸运比现在的学生要好得多，全面的多。尤其是在做人方面，小從礼貌方面大到待人接物，一步一步学起，现在的人真不敢"恭维"。

由中华民国改为中华人民共和国后到文革，这十七年正是我从小学四年级到大学毕业结束时思念的学生生活而走向社会而当了一名教师。可以说我们这一代人在十七年里受到良好的和系统的教育，無論是学业還是人品道德方面，

都是无话可说，我记得高中毕业五十周年聚会的时候，我们三班就以为是在国家机关裏当官，是正司局级领导，平安（退休）下壘，

可能是年龄的问题，没赶上这拨官员的狂贪淫乱腐败至极的浪潮。党员们也是吃苦在前，享受在后，也可以说他们根本没有享受。所以说十七年教育执行一条资产阶级教育路线，我与大多数的知识分子都不认同这个說法，这是官场争权夺利打败政敌的托词，掩盖權力之争的遮羞布。

　　是时候考虑如何提高官员自身的道德素质和中华民族的道德素质問題了，中國要想变强盛就必须改变现状：（1）世界里有名称的国家和地区共两百三十个，哪一个国家有如此多的政府官员要让老百姓来养？而且养的不是人民公仆，而是压榨老百姓的官老爷们。（2）哪一个国家有如此高比例的贪官，这都是光头上的虱子-明摆着，这些事情用封口能解决问题吗？试问，这两个问题是否影响中国外交形象？中国的旅客出游世界基本有损我国形象与声誉。国家领导都是精英，是否能考虑点正事儿？把几百亿美元去支援落后懒惰成性的非洲的一些国家，為什麼不把这些钱用在解决我国落后脱贫和穷人生活用款？解决免费教育，免费医疗，老年退休金等问题诸多问题。有的人說那是世界战略部署有关，你不懂！我是不懂，但我知道谁说的"我国永不称霸（于全世界）"，既然不想做世界领袖，没事儿瞎扔钱幹什麼？

　　国民党统治大陆时我是六到九岁，不太清楚也不懂社会上的事情，我都是从小学四年级开始读的全是共产党编的教材，知道国民党是如何压制民主自由，发生过"五四"运动，"三一八"惨案等国民党迫害进步学生。解放后，北京开始禁毒，扫黄关闭烟馆妓院赌场等一切伤害人民生活的场所，妓女从良改造成新人，这一切都是让人欢欣鼓舞，情不自禁地高呼中国共产党万岁！我今天回头看一下假历史过去给了我很多好的美丽的遐想，当今天还原了历史真相，才清楚地看到與原来革命成功时的初想相差甚远，可以说比当年国民党失败时更惨不忍睹，是否应该静下来很好的反思一下再继续前进。要真正改变领导者的思想，從当皇上真正的下来當人民的公仆。

　　从这两张相片是否能给我们领导提醒些更新的思路？让中国从上至下能以全新的面貌展示在各国世人面前。

"实话真話與谎话假话"——自我观点之修正

我一直都以說真話实话而自豪，认为說假话谎话不对，此人不可交。在这次湖北武汉发生的新冠肺炎事情后，我看了信息时得知此次疫情来势凶猛，有许多情况我们没有经历过，雖有经过"萨斯"瘟疫的经验，但也有不同。

疫情初期，如果一切实情公开透明，患者人数，死亡人數，醫院设备情况及人员配备等情况都透明公开是否会引起人心恐慌，社会混乱，带菌者的大逃亡，使疫情更无法控制，可能导致全国蔓延疫情而无效控制的结果。

一句话：做人遝是要講真話实话，这是做人最基本的条件搞政治就另当别论了，小至地方官员大至执政党或在野党以至國家，为了利益，为了权势，都可以假话當真話說，睁眼說瞎话，有的官员說假话不用打草稿。政治用句粗话来讲：很黑暗，很肮脏，很卑鄙，不如妓女，妓女靠出卖自己的肉體来挣钱。政治是靠出卖灵魂和人民大众的利益来维持自己的权利和利益，不论是一党执政的国家遝是多党民主法制国家，都用假话谎言来欺骗群众维持统治和利益。善意的谎言只是短暂的时间内可以起作用，时间长了就会失信于群众，就成了"狼来了"的后遗症。

瀟灑退休篇（上）

退休後的感悟

昨天晚上看了優秀演員～呂中女士的自己退休後的感悟對我觸動挺大，讓我一下就回到三十八年前，飛機在紐約市"甘迺迪機場"降落後滑翔到停機橋關車，離開三十五年後我又回到美國與親人團聚。

從小學開始到大學畢業十七年的學生生活，北京九年和天津九年的十八年教師生涯後，又回到美國。

我們一家四口與我姐姐母女倆在新澤西州大西洋城合影。

1981年剛到美國，在家裡地下室滑輪鞋。

時間對于我們這些打工掙錢從來都沒有優惠，轉眼孩子不但大學畢業參加工作，而且結了婚，直到孩子出生，大學的國家貸款才還清。

她們從上中學開始就利用課余時間打工，到大學的四年學費都是銀行貸款，生活費是她們自己在校內打工掙錢。有錢的家庭孩子學費先由家長墊傅，畢業後工作掙錢只還本金不用還利息。我們夫婦倆總覺得虧欠孩子，但孩子認為我們的想法是錯誤的，在美國十八歲後就是成人了，不應該再讓家長負擔，實際上，美國富裕家庭也只是借錢給孩子，他們交朋友旅游等花銷的是自己打工掙錢。來我們醫院打工的孩子開的車是"奔馳"S600，交女朋友家長不給钱自己去挣，這就是美國的家庭教育內容之一。

又一轉眼，第三代都長大了，哥哥十二歲，妹妹九歲。我們很幸運，基本沒有給孩子幫忙一是照顧我太太的身體，二是怕我們溺愛孩子。

我們退休生活沒有任何羈絆，來去自由，原先我們還養花、貓、狗和金魚，後來我太太身體欠佳，花與寵物就都不養了。2017～2018年，我太太雖然不能行走但還能站立，這兩年我參加全美擊劍錦都開車帶她一起前往參加，2017年在猶他州的鹽湖城舉行，我太太還親臨現場觀戰加油！2018年在密蘇里州的堪薩斯市舉行，我太太沒去現場看比賽，與女兒在旅館休息，晚上一起出去吃的當地風味餐，並開車到處轉一轉。今年因我練習時腰部拉傷沒能按期去俄亥俄州的歌倫巴斯市參加全美擊劍錦標賽，只得明年再說了。我計劃明年租一輛房車並帶上我的四驅運動車，前往參加比賽，之後，到各州風景區旅遊一番，因車裡有床、電視、廚房、廁所浴室，我太太累了可以隨時躺下睡覺，餓了隨時用餐。

我是"人生七十才開始；八十游走快樂享受中"。這兩句話也是自己的人生的總結經驗與教訓，自己過了新年就八十歲了，在到總站之前盡情去享受，在自己的人生路上盡量不留遺憾。

（我即將寫完此篇短文時，收到郭蓉安同學的微信，她的先生～我的同班同學-劉長江好友於昨日（12/10/2019）上午十時十五分在醫院過世，我的中學和大學同學及好友不幸消息時常會收到，心裡多少會很傷感，總有快要到站下車的感覺，只能自我寬慰了，希望大家都保重身體。）

少壮不努力，老大徒"奖杯"（上）

古人曰：少壮不努力，老大徒伤悲，本文的题目就是现代版的我，但我个人绝不提倡这种观点与做法，因为不能脱离当时的历史背景来看这个问题。我是 1958 年入学（现在的北京体育大学），正赶上大跃进，大炼钢铁的脱离科学的疯狂年代，脑子一热就是一项革新，好好的生铁和铸铁的成品，家里的炒菜锅，铁铲等用具统统炼钢，赶超英国，争取进步的入团入党的师生就是一部机器在拼命的转，白天要大运动量训练，晚上还要完成政治任物，我没吃过这种苦，不科学的超生理极限和超负荷的训练，我当时确实是有抵触的，只好自我调整减少运动量免得受伤。我的五年大学生活虽说有很大的收获，但还是时运欠佳，好时间太短，不到两年。

1958 年初冬，我们有机会去沈阳参加全国击剑裁判训练班和参加了"全国 25 省市击剑暨技巧锦标赛"的击剑裁判工作，1959 年春季又参加了全国射箭锦标赛的裁判工作，同年秋季参加了建国后首次的"全国第一届体育运动大会"并参加了射箭裁判工作，闭幕式后还参加了在人民大会堂的宴会厅举行的招待会，由国家体委主任-贺龙付总理主持，招待大会全体运动员，教练员，裁判员和大会的工作人员共七千余人。返校后参加劳动锻炼，地点在昌平区的秦城监狱，可以自豪的说我们是首批参观过秦城监狱的建筑全部的幸运者，你得犯多大的罪才能住进来，咱平头百姓连想犯住进秦城监狱的大罪的资格和条件都没有呀！都让给这批出身好的根儿正苗红，能说会道的，满嘴瞎话的，溜须拍马的的官员了，还是你们尽情地享受吧！返校后开始的冬训，困难时期的阴霾已在我们不知不觉的情况下逐渐降临在我们的头上，先是1959年拳击项目取消，我们58级拳击班共七人，两个人去水冰系游泳专业，两个去球类系，一个去体操系，两个来我们击剑班。到1960年寒假后开学不久，全国院系调整文件下达的本身就是全国困难时期的到来，

我们的教练（曾获全国花剑亚军，北京市重剑枪剑两项冠军，击剑国家裁判）被调到中学任教，我们58级击剑专业共11人（男生8女生三人），三种剑（花剑，佩剑和重剑）各留一人，两个人转到田径系，两个人抽调到预科当文化教员，我转到水冰系冰上冰球专业。在击剑专业的两年里除了有机会做全国和市级比赛的裁判工作而得到理论与实践相结合的机会，但从没有机会参加比赛，因基本上就没有比赛可参加，仅有的一次机会是1959年10月份世界击剑强国-匈牙利国家击剑队来华访问，队员中有世界冠军，对我们是一次绝好的学习机会，我的学长代表中国和北京市参加了中匈友谊赛。在冰球专业的三年学业中，与仅有的一次全国比赛机会擦肩而过，在1960年底我们冰球专业的一至三年级的学生和老师组成的北京体育学院代表队到吉林长春市参加全国冰球乙级联赛，当年中国还没有室内冰场，室外温度经常是零下20-25度，那时我们在吉林省运动队用餐，已经是困难时期，每人发给的一斤白糖在下了训练课连脱护具的力气都没有时，空口吃半斤白糖后才脱下护具。就在比赛开幕式的前三天国家体育运动委员会下达文件：鉴于国内目前处于经济困难时期，全国性体育比赛一律停止举行。返校后，训练量明显减少，回宿舍基本就是躺在床上保存热量，很多同学因吃不饱又缺乏营养得了浮肿病，经医务室大夫开病假单可领到一定数量的黄豆粉和卧床休息不得参加练习。上天还是很眷顾我们这批历经大跃进，大炼钢铁，人民公社化运动，三年困难时期的似坐过山车之大起大落的政治年代，在

1963年初,我们即将完成五年大学的学业的最后一学期,北京市体委举行冬季"跃进杯"冰球联赛,正值是寒假和春节期间,我们放弃一切为了比赛,最终我们以全胜的战绩获得冠军,北京什刹海体校冰球队获得亚军,总算是参加了一次市级(相当于省级)比赛,唯一遗憾的是集体项目而不是个人项目。总之,在大学生活的五年虽然经历了大跃进,大炼钢铁,大运动量训练,三年困难时期节粮度荒,我命运算好的,没被饿出浮肿,也没被训练出一身伤病残疾,为以后的生活打下了良好的基础。

1964年春节,58届北体游泳滑冰专业部分同学在京合影

少壮不努力,老大徒"奖杯"(下)

自从1981年移民来的美国后,为了全家的生活,每日奔波劳累,没有时间进行锻炼,体重逐渐增加,到了1996年我的体重已由初来美国时的70公斤增加到90公斤,1991年我在中文学校教太极拳,闲时与学生家长聊天交流中得知我在国内也参加篮球比赛,便邀请我周末一起打篮球,他们都是三十岁左右的年轻人,我已经五十一岁了并在来美后的十年里从未碰过篮球,首次上场接到队友传来的球竟然不知如何上篮,造成走步违例,这脸丢大了,来美国前我还代表天津师大北院参加天津市南开区职工篮球联赛,当时是四十一岁还

能跑能跳，没想到十年后的今天不但篮球的基本动作生疏，跑上三四分钟就气喘吁吁而且两腿肌肉抽筋，无法再玩下去了只得收拾行囊打道回府另寻出路。我真正开始打乒乓球是从2001年的一月，当时我是去Westfield乒乓球俱乐部，我在来美国前是用直拍，到美国后改打横板，先后从师三位乒坛名将——庄永祥（原广东队主力队员，六次美国公开赛冠军，并代表美国参加世锦赛），叶瑞玲（原广东队主力队员，国家青年队队员，并代表美国多次参加世锦赛和奥运会），王晨（原国家队主力队员，世界冠军，也曾代表美国参加08年的世锦赛和奥运会），2001年至2003年我从技术分1250开始打起，最后技术分达到1650，共获得10次冠军和亚军奖杯（基本上是冠军）。2003年8月因心脏冠状动脉堵塞做了支架手术，休息三个月后开始恢复锻炼至今，我的心脏科医生告诉我的心脏功能没问题，不影响打球只是少参加比赛，我是在71岁（2011年11月份退休）退休后才又参加比赛，只参加年龄组的比赛（即70岁以上），在这五年里共获五次冠亚军的奖杯和奖牌（2012年两次获得70岁以上年龄组的冠军和60岁以上年龄组的亚军，2013年获得新泽西州公开赛70岁以上年龄组的亚军，最近一次是在2015年9月初参加新泽西州老年奥林匹克运动会的乒乓球75-79岁年龄组的比赛获得男单和男双两项冠军）。去年，在打完新泽西州老年奥林匹克运动会的比赛后，遇到一些老年人拿着击剑器材走过来我便上前询问是否有老年击剑比赛？而后我到比赛场地观看比赛并

人生里首次登上领奖台——(给自己七十七岁生日的最佳礼物)

潇洒退休篇（上）

询问有关问题。之后，我有一股强烈的圆梦冲动，因在 1958 年入学后首选的专业是武术系的击剑专业，付项是拳击专业，时运不佳，1959 年春季国家体委取消拳击运动项目，拳击专业取消，这个班的同学就从新选专业。到了 1960 年春夏之际，因天灾人祸击剑专业被调整，每个剑种只留一人，我的教练也被调到男五中工作，我便转到水冰系冰球专业直到毕业。

我从 2015 年 10 月开始恢复击剑练习，我选择的剑种是佩剑，而且佩剑的规则已于 1990 年修改，内容修改的幅度很大，从动作上来讲，当初我们学的动作及步法今天就是违规的，犯规要被罚黄牌警告，两次黄牌变成红牌要罚一分。我从 1960 年后就再也没碰过剑，恢复练习不到三十个小时，而且规则很多细节还没记住。于 2015 年 4 月 9 日开车到维吉尼亚州的首府—瑞弛曼参加美国击剑锦标赛的 70 岁以上老年组的比赛，我有思想准备，战绩为零胜全负排名老末。因在俱乐部练习时与 17 岁到 60 几岁的对手练习比赛从无胜绩。比赛开始第一轮是分组循环赛，我连续进行了八场比赛后又进行第二轮的淘汰赛，我与排名第四争进前八名，打比赛进行到 8：6 只落后两剑时，我两次进攻成功而且是单灯亮，但裁判判我犯规，我的

步法是交叉步，我本应该提出看录像，当年我们学习击剑时还没有电动裁判器材，更没有录像回放，我又是首次参加全美比赛，没有大赛的经验，两次黄牌换来一张红牌被判失一分，本应8比8却变成了6:9，最后输掉比赛。但我心情非常愉快，一是没想到我七十六岁还可以参加佩剑比赛，二是没想到早餐只吃两根香蕉竟能连续打完九场比赛，多亏连续减持十五年的打乒乓球，对增强我的体力有很大的帮助，三是增加我对参赛的信心，回到俱乐部我找了佩剑教练每周一次训练，每周再到俱乐部打两次练习比赛就可以了，每周三次击剑两次乒乓球对我保持体重和体力有很大的帮助。我想到八十岁只打乒乓和高尔夫球或游泳，坚持每天活动就行，今生来世一次不容易，要玩个够潇洒一回，身体好不给孩子添麻烦，多点时间享受天伦之樂。

我是1958年考进北京体育大学（原北京体育学院），首选武术系击剑专业，我也是时运欠佳，1960年人或天在造成粮食减产饿死数千万人，体育首当其冲受影响，我们的击剑专业被取消，从此没再碰过剑。退休后，偶然机会让我燃起重返剑道的愿望，那是在2015年首次参加新泽西州的老年人的奥运会获得75-79岁组乒乓球单双打冠军的同时发现了老年人的击剑，经过仔细询问了解到年龄分组及竞赛规则要求后，10月份置办装备和器材开始去俱乐部练习，五十五年后第一次重新持剑，做着错误动作，还连连犯规，因为佩剑的规则已修改于三十年前。

而我还用六十年前的规则和技术在与他们练习，在比赛过程中出现两个灯同时亮时我永远是失分，因不理解新规则的要点及精髓，美国人很热心来给我讲解，必定语言交流障碍使我一直糊里糊涂的在打比赛。2016年4月初第一次参加美国击剑比赛（在维吉尼亚州的首府—Richmond），我有自知之明，心态不是很紧张，我已做好最後一名零胜记录，结果时胜了几场排名第十三与排名第四争进前八，因不清楚新规则被罚两次黄牌变成红牌罚一分而告负。自今年3月21日"王磊国际击剑俱乐部"成立开始我就成为这个俱乐部最年长的会员——老爷子（嬉称），几乎每晚必到，开始学重剑师从王磊先生（世锦赛和奥运会金银牌获得者）并兼练佩剑师从赵雪女士（世锦赛前八名和亚洲冠军），俱乐部经理沈教练曾是花剑专业运动员及教练，他们一直鼓励我，帮助我毕竟五十余年没有接触过击剑，动作生疏僵硬，加上规则修改练习过程中没少让教练着急上火，年岁大了听力减弱，戴着助听器也挺不清教练的话语，再加上多年脱离击剑运动，对教练所说的术语要请教练重复多次才明白。

赵教练第一次课就用了一句及其简练的话将佩剑运动的主题讲的清清楚楚，只因在俱乐部里练佩剑的人员较少，而我练重剑的时间偏多，所以赵教练教我的动作经常忘记或使用我过去练过的错误动作做练习，常被这位美女教练斥责的狗血喷头，多亏年龄大脸皮较厚才显不出脸红。

这次在犹他州盐湖城的全美击剑锦标赛我报名重剑和佩剑两项，直到比赛前三周我才知道因在美国我没有参赛重剑记录，而且又是全美的锦标赛，我被取消参赛资格，只得服从大会规定，在最后两周的集训只练佩剑，每天两小时，在赵教练的精心细致的计划下，重点反复练习几个动作，并巩固重复多次练习在这次比赛中受益匪浅，在第一轮小组循环赛里，我只输一场给我们小组的最后一名，而小组第一名是年龄组的美国队成员，曾参加世界老年击剑锦标赛也只输一场，以3：5输给我，我以为我是以小组第一出线参加第二轮十六进八的比赛，结果是小组第二，前十六名排名第五与排名第十

赛后准备领奖前与我太太合影留念

二名打淘汰赛，很巧，去年的比赛在小组里我以 3：5 输给这位张先生，这次在淘汰赛我以 10：3 胜出进入前八名，在八进四的比赛是同小组第一名以 3：5 输给我的美国队队员—DOBRZANSKI，比赛开始后，我按照美女教练佈置的战术很快就以 8：3 领先（从第二轮就是十剑定胜负），胜利在望时我人突然呆住了，怎么美国队员就這麼不经打而怀疑其自己的实力，瞬间被对方连续打了六剑变成 8：9 落後一剑，我进攻扳回一剑，最后一剑我至今都不知道是如何出手的，好像在梦游中比赛就结束了，前脚已经迈进美国队的大门又被无情的关在门外。当时的心情我只是觉得挺对不起美女教练的，我也感觉辜负了俱乐部的诸位教练鼓励与帮助，他们一直就告诉我说：我们认为你去就是拿金牌的，没有其它的，是我自己一直信心不足，自 7 月 6 日开车回家的路途中，每天都是被八进四输掉那场比赛困扰，比赛完时是有一点遗憾，我还挺满意，一是我在个人项目上是首次站在领奖台，而且是国家级的大赛；二是我给自己七十七岁的生日得来一份即珍贵又有意义的礼物；三是我以悬殊的比分战胜了去年大赛曾战胜过我的对手，总算证明我的努力见成效；四是这次比赛我有战胜美国国家队员的记录，而且这次比赛的第二和第三名在初赛我都战胜过他们，说明我有穿金戴银的实力；五是我太太坐轮椅之后首次带她做长途旅游成功。六是在这次有数千运动员参加的国家级大赛里，虽说是第六名，但我是 40 岁以上 50 岁以上 60 岁以上 70 岁以上四个年龄组唯一得奖之华人，我很有骄傲感，多少减少了与金银牌擦肩而过的遗憾。

在懊悔之余自己也进行了深刻的反思：(1) 我对自己的实力从开始就存在怀疑的态度，缺乏信心，说好听的是谦虚，实际上是给自己失败留後路。(2) 比赛除了是检查自己的练习成果，更主要的是教练员之间的比赛通过我们所掌握的技术来完成，我们俱乐部的教练组太厉害了，他们在做运动员时征战国际赛场为国家取得光荣优秀的战绩，做教练员又把自己的实战经验传授给他人为推动击剑事业付出作贡献，也坚定我继续征战的信心。(3) 调整心态改变自己自由侠的作风，拾回当年做运动员的认真拼搏的精神，为已开始的圆梦计划画上一个完美的句号。

最后，再次感谢我们俱乐部的教练们，谢谢你们传授给我的新技术新的战术理念，尤其是我的佩剑美女教练——赵雪女士，首先是谢谢更是感谢，我人生第一块国家级大赛的奖牌是您帮我拿到的，其次是我那梦游一剑打碎了我们夺冠计划，要不是我的年龄与您老爷相仿，您当场打我掐我的心都有，自我打出那梦游之剑以后至今除了照相合影我们连一句话还没说过，所以赔罪和谢师宴我已安排好，具体地点与时间在明天到家后通知各位教练。

我的美女教练-赵雪，训练课要求异常严格，我的弓箭步简直不能看。

樊菊杰也带加拿大俱乐部队员参加比赛，赛后来到新泽西到我们的俱乐部给夏令营的小朋友上课，这一天非常凑巧（七月十四日）

我与她是同月同日的生日，俱乐部为我们两人一起办个生日庆祝会。

我只能画句号了，否则不知何时才能完成妳交给我写参赛和练剑的心得，再者，我们尽快恢复练习，为我们 12 月份的美国击劍比赛而努力。

师徒二人再创奇迹

这次参加 2018 年的"北美杯"击剑比赛是师从美女（魔女）教练——赵雪第二次参加全国性比赛比赛，自去年经过一个半月的抱佛脚的练习，初步对佩剑规则修改后的佩剑技术和战术有了些了解，我参加 70 岁以上组的比赛，赵教练根据老年人的特点来进行赛前的练习，在比赛时又根据每个人的具体情况来指挥战术的变化，结果我以小组第二进入下一轮的淘汰赛，在争进前三名时以一剑之差败落获第六名。

回来后一直坚持每周 5 至 6 次的练习，希望在 2018 年的比赛取得较好的成绩，练习中美女教练严格要求，我上小课时经常会听到她的大声斥责之声，充实了整个练习场地，经过近一年的师生相处，她获得是"教学相长"，我收获的是"技皮相长"即"技术加强"和"脸皮加厚"。

4/22 下午三点才开始比赛，上午十一点退房之后还有四个小时才比赛，我们只好去公园晒太阳，到比赛场地也只有一点半，我换完比赛服装在剑道做准备活动，来前在俱乐部练习时右大腿根儿拉伤，为了不影响情绪就没告诉赵教练，我只拉完韧带就点名开始比赛了，赛前没机会进行实战练习，我第一战就以0∶5败下阵来，第二场又输了，可我感觉好多了，第三场赢了，后两场输了但比分接近。我以小组最后一名进入淘汰赛，第一轮小组赛后我排名13，第二轮淘汰赛我的对手是排名第3，这场比赛就是一边倒的局面，赵教练嘱咐我一定听指挥不许瞎打乱打，因我听力减退，戴助听器也没多大帮助，就靠看赵教练的手势，是1还是2，我又是花眼1和2有时看不清，在这样的情况下，我坚决听指挥连胜两剑以2∶0领先直打到5∶3我领先进入一分钟休息时，赵教练告诉我坚持住，你已经把对方打傻了，还真是对手自乱阵脚，两次进攻竟作出交叉步被判两次黄牌而失分，很快就以10∶3大败前美国队队员，把他挡在前八名之外。这场比赛给大家不小的震撼，他们对赵教练的智慧和采用的战术钦佩之至，发奖后冠亚军都找赵教练探讨技战术问题，很是为中国的击剑运动水准争回光露回脸，下一场的对手就是小组赛第一场打我5∶0的人，这次交手我的心态已经没那么紧张了，比分交替上升，在比分到8∶9我落后一分时教练给我的手势是一就是快速进攻冲一剑，我在要出手时对方有动作，我稍犹豫被对方抢先而失掉打平的机会而没能进前三名。这次收获很大也很多，自己增加了自信心，我知道自己技术上的短板，都是赵教练在战术上的运用禰补了我的不足，我最大的收获就是我打赢排名差距最大的对手，而且是比分差距也大（7分），场内有的其它俱乐部的教练和运动员向我竖起大拇指并表示祝贺，被我打败的前美国队员赛后相互握手和裁判握手并和对方教练握手，但他没和我的教练握手，真是一副输不起的样子，气得美女教练说：以后见一次打败一次。

还有两个月就是美国击剑锦标赛，这个比赛是美国击剑最高级别的比赛，希望与赵教练能配合的更好，争取好的成绩。

我非常感谢赵教练，虽然她要求异常严格，但对我来讲收获也大，我是六十年前进入大学开始学习击剑，两年后因特殊原因我们这一届的击剑专业撤销，从此就再没机会练习击剑了，直到2016年才开始恢复击剑项目的练习，三次全国性比赛，就一次没来指导我比赛，我连前八名都没进去，有赵教练在身边指导，那对拿奖牌的希望就大一些，因她是因材施教，根据老年人的生理特点，利用简单的技术动作组成战术非常奏效。

风水轮流转——全美击剑锦标赛纪实

于圣-路易斯 /6/30/2018

　　这是我第二次参加全美击剑锦标赛，首次是去年于犹达州的盐湖城，自那次比赛后回来一直坚持练习，可以说一年来我的技术和战术都比去年提高很多，尤其是与对手的距离感提高很多，而且教练根据老年运动的特点制订了技战术，经过反复练习还真有效果，自恢复击剑运动两年多与俱乐部六十岁以上年龄的老人练习比赛里，我从没赢过任何一场比赛，直到这次比赛前的练习中终于以 10：8 赢了我的剑友，增加了我取得胜利的信心。同时也给我心理上带来压力，在比赛过程中总想快点儿赢得比赛，怕输的心态影响我技术的正常发挥，所以，一上场我即对距离没什么感觉就连对手的护手盘剑身的动向都没看清楚，也就是心理压力给我在比赛中没能完全按教练布置的技战术去打，小组循环赛是打一场输一场，比分基本都是一分之差，小组赛我赢的对手就是四月北美杯进前八名我赢过的同一对手，这次进入复赛(进前八名)的对手还是小组赛输给我的那位，四月份和小组赛我两次赢他，四月份的复赛时我以 10：3 胜出，过了两个月的再次相遇，比赛结果还是 10：3，只是我是输家，输得没话讲，好好总结一下明年再战风水流转》吗！

　　这次来到圣路易斯市除参加比赛外，路途上也挺有意思的，從家出发走半个小时的车程是从新泽西州进入宾夕法尼亚州，需要开近五个小时才能进入西维基尼亚州，走也就不到一个小时就进入俄亥俄州，我们在俄亥俄州的哥伦布市住宿并用餐。

　　第二天又开了三个多小时进入伊利诺伊州，圣？路易斯就在伊利诺伊州与密苏利州交界处。我们是当地时间下午四点半(与新泽西州有一个小时的差别)到达"城市广场"市中心旅馆。

我们早在五月初就预定好房间,可到六点半我们还没拿到房间钥匙,我女儿很生气便要求前台通知总经理来解决问题,当总经理听完我女儿的陈述后及时向我女儿道歉并保证十五分钟就可以入住,并提出给我们免费晚餐作为致歉的补偿,可以把饭定好送到房间用餐,但没想到的是晚餐后我和女儿去酒吧喝酒看世界杯回放,白天都在开车,晚上有机会补看是享受,但酒保不收我们的酒钱并说是总经理交代免费供应,这就是美国经商之道,因这家旅馆的对面是休敦旅馆,左边是海雅旅馆,都是四星级旅馆,服务上稍有疏忽就会丢掉生意,因此不能有半点马虎,只有精益求精才能在竞争中存活并取胜。我太太几小时的车程又等两个小时才住进房间,她太累了便卧床吃晚饭了。

第二天(6/29/2018)我女儿查到圣路易斯具有特色餐馆和食品,特色就是餐馆就像农村村

口的小饭铺，卖的是三民治和汉堡，夹的肉是猪肉和牛肉，我要了一份猪肉汉堡，猪肉就像我们做的酱肘子的瘦肉，非常适合我的口味，基本我不吃西餐，这个餐馆不但食品适合我的口味，环境气氛非常轻松，穿著都很随意，休闲装、圆领衫短裤拖鞋也可就餐，而且生意非常红火，从我们入座吃饭到吃完离开，已经翻了三轮。

额外惊喜，原我太太的学校（天津工业大学）外语教研室的两位英语老师回国出差，夫妇二人将我托朋友买的四瓶白酒（泸州老窖特釉和白水杜康各两瓶）带回美国，在他们去女儿家路过圣路易斯把酒送到旅馆，因我正在比赛没能见面，深为感谢起码解决我近半年的喝酒问题，上面正是我谈自己的吃喝玩乐老年人生活的四大享受。

去年和今年的两次比赛我都是自己开车前往比赛城市，去年在犹塔州的盐湖城市，我开了三天半而今年比赛地点较近只开了一天半多点儿，两次行程经过的各州环境景致大体相同，基本都是庄稼地，而且都是种植玉米，偶尔会看到蔬菜，但我从未见过小麦和水稻以及大豆等农作物，可美国在世界是粮食出口大国。

我们这是第二次来圣路易斯市，上一次是二十年前去我太太在天津工业大学的同事（基础课部英语教师），夫妇二人都在美国取得硕士和博士学位，二十年前他们在大学里工作，先生是留学生办公室主任，太太在系里任课，他们也是这次给我带回四瓶酒的朋友。二十年前去他们家去玩时为了吃中国饭菜来过这城市，这次再来对二十年前的一切丝毫没有印象，这里的中餐实在不敢恭维，纯属美式中餐，水平还停留在三十年前我们刚刚来美国时的中餐，只适合美国人的口味。但圣-路易斯市蛮清静的，早晨买咖啡马路人车都很少，青天白云空气新鲜，让人感觉非常舒适。

我参加了新泽西州奥林匹克老年运动会

自 1983 年开始首届老人运动会至今已是第 34 届了。参赛项目挺多的，有高尔夫球、垒球、乒乓球、击剑、马蹄铁、羽毛球、游泳、网球、田径和排球等。美国群体活动开展极普遍。全美、地方、和俱乐部的竞赛全有从儿童到老人年龄分组，规则会根据年龄稍有不同，安全也都有措施保证。

我上周末参加老人佩剑比赛，因电脑通知的比赛时间与实际比赛时间差了两个小时，我的剑友在开赛时看我没到场地，便打电话给我，我急忙赶到比赛场地，换好比赛服立马上阵比赛，没有准备活动也没有热身便开打。我连续与六人作战，战绩是六战皆墨（老人组是 50+，60+，70+共七人参

加，我是 70+，两位是 60+，四位是 50+）。但结局是美好的，也只能发生在美国老年人的体育竞赛中，我获得佩剑金牌，原因是 70+年龄组只有我一个人参赛，荣获一枚没有技术含量的金牌。

在乒乓球比赛的 75-79 岁年龄组中，共有八位老人参加。我除了对亚军（是中国人）的比分是 2：1 胜，对其余六位都以 2：0 完胜对方，获得金牌。这块金牌与击剑那块相比含金量就高多了，而且是蝉联冠军。可惜双打失金得银。如果我和本年龄组亚军联手双打，必定获得本年龄组的冠军，但是，因为我们之间不熟悉，我们两人都和

65-69年龄组的运动员结合打双打，结果我获得亚军，他们获得铜牌。这可以说是我此届运动会的遗憾，明年一定争取单、双打的双金结局。

比赛获奖后的合影

痛苦的抉择

最近的处境虽說谈不上是"乐极生悲"但也可说是"意想不到"或是"节外生枝"，两周前的星期五晚，练完剑后回家洗澡时就觉得右侧腰部有些痛，浴后便贴了"麝香壮骨膏"止痛。近几年打球练剑凡是小的伤痛我都用这种止痛膏就可解决问题，可这次却无疗效，疼痛是日复一日的加重，简直是睡卧不宁，坐立不安。

到上周末已用步行器帮助我走路，因右侧腰痛影响的右腿的支撑力量减弱，我怕摔跤才不得已而为之，每天都是躺在床上和沙发上度日，腰部和右腿的锥心疼痛实在是困扰我的正常生活，我的专科骨科医生给我的门诊时间是六月十二号下午两点半，经过问诊和照片子初步诊断是肌肉拉伤，给我开了止痛片和做理疗十二次，如果情况改善不大，再进一步调整治疗方案。

我的腰伤是在1959年春季北京体育学院的全院三大球比赛时的足球比赛里我做了一个凌空抽射而扭伤了腰，经过一个月的治疗和在床上坐着睡了一个月才算恢复。第二次是1965年秋被送到卢沟桥农场劳动实习，也是腰痛难忍经过照片子诊断"第五腰椎椎弓先天性断裂"，经过中医的针灸与按摩基本算是治愈。这次是第三次，虽然是疼痛难忍，但让我更难下决定的是六月三十号的全美击剑锦标赛是参加还是弃权？从目前的情况我认为自己身体健康为首选，养伤为大，今年比赛弃权还有明年。即使十天后身体健康和伤势复原，我也决定放弃今年的全美锦标赛，好好休息养伤，尽快结束每日与床为伍的日子。

我渴望尽快回到大自然环境中去享受日光浴，我同时也渴望在今后的数月身体恢复期的锻炼里，采用积极性的休闲活动尽快恢复到受伤前的健康水平。

伤痛最佳止疼剂——老同学及好友的到访

星期三晚上九点半大学同学-吴彬来个微信通话，还有他的高中同学-黄亭坚同时也给我打电话，因腰痛实在难忍九点一过我就回寝室躺床上看电视睡觉，手机和平板都放在客厅。第二天早上起来才看到他们的来电，赶紧回电话问候，并约好下午来我家见面聊天。自六月一日起至今每天都与腰臀腿的疼痛做对抗，如果站立或

吴彬夫妇看望我太太。

是走上三四步后，我的腰臀腿疼痛难忍，没有外人在我就大声叫喊，过四五分钟后疼痛的程度会由十分减至五六分痛。

昨天下午时分乌云密布，雷雨瞬时间倾盆从天降下直泻人间大地，片刻短暂倾泻过后，乌云散去，太阳又重现光芒。只见地面的水蒸气升起，片刻地面的水不见了，这时黄先生的车已到了我家的车道上。我怕站起来欢迎他们后，再坐下我的腰腿痛会让我失声大叫就太丢人了，我就失礼的坐在沙发上欢迎朋友们的到来。

左边的是我大学同学-吴彬，我的对面是吴彬高中的同学-黄亭坚，黄先生的家与我家很近，只有六哩路。

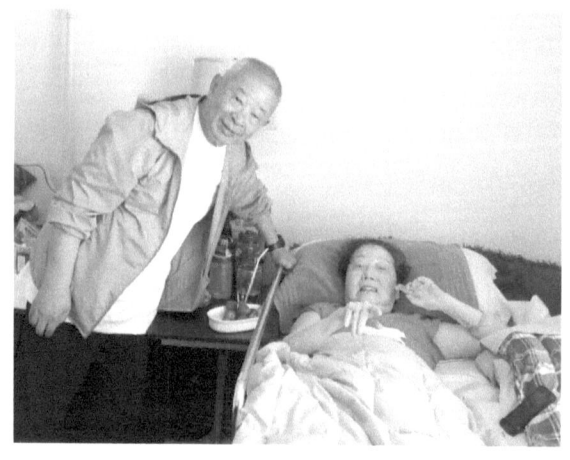

吴彬亲自面授在床上恢复健康，增加体力的简单的锻炼方法，坚持一个月就会见到成效。

上一次吴彬和他的弟子-姜邦军（世界武术锦标赛全能金牌获得者）来我家应该是六七年前的事了，吴彬是个大忙人，国内外的大型武术比赛都会被邀请参加，也因他的弟子名人多，如李连杰，甄子丹，吴京等著名影视演员，他本人在国内外武术组织都有担任要职。

与吴彬夫妇见面很难凑到合适的时间，去年11月份我回北京时正巧吴彬夫妇在京，我们击剑武术专业的56级58级在一起聚会。难得在美国聚会，我们聊起学生时代的生活趣闻，参加工作后的种种遭遇，时间一晃就晚饭时间，他们本来约我们一起去黄亭坚夫妇家共进晚餐，可我实在去不了，借助步行器走上三四步我就会痛得撕心裂肺的难忍之疼痛，当他们离开我家是我都无法送行。

在他们离开我家时，吴彬夫妇再次到寝室与我太太话别，并叮嘱我太太一定每天坚持做练习，希望早日康复。

腰傷好了，腿抽筋兒了，顯大眼了。

由六月一号到九月一号這養傷的三十三天過得太慢了，腰傷好了可腹部貼上五斤膘兒，進門兒臉還沒進門兒肚子先露面兒了。

我從二號三號到俱樂部練了兩次球，過去是打兩個小時的比賽，現在只是站在那裡練習正反手攻球一個小時就流汗濕透上衣，三個月人都待傻了。今天原訂與老沈一起練球，到他家時他頭暈身體不適，我給葉瑞玲打電話說一聲今天就不去館裡打球了，因原已答應葉瑞玲參加下午老人的比賽活動，我就去俱樂部參加老人的活動。

所有五十歲以上的老人分成兩大組進行小組循環賽，第一場我與蔡先生對陣，我們雖認識比賽還是首次，打五局三勝制。首局蔡先生發球，比分交替上升，當比分是 8：10 時，我落後兩分，但是我的發球權，第一個我發個下旋近台球，蔡先生接球下網，第二個球還是下旋但是遠台球，但我球發到界外而結束第一局。第二局開始比上一局好多了，我失誤也少一些贏了第二局，休息時我的左大腿內側肌肉要抽筋兒，走路略微有点瘸，蔡先生很關心的問我腿是否傷了，我說沒事兒，蔡先生說：咱們就三局兩勝吧，我們就這樣打完第三局比賽。

這球打得窩窩囊囊，就跟不會打似的，連接發球都失誤。再者，兩腿发軟不給勁兒，不知恢复到哪天才算是個頭兒？技術上顯丑了，體力上顯眼了。

赤子遙祝祖國七十年國慶

在祖国大陸慶祝新中國七十歲生日的前夕，我也想自己在這個國度裡生活過三十五年（1946 年夏～1981 年春），也有很多心得感受願意寫出來與大家分享。我之所以成爲一名無中國國籍的中國人，與毛主席有共同的認知就是：

我們應該感谢你們對我國的侵略。還真是這麼回子事兒，在北平要不是日本憲兵抓我父親，我爺爺也不會讓我父親由日本憲兵隊出來就去美國念書。所以，我就成了一名没有中國國籍的中國人。

我父親畢業的那年日本襲擊了美國珍珠港而引發了美日太平洋戰爭，中斷回中國的海上交通，直到日本投降後轉年我與父母三人由舊金山啟程回國（這張照片就是我當年回國時我個人的美國護照上的像片）。

我九歲時的照片，1949年新中國成立時我上小學四年級于北京育英小學，1955年北京育英中學初中畢業。

這是我上高中于北京二十四中（原大同中學也是百年老校）高二時的照片。

1958年進入北京體育大學（原北京體育學院），一二年級我在體操武術系的擊劍專業，三四年級在田徑游泳系的冰球專業，我這個人在選專業上完全是憑自己的興趣愛好，而且都是今天所說的貴族的項目。擊劍服裝設備（當時還沒有電動裁判儀器，不用穿金屬衣）價格也是百元左右，一把劍五十至六十元，我們從來就沒用過標準劍進行訓練，到1960年國家困難時期節糧度荒時，我們58屆此專項被取消。冰球專業也是相同理由，運動員的護具和球桿冰鞋在當年的價格也要三百五十元一個人，不算每年十月底去黑龍江黑河訓練的費用，實在經費開銷太大，于1962年將此項目取消。何去何從？我想最後一年玩個痛快，干脆轉到球類系，打一年籃球或踢一年足球，結果在足球班的老同學給了我一句：你要再轉到我們系，合着除理論系你沒念，其它四大系你念了個遍（我們兩人十七年從小學到大學裡，除高中三年沒在同一學校，我們當了十四年的同學）。系裡和我談話說最後一年就別再轉系了，就這次聽領導的話，花三毛錢買了一尺布，做了條游泳褲，學會了四種游泳姿勢畢業走向社會。

這張照片是我結束單身生活的最後一張照片攝于 1971 年春，從 1946 年到 1963 年的十七年學生生活，從 1963 年到 1981 年十八年的教師生涯及我的首次也是唯一的一次毫無人性的政治運動。

三十五年祖國生活的前半部分

1946 年九月開學時，因為我剛回國兩三個月，不太會說中文，只好去東單三條的"聖心小學"（英文學校）一年級讀書到三年級才去"育英小學直到小學畢業。

初中因父母的離異對我的影響，逃學、打架、自由散漫成了後進生，直到初中畢業前兩三周我才被批準加入"少先隊"，到暑假我就超齡了，在中華人民共和國我的唯一"政治面貌"就是"少先隊員"，對于一個沒有中國籍的我已經是無尚光榮的稱號了。

高中的三年是影響和確定我人生今後走向的三年，因在初三時組織了足球隊讓我從落後生進步到在功課上和遵守紀律方面都有很大的改變，體育改變了我，體育推動了我成長。有幾位老師我會一直記住他們的名字-陈家琪老師，耿廷閣老師，陳寶琦老師，趙長興老師和梁振聲老師，無論在做人方面還是課業方面都給我後來走上教師崗位有着難以用語言表達出感激之心。

大學的五年生活是走向成人的最初五年的教育階段，中學生的"學生守則"內容有一些規定在大學裡是不違規的，我入學時就流傳一首順口溜："上大學三解放，抽煙喝酒搞對象"，一年級我已經完成上述三項"指標"。這個階段對老師的認識和中學又不一樣了，因為老師把我們即當成還不成熟的學生而且也把我們當成兄弟姐妹。在政治上比高中要求高多了，但我還是像在高中一樣說話和做事前欠考慮，被全年級批判過 2-3 次，只能怪自己是政治上的"智障兒"，很難在這個國家拿到畢業"證書"。在大學期間有幾位老師：

黃占鰲老師，王守剛老師，陳新華老師，王守昕老師，穆秀蘭老師，樂偉老師，龐志忠老師和楊秀浩老師，他們分別是我專項教練：擊劍、拳擊、冰球和游泳。

56～58屆擊劍專業同學與老師～黃占鰲老師（右三）和王守剛老師（右四）合影。

他們不僅在專項傳授技術更重要是做人做事，講真話實話，做人要誠實，有良心，懂得報恩，自己能有今天的為人處事及做人的原則是從下述幾方面獲得：一是遺傳來自父母的遺傳基因。二是家庭自小的教育與薰陶。三是社會大環境的良好影響和學校老師辛勤耕耘，這幾方面缺一不可。

58屆滑冰班與老師合影：穆秀蘭老師（前排左三），樂偉老師（後排左三）楊秀浩老師（前排右二）。

三十五年祖國生活的後半部分

　　1963 年幾經周折終於被分配到北京市西城區女八中任體育老師，與同事在香山合影留念。已有兩位老師仙逝，他們都是我生活裡的兄長和大姐，在經過慘無人性"文革"的歷練後，我們又成長了，過去因為說真話實話而犯錯誤，今天因不會說假話而沒法混世界混江湖。

　　初入社會不知深淺，經常說一些敏感話題，幾位老師對我說：你呀，太年輕，怎能不經過大腦就寫實話，不要命了。吃完夜宵回到學校把我寫的交心材料還給我說了一句：撕了吧，別留着。今天想起來是在政治上救了我一命，他就是"吃驢料幹驟子活儿"的言主～還炳文老師。另外，在文革中"清理階級隊伍"中，也有唐初老師，晏君力老師在我被關進去隔離審察時，從精神上安慰我，幫助我，我移民美國回京探親訪友曾與唐初老師一起聚餐暢談，因晏君力老師也移民美國，我們經長電話聯系直到他因意外車禍過世。

　　在百般无聊的文革日子裡，不說是度日如年也是日月難熬呀！無奈之舉就是找個老婆～革命伴侶爲首選。我的命還是不錯的，我就遇上天上掉餡兒餅的事，我學長的母親給我和學妹牽線去天津見面，五個月後于一九七一年九月二十五號完婚。轉年，我女兒五個月大時，于一九七二年十二月二十六號拿到調令到天津市教委報到。我是頭上戴一頂"516 現行反革命分子"帽子調到天津，沒有一所高校接納我，正巧剛開課的"教師進修學院"急需體育老師便到那裡去上班。

　　我在進修學院除體育課外，還帶男女排球隊，並參加了"一九七三年天津市高校排球聯賽"，男排只輸一場給天津體育學院榮獲亞軍，女排以全勝戰績榮獲冠軍，我非常感謝同學們的努力而取得勝利爲我分得一間十四平米的住房賺到了本錢。

　　我們還經歷了人生裡最慘重的一次地震，震中地區～唐山損失慘重，數十萬人的傷亡，房屋全部震塌，在京津唐搶險救災工作尚未完成時，中央決定重新開始大學招生恢復高考，此時，進修學院已與

天津師範學院合併。

這張照片是在獲得冠軍後於教學樓前的合影留念。

在我全家移民前，我經歷了調薪和技術職稱評定，由於處在文革剛結束，流毒的肅清尚未開始，調薪雖然沒說看出身並不等於沒有成分論的影響，工資雖然漲了一級但讓你感到很噁心。到職稱評定時，流毒顯示得淋漓精致，幾乎每位在職稱評定的自我發言裡都有千篇一律的用語："積極努力學習毛主席著作和毛澤東思想，積極參加黨課學習？"，我又耐不住性子發言："王主任，我就回家買菜做飯了"，王主任："小常，現在是開技術職稱評定會，怎能回家做飯？"，我說："這會內容我聽象黨員發展會，我又不是黨員，我這不是瞎耽誤功夫嗎？技術職稱分；助教、講師、副教授、教授。政治職稱為；黨員、團員、少先隊員，技術職稱應該談自己在教學中如何因材施教，如何提高學生們的身體素質和健康水平"。反正就要移民了，調工資和訂職稱與我關係不大，也就不與他們較真兒。

2018年11月回國探親訪友時，在天津與原進修學院的師生聚會

時間過得太快了，一轉眼我移民美國已經近三十九年，有時朋友或同事問我："你不想落葉歸根嗎？"，從主觀上說還是樂意歸根，從客觀上來講有點不現實，隨意吧！誰也說不好明天早上會什麼樣？過好每一天是我自己最重要的事情，也是最現實的事。最後，祝祖國國慶快樂！

與冠狀病毒性肺炎爭高下

大年初一給我的十九年球友-沈友成打電話祝鼠年吉祥，在聊天兒時得知他家附近的藥店口罩脫銷，前幾天在華盛頓州的西雅圖市飛機場有一名帶病菌中國人入境被查出，此後在大年三十兒紐約的甘乃迪機場由武漢市飛往紐約的班機停飛。據說紐約市有疑似肺炎病人，再加上新澤西州每天都有很多人去紐約上班和乘車往返兩州之間，增加了人與人之間的傳染可能性。我女兒在回家的路上替我買了一盒口罩，下午外出買東西時又買到兩盒，我只買到一盒，給老沈一盒，阿姨一盒，有備無患嘛。

樓上樓下各放十二張球台偌大的俱樂部，也只有我與老沈二人對壘，先用一盒球練習正反手，準備活動後，開始打比賽，四個五打三勝，他是近

台快攻，我是中遠台防守型打法，反手是用長膠粒削球，正手反膠攻球。我們倆在一起打了十九年球，從二零零一年到二零一九年五月份，每次比賽都是打五個五打三勝，現在是老了，已是八零後之人也，打不動五個了。在十九年的比賽裡僅勝過一次（3：2），十九年的勝率是千分之一。

從二零一六年開始恢復擊劍練習至今從未間斷，上午練乒乓球，晚上練擊劍。自從去年六月-八月因腰部老傷複發在床上和沙發上躺了三個月，外加理療和針灸才恢復，恢復練習後，明顯體力不如傷前，基本上每周五天練習，兩天是只練一個項目，三天是練習兩個項目，再也不存在"勝利就在堅持一下的努力之中"，汗出透了舒服了就收拾劍包回家。

出行還是注意安全措施，我們基本不出門，我只去俱樂部打球和擊劍，再去就是買菜肉水果，每周一次採購為主。

還是經常鍛練身體，加強自身的免疫力是最好的預防措施。祝大家鼠年吉祥！萬事如意！笑口常開！

我對一篇文章的存疑

【带你走进不老顽童的体育光影人生-体育摄影人齐大征】1921-2019

在那个艰苦的时代，齐老曾在北京体育名校什刹海练习乒乓、滑冰等体育技能。

起初当过工人、而后从事教师职业，通过努力进修多门外语。

在省级体育学校执教之时，又被保送人民大学学习体育摄影成为一名媒体。

今天我在朋友圈裡轉發一

篇有關我朋友～齊大征如何成爲中國和國際著名體育攝影師，在天安門紅色圖像下面有一行數字：1921—2019，我不清楚是否是齊大師（征）的生年？

這張照片是在美國新澤西州我們第一次見面，他給我和沈友成照我們打球的時的照片和錄像。因他在美國待了一段時間，我們又都是在北京長大的北京爺們兒聊天的機會也多，尤其是文革前和童年時期的北京風土人情及小吃。

我們初識我記得是四、五年前的事兒，我們的年齡相差不多，也就是五、六年，他是文革前一兩年入學文革中畢業，目前他的年齡也就是七十三四歲吧。

這張照片是去年在北京（2018年11月份）與球友聚會時的合影留念。你們看齊先生像1921年出生的98歲老人嗎？我想是記者把年份寫錯了。

从看电视所悟到的

退休后，除了锻炼外，每天有大把的时间看电视节目，我家里四台电视其中三台装有中文机顶盒，可看大陆每个省市及港澳台的新闻节目，所有的众艺节目和几百部连续剧与电影，观看之余颇有感触，除了消磨时间同时也很受教育，也让自己动脑思考。看了几部连续剧，内容很接地气，是我们熟悉的事情，也很贴切目前的社会现象。有的电视剧内容还是挺让人感动而且也让人对国内当前的社会上所存在的现象和问题有个基本了解和认识。我是属于"我爱祖国但共产党不爱我"的一族，我虽然是不折不扣的黑发黑眼珠黄皮肤的中国人，却出生在我父亲留学——美国"斯坦佛大学"之所在地——加利福尼亚州，日本投降后于 1946 年回到北京（当时的北平），自小学一年级到大学，基本是在北京东城和海淀度过，毕业后又在北京和天津两地的中学和大学教了十八年书后于 1981 年手持中国护照离境美国护照入境来到美国，这也注定我人生走到尽头都不可能落叶归根了。虽说我在美国生活近四十年，但在中国生活那三十五年是我人生学习成长和领略社会之险恶以及人情世故复杂性多面性的重要人生时段，几经国内的政治运动而且经历了十年浩劫之后，让我从一个养尊处优天真无邪而又特别贪玩的孩童成为一名品德良好的教师，但是，也是一名可怜的政治上的智障儿，见到不公平的事，气不忿的事也爱多嘴，还竟说实话惹得领导烦再加上出身及社会关系，逼得我只有尽快离开这是非之地。"天无绝人之路"巧在 80 年海外亲人通过"联合国科教文组"的朋友关系找到我们，终于在 81 年 4 月 8 号全家四口移民美国至今。咱们虽然久居海外，毕竟祖籍是山东寿光县，后闯关东落脚在吉林省梨树县刘家馆子镇。这也就决定了我今天特别关心，特别关注国内的一切一切和她在国际上之动态与影响，另外，我有太多的朋友生活在国内，他们没有我这么幸运能生活在没有空气，水和食品严重污染的土地上，这也是我们从 2003 年至今，每年都回国内探亲访友，给我的感觉生活质量越来越差，可国内的居民每日照样早起买菜，晨练吸着雾霾空气，奔波在拥挤的人群和公交车辆中。但我看到城市居民每天还是兴致冲冲的生活，一方面是他们的精神状态好另外也可能是出于无奈，不这样活着又能怎样？能躲到哪去？

　　A. 看电视有个节目报导青岛海边游览区站立几位退伍军人，胸前佩戴奖章和地上摆着有关他们在对越南战斗的报导，他们唱歌来吸引游客，目的是为给他们生活困难及生活安顿诸问题捐款。我们于今年9月15日回北京，18日与朋友去青岛看望我太太的同学，在游览区也正碰上这伙退伍军人，这样做是否有碍观瞻而且影响也不好，军人的转业和复原工作应由军委负责，到了地方应由当地政府负责。不知何时政府的责任转嫁到老百姓的头上了，许多人民生活上的疾苦与福利应是政府职责范围，而不是靠慈善与募捐来解决的。如果这样，那么各级政府官员又应该做什么？难道只剩下贪污敛财搞包二三奶和情妇吗？

　　B. 近日报导了有关内蒙呼和浩特市误判而草结人命的冤案，即使改判无罪，但家长的十几年所承受精神上的压力与摧残不是用千百万金钱（何况国内的赔偿是区区可怜之数）能够襧补的吗？正巧，我们现在正看一部电视剧"盾神"是冯远征主演，也是定案草率，十二个小时"凶手"被扑归案，十六个小时完成证据收集，十八个小时上报法院（这是发生在五十年代）二十四小时后审理判处死刑，立即执行。我认为在中国是否应废除死刑，要视国情而定，美国也不是统一的废除死刑，各州有自己的规定，它是法治国家。可是现在的中国还不是法治国家，即使不废除死刑，是否判处死刑后取消"立即执行"这一条而吸取它国的方法，五至十年后确定案情无误而且被告人供认不讳，不再有冤情后再执行，同时避免杀人灭口（就目前国内贪腐现象严重涉案人过多，上下左右关系复杂此举尤为重要）。

　　C. 从编剧这方面考虑，首先是内容能吸引人，但忽略故事的真实性，过于夸张就有假和欺骗性。中国目前全国上下缺的就是真实性，说真实话，认真做实事。目前充实电视剧大部分都是抗日和国共内战谍报题材，其内容超夸张而且简直脱离现实，就是在骗人。例如"铁血武工队"为抗日题材，目前播映抗日题材是让青少年了解日本侵华的罪行和对中国人民进行了惨无人道灭绝人性的杀戮行径。此剧武工队仅仅七位勇士把日本特高课的特工队打得落花流水，出入日本宪兵队有如行走于无人之境，照剧中八路军的表现哪用八年抗战，八个月就可将日本赶回老家去。误导青年人对战争的残酷性和持久性的认识，而且至今对抗战究竟谁是抗日战争的主力军？谁站在第一线？在八年抗战的历史，自一九四九年十月一日后所学的中国近代史都是八路军和新四军打败了日本侵略者，直到一九八X年看了"人民日报"海外版称国民党总统——蒋介石先生为中国抗日民族英雄。我当事人都傻掉了，《毛泽东选集》写道：抗日战争胜利后，国民党摘桃派从峨嵋山下来摘桃而抢夺胜利果实。七十年过去了，我们中国人有多少人知道第二次世界大战的中国战区最高司令长官是蒋介石？它不是靠小米加步枪，用地道战，麻雀战，地雷战和游击战就能赢得胜利的。那需要动用重兵集团与日寇浴血奋战，从而付出了巨大的牺牲和代价后才最终打赢。整个抗战期间，国民党共有三百二十多万官兵壮烈牺牲，其中包括八名上将，四十一名中将，七十一名少将。国民党恐均有6164名飞行员血洒长空，2468架飞机被击落。而海军是全军覆没，全部舰艇打光。悲哀呀！可怜呀！一个国家的历史，一个执政党的历史，都可以如此的造假，为个人和统治集团之利益，可将历史如此的篡改，胡编乱造，可以说是世界之"最"。

  D. 我想很多人都看到一个题为电视上最不要脸的一对夫妇"的微信或是电视节目，一对年轻夫妻不努力找工作，而是挑肥拣瘦，冬天怕冷夏天怕热，要等到天气好时再去找工作，这就是当今家庭教育，社会教育的失败。也使中华民族道德底线滑落至低谷。故事内容很简单，单身父亲百般呵护宠爱的儿子婚后不工作，等与父亲分爷爷遗留下的房产，或卖房或给现金，如不能当时兑现就由父亲签写一份欠款条为证。看过此节目的人无不气愤，这对夫妻就是猪狗不如的畜牲。群众的气愤解决不了当前的社会问题，这件事情起码反映出两个问题：学校教育失败，教育界无处不是以金钱说话的，巧立名目收取额外费用。过去国民党时代还有"公民""修身"的课程，教学生如何做人，改革前还有政治课，虽然内容很多都是为了提高形象而编造一些有水分的英雄人物与事迹，但还没有钱臭充斥教育界。二是缺乏法律常识教育，更别提法制观念了。孙子辈有什么权力与父亲争夺爷爷的遗产？

E. 最后想说的话：首先，新的中央领导决心整顿党纪党风深受全国人民的支持和拥护，寄望中央领导将反贪腐运动搞彻底。二是再选各级领导人，如有条件尽量采用民主选举，如果必须由上级领导指派，也希望是"任人唯贤"而不是"任人唯亲"注重出身，启用官二代，事实证明目前 99.99%的贪官和腐败分子都是三代以上出身赤贫，这些人的思想就没有脱离农民思想体系，在社会大环境发生变革时，这批领导干部目光短浅，只能看到眼前的一点利益而造成无法挽回的损失。自解放后的城市建设方面，反对专家的意见，直至今日的城市改造依然存在这些问题，大批的文化古迹被破坏，加上文革土干子弟的破四旧，无数的价值连城国宝毁于一旦。1950 年 2 月，建筑学专家（清华大学土建系教授）梁思成先生建议完整保留老北京城而新政府行政区则放在西郊月坛和公主坟之间，这样的布局可使古与今交相辉映并为城市带来更大的发展空间。但毛否定新方案，北京拆牌楼是政治问题！为了拆除古建筑而哭泣的梁思成逐遭到了批判。梁思成的夫人—林薇因也为拆除古建筑之事直接闯入彭真市长的办公室，而不懂建筑也不懂美学的彭真搬出毛的指示：城墙是封建象征，是皇帝挡农民的。就是让这样的土鳖泥腿子的农民领袖大肆毁坏了历史古迹与文物。53 年左安门被毁；54 年庆寿寺双塔被毁；56 年中华门被毁；57 年永定门，广渠门，广安门，朝阳门被毁；58 年右安门被毁；65 年至 69 年东直门，宣武门，崇文门，安定门，阜成门，西直门，元城墙被毁。东单，西单的牌楼也消失踪迹。梁思成先生从此之后屡遭批判直到 1972 年，在文革受到批判和摧残于贫病之中撒手人寰。不想多说了，能让一盘散沙的中华民族转变成团结的民族，最快也要百年或许更长的时间，在此多言也无意义，还是放松自己的身心去喝杯咖啡吧！

看連續劇"娘道"隨筆

近幾個月因腰傷除治療外就是安心靜養，借以連續劇來充實空虛的時光的流逝。

愛看的内容題材真不多；古代史題材我不喜欢，距離我太遠。近代史題材内容又太假，吹噓水分大。喜歡看民國時期和現在的驚險的緝毒警匪連續劇，"娘道"這部連續劇我是第二次看，故事内容很感人，女主角-柳瑛娘，從小（七歲）喪父，為了葬父和母親哥哥的生活，將自己賣給當地（孝興）

首富-隆家當河姑既用活人當祭品投到河裡求得風調雨順。

瑛娘的苦難一生，既控訴了封建主義迫害窮苦人的罪行，也歌頌了瑛娘自小的孝心和一生對人和事之善良仁慈的心，忍辱負重和包容之心。

隆福，他曾是隆家的老管家後為隆家的看門人，是隆家的忠實仆人，聽從主人的一切指示，遵主護主。

我在"娘道"為什麼只選了兩個是一主一仆的角色，因為這一主一仆二人所具有的品质、素養、涵養都是我們中華民族最缺少的，七十年前中華民族還具備的優良品質至今

已經蕩漾無存。

柳瑛娘為女兒們的錯誤行爲贖罪,可大房孼子帶着流氓當街羞辱他二孀兒,忠仆-隆福挺身擋在主人身前。此景讓我想起自己兒時所經歷和所看到的家裡的主仆關係:我爺爺在"楊,常事件"後,舉家遷往北平,從此不過問東北政事。

最先住的地方我不記得,只知道其後跟李蓮英後代名李文浦先生买了另一住處,座落北平西城區後公用库8号及8号甲,佔地七.八二畝,地契上说是有九十九間房井一口。後來我爺爺又在後

花園蓋了現代化一排七單元,供我四位姑母,三位姨奶使用(我猜想可能是因我二,三,四姑俱念法国聖心學校,生活西化所致)。整個房子一共有三个花園,分別為東花園,西花園及後花园園。8号甲單獨在东花園邊自成一个四合院。每個單元皆有長廊相連。門房,當差的,厨房,司機,園丁,老媽子,奶媽等共有三十幾人。但因房子太大,走来走去見不到人。前門(大門)在後用胡同,後門在新街口,吃飯要搖鈴通知大家的。

我和父母親是在日本投降後,美國到中國的輪船通航了,便于1946年夏初由舊金山回到北平。家住東城區東總布胡同六十三號,這個家可不如上述的家大,到美国後才知道是租的。新街口的房子是一九三八年被日本憲兵隊徵用做為"北平日本憲兵司令部",日本投降後直到一九四八年才發還,因司令部殺死不少人而家人都不敢也不愿意居住此處後決定賣掉。我回到北平後,這個家有前院、前庭和後院,房間也只有二十余間,所有的佣人也只有十余人。

我還能記得姓与名的如:門房的霍慶友(男)比我大三四歲,他是我們家在西山温泉白家灘佃户家的孩子,家中貧困便留在我們家

做事。在家行二，我們都叫他小二，他的記憶力超強，家人尤其是我奶奶在正廳開門一問："小二，某某某電話多少號？"馬上答出："三局五四一五"，并且會說書如"七俠五義""三俠劍""胡元慶打擂"等。有一中年人信佛教吃素，姓張名連舉，是遼寧瀋陽人，聽說他是一貫道解放後被鎮壓了。大姑和二姑的奶媽是秦媽和單媽，给我印象深刻的是兩位老佣人-老尹頭兒和老尹太太夫婦兩人，我剛回到大家庭，人多對每個人都感興趣，這對尹姓的老夫婦是我曾祖父時的老佣人，從我祖父母到我們小輩人人都敬重尹老夫婦，我經常看見四姑喂蜂蜜給老二位，或喂食牛奶，及其它流食。

我和母親哥哥舅舅從台灣一九四九年夏天回到北京，曾在大街上遇到二姑的奶媽-單媽，單媽和我母親講："我給肥肥做的小鞋，有誰去台灣給二小姐捎過去。"

我記得解放初期霍慶友（小二）還來我們家看我的父母，進門還是解放前的稱呼："四少爺""少奶奶"，走時我父母給他些錢做為零花錢。主僕關係相當和諧，與階級教育的書籍所寫的內容相差甚遠，諸如高玉寶寫的"半夜雞叫"就是捏造事實，這樣對後代的教育就失去了真正的意義。至今我都依然按照長輩用人的原則來做，待請來的幫佣要以朋友家人相待，即使辭工也要讓人家沒有异意的離去，要說被請來的幫佣一點意見沒有也是不可能的，基本上都過得去就行了，一句話：與人為善，做人做事要實誠。

意外与不解

这张照片是七年前回国探亲访友时与天津师大的体育教研室的同事聚会时的合影（左起：张锦年，崔熙芳，廖啟炳，王怀玉，右

一，二：王慧茹和解国栋夫妇是天津外国语大学的体育老师，是我北体大的校友和学长）。

【一】意外

上面照片里的崔熙芳老师就是我要写的刚发生在两个月前的事情里的第一主角，她的先生-王怀玉老师是第二主角。

去年，十一月份下旬我们在天津聚会（只有王慧茹和张锦年二位老师没能来），当时，王怀玉老师刚得脑梗初愈，其他老师身体都挺健康。因怀玉老师没有微信，过去我会截长补短儿的打电话给怀玉聊聊天，这段时间也是有点忽略了，间断时间长了些，前两周突然联系上大学同学-刘福荣的微信得知崔熙芳老师过世的噩耗。我一直犹豫怎样打这个电话，因在同教研室里我和他们夫妇是同一个教学组-体操教学组，我们接触比较多，也谈得来思想也有交流，尤其与组内的一些关系处理上给我帮助很多。我终于给怀玉老师打了电话，除说些安抚之话劝解难以接受爱妻从误诊到去世只有短短的三个月的时间！

【二】不解

崔熙芳老师于 2019 年 2 月大年初六突然感觉自己肩痛，于 19 号去总医院检查，通过透视照相大夫确诊是颈椎的问题。经过一段时间的治疗疼痛没有减轻，无奈又于四月九号去人民医院检查并作了核磁共振检查结果出来是骨癌晚期，颈椎，脊柱等处都有癌细胞，已经错过化疗最佳时间，只得用药物控制和每日两次止疼针的注射（注射吗啡）。此时，崔熙芳老师可能已预感到自己来时不多，便对怀玉说了一句催人泪下的话：一辈子都没离开过，你就在医院里陪我吧！最后四十天的陪伴，融合他们一生的情感，一生的坎坷，一生的经历。让我们的挚友-崔熙芳老师安详地离开我们，我们祝愿她在新的国度里保佑怀玉和孩子们身心健康，也希望怀玉尽快从悲伤里走出来，早日让伤口愈合。

你说怀玉能安心陪伴吗？因为中国医疗住院规定，每住到十五天就必须出院，不管你是病愈还是未愈，是活还是死，一律转到其他医院继续住院。我不应该骂脏话，可是制订这"十五天必需出院转院"的政策的政府官员是否就是不折不扣的 WBD！这种规定是出于何等目的？政策的制定是方便人民还是制造麻烦给人民？在中国的三十五年与在美国的四十四年生活的七十九年里，让我认识到社会主义与资本主义最大的区别是：社会主义的政府制定的政策只是对政府官员有利而对人民无利。人民监督人民政府是罪，政府只是监督人民而不是造福于人民。资本主义国家的政府是受人民监督的，它要造福于人民，政府官员对人民要负责任毕恭毕敬。

多说无益，诸位天津师大的体育教研室的老师们及崔熙芳老师的朋友们，让我们永远怀念她与我们共处一起的一切，永远怀念她的为人正直，积极热情的工作态度，极其友好与人为善的生活态度。

"实话真話與谎话假话"——自我观点之修正

我一直都以說真話实话而自豪，认为說假话谎话 不对，此人不可交。在这次湖北武汉发生的新冠肺炎事情后，我看了信息时得知此次疫情来势凶猛，有许多情况我们没有经历过，雖有经过"萨斯"瘟疫的经验，但也有不同。

疫情初期，如果一切实情公开透明，患者人数，死亡人數，醫院设备情况及人员配备等情况都透明公开是否会引起人心恐慌，社会混乱，带菌者的大逃亡，使疫情更无法控制，可能导致全国蔓延疫情而无效控制的结果。

一句话：做人還是要講真話实话。

今天开始自我隔离的日子

我的自我隔离没有任何行政命令，是对新冠肺炎的自我防御措施，因國内已经有了防治经验，我只重复照搬的使用而已，自武汉爆发新冠肺炎之后，我一直就没间断过乒乓球和擊劍两项体育锻炼，可是我每天看到都是有关肺炎的信息，即使我居住的地区没有疫情，但每次参加锻炼时，心总是不静，总怀疑自己是否被传染上肺炎？昨天晚上我的球友打了三次电话给我，后我马上回电话，他居住的東布朗斯维克镇昨天确诊一名为新冠肺炎病患者（我们两家居住的镇子相邻），为了减少被传染的可能，我們决定实行自我隔离等待疫情好转时再恢复練習。

目前，還是少外出，无法预料誰是带菌者？誰与带菌者接触过？一旦有人被传上为时已晚，亡羊补牢未为晚也。

今天开始第二天的自隔生活

其实我平时的生活与自我隔离的生活没多大区别，区别就在于外出锻炼-上午打乒乓球（每星期二四五）和晚上练习击剑（星期一至五），如果打球累了，晚上就歇了不练了，自行掌握。

昨天晚上我去物业办公区的健身房想练会兒力量，结果吃了闭门羹。从昨天起办公区关闭，何时启封不知道，看起来我们这里的疫情有发展趋势，看来我的自我隔离决定是对了。在看微信上许多家长也在讲停课后如何安排孩子的每日生活。现在刚有处在被疫情包围的氛围之中，阿姨和我讲要买青菜，我只能在全副武装之下去采购。

美国的疫情比上周有发展，已让美国人感到瘟疫已来到身边，周边地区学校停课，已减少会议，没有集会，但还没有看到有人带口罩。

我买一次食品的量，足够十天半个月，我家冻箱容量大，在车房有一个冰柜，厨房还有一个冰冻两用的储藏柜，不愁没吃喝，愁的是何时何日是个头儿呀！

要想当老大，先整好自己的家

中国要想成为真正的世界强国，首先就要解决占我国总人数70%的大多数的农民的生活和农村的发展问题，否则一切是空谈。就人数来讲，他们是绝大多数，就文化水准他们最低，就经济收入他们最少（不包括个别城市近郊区县的农村），日常生活又是最苦，上述情况是造成社会不稳定的最大危险因素。多年以来大批各地来京上访的均为农民，土地无理被占或被卖所造成的一系列问题有待解决。

2. 一定要解决农村的教育问题，就中国而言，起码农民应具有初中文化知识水平人数应在60-70%为好。否则在中国就不能推行民主和法制，谁能相信一个占全国总人口70%的农民基本还是文盲或只有小学文化水平的国家可成为世界的真正强国？世界公共教育经费投入平均占GPN的比例为5.1%，发达国家为5.3%，撒哈拉的南非国家为4.6%，印度为3.5%，最不发达国家为3.3%，中国为2.3%是世界上投入最少的国家。一个没有文化的民族是一件极其可怕和可悲的事情，是容易被欺骗被愚弄的，在这方面应该说是有过历史教训的，我们全民应该重视教育问题。

3. 就目前国内的情况看，农村的情况较过去好转多了，从农村出来上大学的人数也增长了，农民子弟认识到要想改变贫穷和落后的生活环境，必须走出去上大学，到达城市找工作，努力赚钱或挣钱，才能逐渐变成城市居民，要想成为既有文化知识又要有文化素养的人，那还要经过几代人的努力才能达到。目前，我国的社会中的城市里是被一帮土豪充实,有的土豪虽有高学历但没文化教养,依然是精神层面上的"土鳖"。这也是社会里的"流氓文学"盛行的原因。

4. 对目前社会流传的一些说法谈谈我个人的看法;近期在民间和微信中有不少书写有关原主席——毛泽东先生的文章,我估计这些作者的年龄均为中年以下,他们从没经过建国后的历次政治运动,他们也看不到和体会不到每次政治运动后给个人和家庭所造成的伤害有多大。希望我国的中青年人多看看有关历史书籍,近代史的编写完全是为了执政党的统治需要而编写,并非真实甚至假造历史篡改历史。但我也要说句公道话:解放初期禁毒禁赌成功,关闭妓院并成功将妓女改造成自食其力的新人;五十年代可以说是夜不闭户,路不拾遗;尊老敬儒,助人为乐;我58年高考时,家住原北京矿业学院可考场在城里的女六中(西城平安里),因前一天在北体大加试体能测验(百公尺,铅球,跳高,单杠引体向上等项目),回家很累可第二天正式高考的文化课程开始了,上车后睡着了,多亏售票员知道我是考生,到下车站叫醒我才没迟到。后经过三年困难时期,随后是文革及随之而来的改革开放,使整个中国变成今天这副面容——驴粪蛋是外表光鲜内里糙。

5. 我认为一个国家和一个家庭在生活管理方面有很多相似之处,我们可以对照来谈;一是过日子要过的精神愉快身体健康,不是过的给别人看的,活着做每件事不要和别人攀比,既伤神活得又累又给自己和家庭带来无数的烦恼,这不自找不痛快吗?美国做任何事情首先考虑的是本国人民和国家的利益,即使对外出口的东西也是把最好的物品留给本国的老百姓。而中国是将有毒有污染的食品卖给老百姓,好的都出口到外国赚外汇。我认为应该把好的优秀的都留给自己的人民,只有这样国家才能稳定,国家的根基已坚如磐石,又何愁"老虎苍蝇"来作祟;中国自建国以来基本上做了大量的驴粪球工作,给外国人看我们的生活比国民党时代提高了多少,建了多少高楼大厦,国家生产值翻了几番,结果农民还是吃不饱,老百姓活得苦哈哈。

从1948年土地改革起直到2008年中国人民代表大会通过并颁

布的有关农民的土地法令，整整经历六十年的磨难才让农民对自己的土地有了自主权。光一个土地法就经历六十年才定下来，如果要提高中华民族的素质不得需要一个世纪的时间（我认为这还算快的）。希望百年之后我们的子孙能在全球享有"中华民族是团结的民族，有科学知识的民族，有文化教养的民族"之美誉。

请笔者不要为他人"甩锅"——对"是否愿意接受海外华人回国治疗"的微信之回答

有个视频很好，问的问题也很好，当前出现的事情，正是我们应该重视和讨论的问题，前提是应该各抒己见，别搞文革时的上纲上线扣大帽子。

这些人的表现的确是人品欠缺，道德低下是一位无品无德的人，试问：（1）这些人变成今天这样的人品欠缺无德之人，主要负责人是他们的父母，"子不教父之过"，做人要正，正则通，通则达。别忘了"遗传基因"，孩子们的今天，就是你们这些为人父母的昨天，也可以说是"因果关系"吧！（2）社会大环境的不良因素对青少年及儿童的坏影响，比如，无真话谎言假话充满社会每一个角落，吸进的是金钱的香味，呼出去的是钱嗅味。总想找捷径赚大钱，最快的是出卖灵魂和肉体。（3）国家的教育失败，"十年种树百年育人"，"不能输在起跑线上"，哪儿是孩子们的起跑线？这条线就是他们的父母本身。教育是两字组成的名词，即教知识技能和育人。在文革后出了偏差，只重在"教"字上，忘掉了"育"字，而且是最重要的字。（4）政府部门的职责是什麽？世界两百多个国家，有哪个国家的官员里的贪官佔有如此之大的比例，如此之多的人数，他们除了搂钱受贿與情人鬼混，能致力于國家的兴亡之事嗎？

最後，我想问一下祖国所有的父母们，如果你们的孩子做错了事，犯了错误，你们是把自己的亲生儿女拒绝门外不让回家？還是回家很好的说服教育（我认为還是给机会为好）？这就是我的答案。

不要文过饰非，大家一起玩"甩锅游戏"，该谁的责任谁来担。

與國内亲朋好友共抗瘟疫

今天是三月二十一号，自我隔离的第十天，这十天的变化，令我吃惊，我住在新泽西州，由原来一个病人没有到我开始自我隔离時才十一位新冠肺炎病人，到十九号全美国肺炎病人已上升至13237人，新泽西州已上升至743人，昨天下午我走步锻炼时，我住的蒙罗镇政府通知封镇措施开始施行。

这两张照片分别是3月19和20号在小区里走步時拍摄的，两天的气温截然不同，我只穿短袖圆领衫还出汗，温度相差近十度。

这我居住的社区办公室，健身房，各种技艺学习室区域。也与我同天关闭，何時启封无准時，起碼是视疫情而定。

高尔夫球场开放,可只有一位在挥杆儿打球。我会在下周一开始打高尔夫球锻炼身体。

两边的樱花树已是含苞待放,明后天如果气温如同昨日,那樱花会盛开,景致美丽之极。

小区马路一圈是3.2公里,我用四十五分钟走完,走步锻炼的人没超过十五人。传染机率相当低,所以每天就在小区走步或是打高尔夫球,既锻炼身体也能调剂自我隔离生活的单一在家里看电视。也和國内亲朋好友一样用时间来对抗疫情,相信我们一定能度过这一关。

我右侧邻居房屋旁的一棵玉兰花树。

疫情里的美国超市

家里水果吃完了,原想让超市在订购后送到家里,结果需等待的时间长或是自己去取,决定自己亲自前往采购。

来美国近四十年,一直都在这家连锁店"Shap Rite"购买生活用品和食品,一进超市消费的人比疫情发生前少太多了,過去周末采购到超市不說是"比肩继踵"而在吧,也是熙熙攘攘的,不想今天偌大的 15000 平米的超市顾客加工作人员一起也就是几十近百人,上图是超市进出口处,下图是各种面包及其它面食食品,货物充足,哪里有疯狂抢购的画面?

下面上下两张照片是美国人每天都离不开的食品（上图），火腿，鸡胸肉，烤牛肉，奶酪及面包，全是做三明治的食材。下图是饮料和罐头食品及糕点类的食品，小零食等食品。

只有此图两边或架空空如也，令我吃惊的是美国人民在疫情严重時，他们囤积的不是吃喝的食品饮料，而是餐巾纸，厕所的手纸和厨房用的擦手纸，这两边货架全是上述三种用纸，在疫情期间抢购一空。

结尾的笑话一则：经过调查发现医院的太平间及火化场的尸体中的美国人之进出口两处都非常洁白干净，这就是美国超市三种生活用纸脱销的原因。也是东西文化的巨大差异，也是化妆的重要性（这句话是我胡诌的，闷在家里无聊-博君一笑）。

看电视只能做无奈的选择

今天写这篇文章真是无奈之举，本来退休之后的生活安排以体育锻炼为主，余下时间看看电视寫一点生活里的点滴感受，日子还算过得挺愉快的。可最近世界性的瘟疫-新冠肺炎使许多国家的人民遭到被传染的威胁，最好的办法就是在家自我隔离，少外出或不外出来减少被传染的机率。

只有在家看电视，究竟有

什麼题材的连续剧可看的呢？

当前，电视剧里就是所谓年轻偶像剧，男女小鲜肉的演出，无聊至极（对我而言），"冰糖炖雪梨"更是荒唐，大学就是年轻人谈恋爱追偶像的场所，哪裏是培养国家接班人的场所？出来就是自私自利的产品，经过党校念学位，毕业后到了官位就练成了贪官的本领。

"如果岁月可回头"講三位中年男子的婚姻问题，婚姻要靠双方维护，保养，培养，婚姻不会自己发展和巩固的，环境是辅位，婚姻的双方才是主位。可是现在社会的中青年人他们只有自己，自己觉得合适舒服就去做，不和自己的意念就不顾其他影响按自己的主意去做，是个极其自私利己主义者，社会的公害。

我只能选择看的是：（1）抗日战争连续剧，明知编写的剧情历史是假的，胡编的但看个热闹，我就想看谁胡写的能吸引我看下去，因为六零年后出生的对历史的真伪没有一点辨识能力。（2）国共合作抗日也很有看头，因近十年在编剧上不再无限的丑化国民党特工人员，也传达了国民党的抗日热忱。

到了现在这个年龄段，我的泪点很低，能让我流泪的是亲朋好

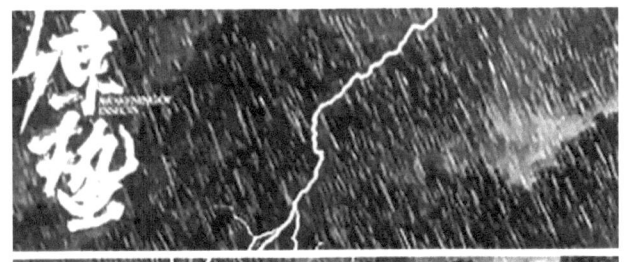

应该和值得流的眼泪

友和老师的過世；二是杜撰的无厘头的抗日连续剧为中华民族和人民利益牺牲的英雄人物流泪；讓我最难过的是一副根据真实的疫情裏发生的事情而畫的画，一个女童患新冠肺炎病卧床上，床上放着因患新冠肺炎而先后刚刚去世父母遗照，不久女童也去世，这时刻抢救

她的医护人员崩溃了，跪在女童病床周围失声痛哭，这个画面刻在我脑海里太深了，泪流不止。这幅画是我今生见过最感动人的、最悲伤的图画，我记得此画作者姓刘，他留給我們世人永远的怀念。

当前我们面对的这场瘟疫决不亚于第一、二次世界大战，被瘟疫肆虐的國家之多也是空前未有过，全世界生活在各国各地的华人應團結一致，抛开不同政见，打贏这场抗疫之战，当前各国人民面对的就是一场世界"大战"，没有任何一个国家和人民可以躲过去，也希望我们老百姓没有必要做政治斗争的殉葬品。

与世无争，快乐潇洒走完人生路

这篇文章是我看完了【疫情下的"撕裂"现象】的观后感，我这一生里在六十岁时，第一次比较平和地认真地系统地对自己六十年的成长过程做个总结，对过去的对与错有一个清晰的认识，在处理问题和事情上也不象过去那样冲动和感情用事，脾气急与暴燥也改正多了。从此以后，我与亲朋好友一起相处，交谈都非常和睦友善，即使过去有过误解也都說开释怀。

在这场瘟疫到来之前，也有过对一些政策，政治运动以及个人崇拜等问题有过不同的看法，大家基本上是谈觀点认识，没有过人身攻击，用词低俗污秽，因大家都明白我们活不到所争论的问题有正确答案的年月，感觉得到的情谊更为珍贵。可这次新冠肺炎来势迅猛，讓大家措手不及，多亏及时做了封城及在家隔离的果断措施，使疫情传播的速度控制下来。在此期间，微信内容除了各地医护人员前往武汉参加抗瘟疫的英雄事迹报道就是新冠肺炎的源头问题，各派言论争论不休，而且消息来源的真伪又无法判定，再加上被隔离时间过长，人们的精神都快崩溃了，这场抗瘟疫的战争變成了中国人民对美国政府的"战争"，中國人民对旅居美国华人的"战争"，这样的导向是错误的，当前的主要问题是全国人民和全世界被瘟疫肆虐的各国人民共同抗击瘟疫，其它问题在抗击疫情取得胜利后各国自議。现在的微信群基本上没有三观絕大的分歧！因在文革期间已经按出身划分了中国公民的阶级层面，原来的一盘散沙到现在即使加入洋灰派到用场也是豆渣工程，为什麽在疫情中出现如此的"撕裂"现象，其根源就是建国后的历次政治运动直到顶峰的文革所遗留下的后患。长时间的恶劣大环境造成了很多丧失观察力的"脑残"們，他（她）們是这场"撕裂"的基础力量和高手（脑残级）。

试想一下，如果我们是生活在一个任何事情都要和政治挂钩的环境里，生活会有乐趣吗？我们都是七老八十的人了，过去挺水灵挺聪明的人，怎就活到今天没成老年痴呆却把自己變成脑残同志了，實在为这些曾为我的好友感到惋惜，人各自有命，听天由命吧！

"生命诚可贵，人间大爱价更高"，我們还有大好的时光等待我们尽情的去沐浴，眼前每天都有很多让我们老人能愉快的健身活动，也有学习各种技能的手艺班，何必浪费时间和脑残們制气呢。我就遵照自己的想法去做："与世无争，快乐潇洒走完我的人生路"，所以请我的亲朋好友协助我完成我的心愿。

（1）微信上与大家交流信息，只表述自己的观点，不要求他人接受或同意我的观点，只是不与任何不同意见者争论问题。或是你把我踢出群或是我把你请出群。

（2）即使有不同關点的信息发到我的微信也可以，内容词汇不要低俗，不要有脏字，不要有人身攻击。

希望大家保重身体，尽早完成抗瘟疫战斗。

"疫情"里发生在我家的笑话

在"新冠肺炎"肆虐全球五大洲182个國家的时刻，大多数人家都在家里自行隔离，封省封市封区封街封楼封家的办法，对于中国来讲是很好很有效控制病毒的傳染和疫情的蔓延。我开始自我隔离早一周于地方政府宣布請居民尽量在家不要外出聚会，人与人之间保持一定间隔距离等要求。

疫情袭来之前，我每天上午10：30-下午2：30打乒乓球，晚上是练习擊劍的时间，没有太多的时间去留意身边发生和存在的故事和趣闻，现在每天出走路锻炼五十分钟，睡觉八九个小时，余下时间都在屋子里来回乱转或坐那儿看电视，发现几桩趣事：

【A】前两个星期去超市食品和日用品时，偌大的美国超市所有食品货架摆着满满的食品，饮料和矿泉水，各种水果充实摆在货架上，但日常生活用品货架也是无货可缺，可是厕所的手纸，餐桌上的餐巾纸和厨房用的擦手纸被买空了，次日又补足货品。段子-美国人爱干净，全美国的企业均以私人企业为主，疫情里死去的人在火葬场发现身体的两个部位与生前经营公司的两个"进口部门"和出口部门"都很洁白干净，这就是手纸與餐巾纸被抢购的主因。

【B】中国从封城开始，任何人外出必戴口罩，否则会被劝告乃至被捕入狱。而在美国也是最近两周逐渐有人戴口罩，也是美国老人戴口罩居多。

昨天在走路时遇到的两位老人遛狗

由于东西方的文化差异而导致疫情期间戴口罩的人数差距之大也是前所未见，中国即使解禁可以到户外活动走路也要坚持一段时间戴口罩，而西方国家的人民，气温一上升就半裸体到海滩或草地进行日光浴，待到东西方的疫情都结束时，相遇在浴室里时，是否又是"进口公司"和"出口公司"最白净？东西文化的差异显露无疑。

【C】自2018年初开始女儿们给妈妈请了阿姨负责她的一切生活起居，第一位殷阿姨是来自天津，我們俩移民美国前都在天津当老师，语言生活习惯都没问题，直到2019年7月20号她要回国，只

小區裏的環形馬路兩邊的櫻花盛開

得又请一位湖南省株洲市籍的冯阿姨,语言是最大的问题,我基本听不懂她的家乡话,但她工作非常好,可是因國內的家事必须回国处理于12月10号离美回国,张阿姨接替至今。张阿姨是来自四川重庆,快一年都是湘蜀家常菜,辣得不亦乐乎,但挺适合我们家的口味,包括我的美国女婿,都能吃辣。她也是一嘴的浓烈家乡话,我又是听不懂,四川人說话声音大调门儿高,平时都是阿姨和我太太聊天儿,每天早晨阿姨给她洗涮,喂食早餐并和她聊天儿,近来每天都和她说中国和美国的疫情。近几个星期每天早晨喂我太太早餐后都尽兴聊天儿,多次把我从梦中吵醒。昨天早晨阿姨的大声說话将我从梦中惊醒,好似在文革中開我的批斗会,我校第一位老师慷慨激昂地念批判稿将我惊醒,我缓过神儿来便开玩笑的问阿姨:我說阿姨呀!您可多次打断我做梦娶媳妇儿的好梦,另外我有个问题不解,您年轻时谈恋爱說悄悄话也像这样如此大声?此时,阿姨面带羞涩微笑而不语。

對疫情中發生的事情自己的看法

昨天,從清晨到下午阴雨连绵,直到近傍晚才放晴,给了我走步消食的机会。今天一早就是大晴天,天高云淡春风微吹略带涼意,可小区主路的樱花是首日开花,告诉我们春天来了!

可是新泽西州的疫情至今還没出现拐点,气温到了春天的温度,但我们的心依然還停留在冬季里。從过春节开始,國内由武汉市封城至今已有近三个月了，虽然我远在大西洋彼岸，当时，我们每天早上打乒乓球，晚上練習擊劍，但我心是提到嗓子眼儿去练习，非常害怕被传染上，所以，我和老沈在他的建议下，于新泽西州官方下令關畢俱乐部，影剧院等公共场所前一周我们就开始自我在家隔离不外出。时至今日仍在家中混日子，每天看电视、微信让我有很多想法，愿与大家分享。

【1】目前全球208个国家和地区就有182個國家被新冠肺炎疫情肆虐，应该所有被新冠肺炎侵害的国家无论大小强弱，都应该相互支持，相互帮助共同抵抗瘟疫的侵害，而不是相互攻击、造谣、无事生非。有许多信息是假的，因各国家的政客都在互相指责和攻击，有的问题留给流行传染病的专家教授们去解决。

說句实话，目前此问题已经不是医学问题，而是与政治挂钩，再加上经济问题，就变得复杂了，沾上政治真实性的东西就会流失，接下来的就是谎言，谣言充实各个角落，讓老百姓是雾里看花，越看越糊涂。譬如新冠肺炎的源头的问题：最後没有结果，既不是中国也不是美国。中美两国在世界的地位是不容忽视的，任何一个国家出问题，都是影响全球的经济发展和社会发展，世界和谐最重要，所以用"和稀泥"的手法是解决问题没办法里的最好办法，世界通用。

【2】在对抗疫情期间，每天信息量最多的就是中美之间的对戤，中国人民与美籍华人和海外华人的对峙，美国将要从世界各国撤回美国侨民等等信息。还有关于战争问题即中美之战，也有人谈世界大战，在这里我只想先谈有关战争的个人看法：世界大战是不可能发生的，我指的是用枪炮和核武器战争。但在疫情过后将要发生的世界大战是一中美，美欧之间的经济大战，其结果如何？我不想预测，因为我一不懂政治，二不懂经济，但我牢记住一句世人都知道的"没有永远的朋友，只有永远的利益"。大国之间只有发展经济为自己国家的人民赢得更大的利益为前提，加强大国之间的友好往来与经济合作，使自己的国家真正的富强起来才是重中之重。

【3】"韬光养晦"这一词的内容给我们的启示应该很清楚，在疫情过后首要任务是恢复和发展经济，提高我国自身的军事和科技

水平，缩小与发达国家之间的差距，因为国内看到的是自己今天是如何壮大而资本主义的民主国家是如何腐朽与没落的宣传和报道，生活在海外的华人是可以看到不同社会制度国家正反两方面的报道。究竟今后世界发展之趋势如何？仔细对照思考会有自己的正确结论和认知，但脑残粉除外。

自疫情在世界182个国家蔓延以来，中國的媒体多次报道欧美澳诸洲的國家之白眼儿狼的行径，我们可否静下来思考一下，为什麼我们的媒体报道由过去的"我国的朋友遍天下"變成今天的"我国养的白眼儿狼遍天下"？执政党和人代会是在决策上有失误，還是人大代表并不能代表真正的民意而只是一个举手投赞成票的机器人？

任何一个国家所谓的"无私援助"都是有的放失的！大把的银子砸给那些非洲"饿不种粮渴不打井"的国家，就是花钱买在联合国的投进联合国的赞同票錢，中國进了联合国后支援少了，非洲的国家就变成"白眼儿狼"。

我对于国家教育部的一项每年从非洲的国家招收大量的留学生，以此为借口想让中国的大学在世界排名能上榜和名次靠前，花大批的银子養着一批艾滋病带菌者，花中国人民的纳税钱睡中国女人，没有原则的移民法讓非洲人居留在中繁衍后代，从长远的观点来看，这是一项"灭种亡国"的举措。

話說的有些刺耳，是实话，我亲爱的同胞们，它跟现在眼下的新冠肺炎的传染力是一样的凶残，从建国至今七十一年，经历了数十次的政治运动和推行错误的政策造成数千万人民死亡和数百万家庭的破碎，大批的科学界、文学界的精英和学者英年早逝，虽然国家到文革结束时，经济已经到了頻临崩溃的边缘，但国家政府机关的公务人员基本上是清廉的，没有如今的腐败现象存在。

在疫情结束后，何去何从是我们应该认真考虑和思考的问题，希望國家着重自身的强大和认清敌与友，只交朋友绝不交白眼儿狼，本着救急不救穷的原则，绝不施舍给"餓不种粮渴不打井"的国家，省下的钱扶贫吧，那是自家人，多做善事多积德，人民是看得清楚的，失去在人民心里的威信自然会重返大众心中。靠枪杆子只能维持政权而失信于民，孰轻孰重尊請思量而后行。

寫我的擊劍教練

我是 1958 年考入北京體育學院，我选择武术系擊劍专业，但在人祸天灾的 1960 年國家困难时期，北京體院的 58 級擊劍专业先被调整后取消。從 1960 年至 2016 年的五十六年裏与擊劍项目诀别，但真正有教练指导和练习，還是從 2017 年 4 月开始的，在离我家七哩的東温瑟儿镇成立的由中国人开办的擊劍俱乐部-王磊擊劍俱乐部。

王磊先生是这家俱乐部的老闆，他曾是 2004 年奥运会击剑项目男子重剑亚军-银牌获得者，2006 年世界擊劍锦标赛男子重剑冠军-金牌获得者，退役后任國家重劍隊的教练。

俱乐部的佩劍教练-赵雪，她曾是中國女子佩剑主力队员，世锦赛女子佩剑前

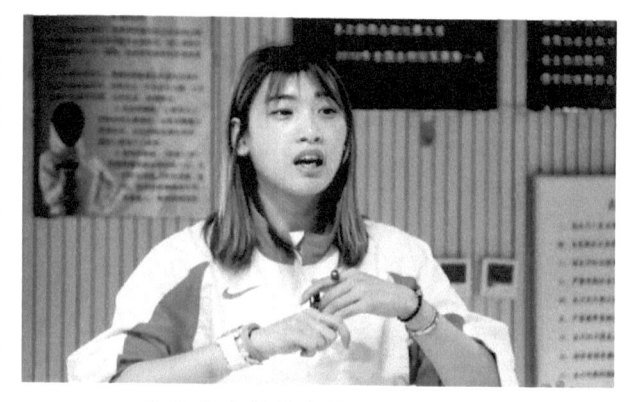

她就是我的美女教练-赵雪女士

八名，亚洲锦标赛冠军，全国锦标赛冠军，退役后任國家青训队的佩剑教练。

我从跟她开始练剑至今都称呼她-赵教練，基本上没称呼过她的名字，可能從小的家教和学校教育结果，尊师敬友在我的心裏留有深刻的记忆。她叫我老爷子或是常老师，因我从事体育事业以来，无论当学生时還是工作时，我的教练、老师和同事都是年龄比我大，很自然在言谈话语中少有开玩笑。以我从事体育教学和业余训练的经验来看她的教学方法与练习手段，达到因人而异和因材施教，所以在她

的细心地有目的性的训练下,不但逐步熟悉新的擊劍规则,而且還为我这当年近八十岁的老人練習简单又实用的技战术,终于於2017年全美击剑锦标赛上,在美女教练的指导下,拿到我人生里的第一块奖牌-第六名（七十歲以上男子佩劍）。

颁奖后,與我的美女教练和太太于颁奖台前合影留念。

比赛后,为了能打进前三名努力练习,2018年四月下旬在维吉尼亚州的首府-瑞赤曼参加了"北美杯"击剑比赛（每年两次）,这次比赛,要不是美女教练在一旁指导很难取胜进入前八名,但两次再进前三名只差一和两劍,没有美女教练跟着连前八名都免谈。

颁奖后,前八名在颁奖台前合影留念

感謝美女教练，临离开赛场时与教练合影留念。

2019 年是我最后一次参加 70+年龄组的比赛，在五月份最後一周的练习时，引发了六十年前的旧伤复发，疼痛难忍，腰不能直只能卧床，在卧床三个月里，最後還是中医的针灸治愈腰伤而解除了我的痛苦。

2020 年我就参加 80+年齡组的比赛，對我来講是我的优势，我从春节前开始上教练员的一对一的小课练习，由过去的一小节加到两小节，就准备四月十九日的全美"北美杯"击剑比赛，结果疫情破灭了我的梦想，真是天有不测之风云呀！

什麽也别想了，先在家里躲避新冠肺炎的传染活命为上，其它任何事情都等疫情结束之後再谈。但在这里我要感谢赵教练三年来不辞幸劳教我训练我，每次小课练习都让赵教练着急上火，复习前一次课的练习动作總是忘记或是不熟练，我只有很抱歉的说："我尽想微信里的益寿延年的秘诀了－每日看美女十分钟，结果练的动作就忘了"。

情为何物？

人是有感情的，也就是说我们常说的对人和事、物都有感情，稱之為"情商"和"智商"，我的情、智雙商都不高，但也不低，還算是正常，我想就自己走过的人生路里所遇到的不同情感的认知与体会：

【恩情】古人云："滴水之恩當涌泉相报"。我奶奶的三个侄儿都是我奶奶用她的私房钱供他们上大学，我的三位表大爷都是"清华大学"毕业，解放后都是党的干部，二伯父是辽宁省辽阳市中法合资化工有限公司总工程师，党委副书记；三伯父是中国人民解放军铁道兵研究所所长兼党委书记；四伯父是北京航空学院教授。1951年我们曾经与我五舅爷和三伯父一家子住在东四宝玉胡同，后来我父亲工作由天津开滦煤矿公司调到北京矿业学院任化学教授，我也转到25中（原育英中学）念书。有一次周末，我去东四我五舅爷家，正巧遇到我三伯父在家，当我回学校离开时我三伯父给我五块钱，我推脱不能收，至今我都记得我三伯父对我说的话："我老姑在解放前供我们三兄弟上清华，对老姑的恩情还没来得及报答你们都去了台湾，我只能报答在你们身上了，这是应该的，不要推脱了"。十三岁开始朦胧的接触到感恩这话题，到结束学生时代的生活走向社会遇到了第一位贵人是北京女八中数学老师-還炳文先生，我记得当年组织年轻教师和向党交心活动，我傻啦吧叽的写了很多方面的问题和意见，其后我写的材料落到還老师的手里，晚上吃夜宵时跟我谈了关于我写的交心材料时说：你太年轻了，怎能什麼都写说实话，右派就是说了实话真话而招来的杀身之祸呀！拿回去烧了，以后做什么事前用脑子反复思考之后再說再写，免得犯错误。還老师在我的政治生涯中挽救了我免于"英年早逝"。

  我在文革处于底谷时期与我太太成婚，特别要感激我的岳父岳母及家人接受我这位家庭背景复杂并有海外关系同时又是"现行五/一六反革命分子"，可以說是在精神上走投无路前面一片漆黑时看到了光亮，我们是1971年9月25日结婚，在"林彪事件"发生后的第十二天结的婚，从此，我基本上還算一路通畅顺利。这是我太太老檀家的大恩大德一直伴随着我，庇护着我，在我移民美国前，我岳父岳母已经过世，大恩无以为报，就报恩于下一代吧。随着年龄的增长，生活的历练，对恩情的认识与理解有了进一步、更深一步，懂得感恩就成了必然的根本，也是我做人的底綫。

  来美国已经三十九年了，我能有今天的小康的日子，多亏诸位恩人相助，我们来美国后，认识的第一位华人家庭就是在贝尔实验室工作的施敏先生（英文名字-西蒙）和他的夫人王令儀女士，在台灣时我姐姐和施太太的姐姐是同学，他的父亲与我爷爷是朋友，因我们在国内都是学俄语，1960年中苏关系恶化，也没俄文资料可看，所学的俄文也都随着岁月的流逝都支农了。来美国近四十年，英文水平是半文盲，吃喝问路住旅館還能应付，但连泡妞儿的水平都不够，别见笑。1991年美国的房价跌至低谷，施太太對我們讲现在是买房的最佳时机，她请朋友-陳太太（房屋中介）幫忙找房子，陳太太的先生Gilbert 陳也在贝尔实验室工作，她在邻镇-密尔本之好学区富人区替我們找了一座三卧两卫两厅单车车库及后院的一层半不大的别墅後她們并借钱给我幫我付了首期付款。我家在这里居住了二十年，两女从中大学毕业后，结婚生子，我的工作也换到医院工作，十五年后退休于2012年1月2日搬到我买的现在的住房，從買到賣二十年之间的差价赚到几十万，我们每月由联邦政府发的社安錢和我太太工伤保险公司承担的补偿金加在一起是小康生活。在1996年秋天是我和我太太一起飞到休斯顿看一位高人名为九叔公，他是从越南来的僧人，我们基本上都没说什么话，他就能把我们两人的情况說的清清楚楚，太神了，連我家有座佛像（因我们信天主教）他都讲了出来，最後說了一句：你没有意外财但一辈子不愁吃穿事实确实如此，买数十年的彩票几乎没中过，生活也是舒舒服服，生活无忧无虑，一辈子过得平平淡淡，即无奢望也无压力，對我来讲是最好不过，白发少操心少。

在美国近四十年的生活，還有徐祖文夫妇，湖南餐館老闆-李德钦韓馨茹夫妇，楊祖時夫妇，萬其昌渝丽萍夫妇，都在不同时期不同事情上给我莫大的帮助；有的在我做生意时，借给我万余元；有的在我向银行贷款时当我的经济担保人；有的三十年來幫我家报税、去法院出庭帮我做翻译；有的直接对我说：如果急需用钱直接找我来，别客气。更要感谢的是一位台湾朋友，十五年来，不辞辛苦精心为我们股票操盘，只有三年赔钱（1-3万），其余十余年都是赚钱（4-12万），他就是我家的好友詹哲祺先生。

"滴水之恩當涌泉相报"这句话已精辟地解释了报恩的方式与

时间，就是"涌泉"二字，對恩人需要时，毫不犹豫义无反顾的去做应该做的事情，直到自己的生命结束。可以说就是一辈子都在报恩，甚至延续的下一代，这方面我两女儿在美国长大，从小接受美国的教育，在她们的思想里都懂得报恩。2001年911事件后，我的大女儿每天下班后都没回家，我們以为她和朋友出去玩，到后来才知道老大每天下班后去纽约是当义工，凌晨回家休息片刻又去上班。二女儿毕业后就找到工作，每年都会给她的大学捐款，婚前，周末去孤儿院做义工，婚后有小孩后没时间做义工，每年都会把孩子多的玩具捐给孤儿院。当我太太不能站立和生活不能自理时，为了照顾我和妈妈，两女儿主动提出出资请人照顾我们二老也让我们感动和感激，因她们上大学都是自己打工和向国家贷款念完大学，都在毕业后十年才还清贷款。

谈到感情還有友情、爱情、同情等不同的情，只要对恩情应该如何认识和理解，施恩一方與受恩一方的认知与领悟也决定了他们对其它的感情也能正确地处理與分享。

牢记三戒，過世外桃源的生活

通过三个月的疫情期间，中华民族的五千年的历史没变，過去是一盘散沙，今天仍是一盘散沙。讓我很难接受的是脑残式的爱国主义观点，既然我改变不了他人的观点，只能自我约束，我的微信本着三戒的原则与大家交流：【1】戒發不戒寫：我今后所写的文章，如果感觉有点敏感，都不在微信的"朋友圈"里发表，对不同的观点争论不发表任何看法。【2】戒转发任何观点文章，只转体育、文藝、小品，鱼鸟花卉一类节目。【3】戒看与己不同观点的文章。免得生气，与脑残人尽量不交流，一不伤感情，二不浪费时间。

现在我居住的社区环境非常好，地广人稀，每天走路多不到二十人少至不足十人，人之间的距离短有二十五米前后距离为一百至两百米，被传染疾病的机率几乎为零。

不管是否是在疫情期间，我居住的小区环境就是世外桃源，周围环境非常安静，过往车辆少，走路锻炼的人也少，一般少有是人多至二十人左右。我们小区对面有药房,有银行,有加油站和修车厂,离小区一和六哩處都有美國大型超市和美東中國超市,1/2哩處有中國餐館、外卖餐館和日本餐館各一家,也有美式快餐店,意大利餐馆,總之应有尽有。世外桃源是指你居住地区客观存在的自然环境和社会环境,真正能过上"世外桃源"关键是看"室内桃源"的环境如何?

我每天都在小区裏围绕这条马路走一圈

顾名思义就是家庭生活里成员之间是否和谐?一句话,就是家庭主要成员-男一号與女一号两人搭戏是否默契?可以说我和我太太结婚至今四十九年,虽然"世界大战"没爆发过但游击战截长补短会发生,都是因為對生活里的琐碎事看法和处理方法不同引发的,所以就像中药-没有后遗症。

因为我是政治上的"智障兒",我太太是政治上的"神经麻痹"加"腦殘",我們俩驾辕的马车,在大道上一直是平稳向前,因为我们夫妻二人生活方向、路线一致,我们家的这辆马车从未脱过轨。生活在美国对我们来说,政治永远不会成为我们家庭生活里的"搅屎棍"。在这里你的生活随你自己的意愿,你愿意参加哪个政党你就去参加,对政府和總统的政策、言论都可以批评或反对,因为,美国的权力是关在笼子里,軍隊属于国家而不属于执政党,总统无权调动军队,必须经过众议院、参议院通过才可动用。

今天我是"世外"和"室内"的桃源之优势都具备了,我会充

分享受上帝给我如此丰厚的礼物,我可以无愧的说:這礼物是我全家用自己的良心、善心积下的德之回报。

春天來了?

春光明媚,今天气温升高,身着圆领短袖衫加坎肩兒,全身感到倍兒爽,由于真的是春天来了,走路的人數有将近三十人左右。

自我隔离至今已近两个月,天气偏凉,走路时虽然穿的不是臃肿,总归感到不是很清爽。今天往马路上一走,有如被困牢笼中长时间的猛兽,突然闸门顿开蹿出门外的感觉,本想碎步小跑慢慢颠儿着,可是年龄让我只能匀速的走步了。

自隔离开始至今已近两月了,我每天都在小区的环形马路走一圈,這疫情期间唯一最好的锻炼项目,我每天都坚持走一圈,保持体重没有增长,有时還减 1-2 磅。

昨天网上公布了 50 个州的隔离的解禁日期,我们新泽西州是 5 月 27 日,我将视情而定恢复锻炼日期。我估计六月初恢复乒乓球运动,九月初再恢复擊劍项目練習,小心点谨慎点為妙,这么长时间的隔离都熬过来了,何至于着急这几天?

能有这么好的居住环

境，与其说成世外桃源也不为过，每天在户外走一走，晒晒太阳也是蛮享受的，当然，走路锻炼比起乒乓球和擊劍顯得枯燥一些，但随着年龄的增长，

　　走路和游泳是老人比较好的选择锻炼项目，随心所欲的生活吧！高兴就好！吃好喝好睡好就一切都好！就让我们大家每天都"没心没肺，没大没小，没老没少，没羞没臊"什麼都不想不操心的活着，健康长寿才是我们这拨八零后新的生活目标！祝我的朋友们每天精神愉快和身体安康！

看连续剧"麻雀"所想到的

　　最近，每天都看廣東电视台播出的连续剧"麻雀"，每次都是六集连续播送，看得过瘾還有时间休息，否则会坐在沙发一动不动连续看几个小时，對身体健康是有伤害的。

　　这是一部让我有被感动流泪的连续剧，我为在抗日时期为中华民族献出宝贵生命的特工人员的英勇行为所感动，为她們没能看到日本侵略战争的失败而感到遗憾。

她是男主角-陈深的上级领导和联系人-"宰相"，也是他的嫂子。

她是陈深的上线和保护者-"医生"，她也是"宰相"的亲妹妹。

姐妹二人为了让陈深更好更安全的潜伏在"汪伪政府"为抗日窃取情报，姐妹俩都被日本特务机关杀害了。

"麻雀"的编剧挺有水平，剧情紧张但還算合情合理，比手撕鬼子的脑残编剧强多了。除了每天帮我打發时间，在静下来思考时，我自己就问自己，这些优秀的党员和英雄為保卫中华民族和祖国流血牺牲，他（她）們有没有想到所开创的社会主义新天地是今天的雾霾空气還要加上浓浓的铜臭味，满朝的贪官忙于搂钱买官卖官争权夺利，官僚家属移民海外和转移赃款。試回想五十年代初期全球的社会主义阵营有多少社会主义国家？七十年后的今天真正的所谓马列主义国家只剩下中国和北朝鲜。可以說社会主义阵营已不复存在，本阵营的头领也于成立百年之后寿终正寝，回想五六十年代，资本主义国家的共产党也很活跃，美国的共产党现在音信全无，日本共产党的领袖-德田球一先生曾经访华，亚洲除中朝還有蒙古人民共和国，越南民主共和国，另外，印尼、马来西亚、新加坡、泰国、柬埔寨等国的共产党都有一定影响。欧洲是社会主义阵营的总部和以苏联为首的匈牙利、波兰、罗马尼亚、捷克斯洛伐克，阿尔巴尼亚、東德、南斯拉夫等社会主义国家，美洲有古巴是社会主义国家，八十年代末一下子社会主义阵营土崩瓦解。全球只剩下一只独秀的真正马列主义国家-中國，當目前的疫情过后，世界所有国家都要亮家底儿，孰家底儿厚孰家底儿薄就一目了然。

　　我国是否借此机会好好反省一下，马克思先生的故乡德国没人认同他的思想和主义，社会主义国家的老大也在百年时解散改辙前进。欧美亞洲原社会主义国家基本上都改变国家体制，彻底结束一党独裁统治，中國有句话：听人劝吃饱饭。為什麼中国人非聽满脸大胡子的德国人的话？為什麼不能反思中國已是有几千年历史的古老国家，需要彻底的改革，而我们只是做了表面功夫，其实，就是换汤不换药。

為什麼改网名及頭像？

　　由于最近发生的事情，讓我必须这样做。
　　前两三天我與移民到澳大利亚的大学老师在微信上通话，后来老师讓我把电话号码发给她，以后不要微信通话。因澳大利亚的校友群有密探即告密者和网警，大家都不想惹事，海外的中国人绝大多数人都是爱国的但不是脑残也不是五毛的智障，但对国内的贪腐现象所造成的恶劣影响及社会风气和民族道德素质的急剧下降表示强烈不满，试问：这是爱国還是卖國？

别花钱雇密探潜伏在海外侨胞群里，真正的间谍你发现不了，我国已经浪费太多的钱养"白眼儿狼"，别浪费精力和财力在我们这些爱国主义者的身上，還是多想一想在疫情过后如何振兴中国吧！

改网名就是为了躲避小人，不给自己的亲朋好友制造麻烦，所以，换头像、改网名，惹不起咱躲得起吧！

雜談自己的生活觀

今天我已八十岁来谈生活觀是为时已晚還是为时过早？那要看你活明白了吗？如果還没活明白，為时早已！如果活明白了，那就好好往下继续活着。

从我个人来说，没走入社会根本谈不什麼生活觀，因我属于成熟较晚的类型。在结束学生生涯之前，思想异常活跃并不定型，接受新鲜事物快，但分析能力差，这与自身生活经历不够厚实有关。

走进社会除了做好本职工作外，首先想到的除了孝顺我母亲外，就是找对象。我当时在女校工作本身就是有额外压力，从进入女八中工作總感觉到自己的背后有一双眼睛盯着你，說句实话，我上完课就回教研室或是宿舍，多一句闲话都不和学生說，即使說話也特别注意用词，不能有任何一点的疏忽，所以，文革开始我没有任何大字报。但我会和女老师一起聊天，她們都是大学毕业，除一名女老师比我小两歲，其他老师都已婚，是一拨大姐，在生活上都挺帮忙的，但这些事都被跟我平时关系最近的老师全部告密給党支部。文革后经同学讓我知道这些事，是我对人性的丑陋有了进一步的认识。所以，文革结束后，朋友圈子重新组合，重人品和重道德，也就是今天所說的三观一致才在一起。

对我来講结婚的对象将是我一生最重要的抉择，年轻时择偶标准是面容是否漂亮，是虚荣心为主导，可当我走到人生低谷之时，是我太太全家一起接納了我。我們俩在性格上和生活方式上有些差異，共同點是對自己的工作認真負責，孝敬父母。我太太做家務是很能幹，屋內收拾的乾乾淨淨、整整齊齊，全家老少三代人的衣服都是她一個人親自做。我太太的優點也是她的缺點，太好強，跟她一起生活太累了，无论是工作還是生活，她都要当第一，第二就很难受，我是进前八名有奖牌就很快乐，喜欢過自由自在的生活。

因為通過文革讓我认识到我不能适应在社会主义制度国家生活，借與家人團聚的机会移民海外，在国外工作量比国内大多了，但获得了良好的居住环境和优良的生活品质，最主要是孩子们获得良好的学习环境和社会教育。

为了家庭生活，我太太在公司上班八个小时，下班后去教中文（家教），有时還要接些修改衣服的活儿来做，一人做三份工。可以說是我们家里的功臣，干活太卖力气，结果在工作中摔伤，手术后经过复健理疗，逐渐能生活自理不用步行器和拐杖也能行走，我们在这个期间到欧洲的爱尔兰，意大利，瑞士，法国等国家旅游，从2003-14年几乎每年都回国探亲访友，有时一年两次。从2015年做了左腿股骨头置换手术后，在恢复期间从轮椅上滑下来到地上伤了腰椎，此后她的身体健康狀况没什麽问题，只是免疫力下降，肌肉萎缩不能站立，逐渐生活不能自理，從2018年开始请人照顾她至今已有近两年多了，她的精神挺好，食欲正常，精神面貌很好，也就是说我现在是对她报恩的时间，对她的生活一切尽量满足要求，细心耐心的照顾。

一个人的生活觀随着年龄增长是会改变或是修正，同时，环境的影响和改变也会使自己的生活觀随之改变，来美国前，就是每天上课，课余时间打球或是回家做饭，晚饭后会有朋友来我家看电视，聊天，可以說对一个生活在天天讲阶级斗争，把人分成红五类和黑五类，当时的感觉真是工作政治上一点前途都没有，真是混日子。来到美国後，生活自由自在，身边没有特务密探告密人，言论自由可以充分阐述你的观点，你可以批评总统的错误言行和政策，但绝不允许任何的对个人的人身攻击与侮辱，因为这是违法的，要受到法律的制裁。尤其目前疫情非常严重的当口，我的人生观是活命保命，在家自我保护-自我隔离就是最好的無藥抗击新冠肺炎的有力武器。充分利用我居住的小区酷似世外桃源的优势，每日走步練習保持腿部力量和活动能力，快快乐乐地躲过疫情，活着就是胜利，健康就是胜利的基石和保證。

最后一点想說的是為了每天生活的愉快，就要远离政治，因为政治不是我们普通百姓玩儿的游戏，那是政客们的游戏，是政治场所的阴谋家野心家的游戏。國家治理成今天这样我个人无话可說，国内有规定："不许妄議政府，不虚妄議党领导"，一句话，就是老百姓闭嘴，又要像文革一样高阶级斗争了，那时是伟人定的分成红黑两大类，今天怎么分？也好分也不好分，就看领导的水平了。

最大的爱国就是：事不关己高高挂起，不批评不指责，不献媚也不拍马屁，不能說真话也不說假话。

上述几句话是生活在海外被逼无奈有感而发，我祖祖辈辈都是中国人，我当然热爱祖国，至今我都会想起出国前看的潘虹主演的电影"人到中年"里，女主角的一句话"你爱祖国單祖国并不爱你"。

我这一生從小到大到老，逐渐读懂人生的许多课程，我就是依照父母及长辈对我的教育和影响，以及得到父母遗传给我们的基因，使我一直在无声无影的遵守自己做人的信条：做事要凭良心，做人要凭善心，做朋友凭誠心，對家人要有爱心，對煩事要有寬容心。

常家祭祖扫墓活动，改期

提起這次去老家祭祖，要特别感谢我的常焱叔和朱星婶儿，因在2014年我曾回老家-吉林省梨树县刘家馆子镇與焱叔星婶儿和蠢叔婶儿一起到"常家墓園"祭祖。在2010年左右，焱叔為墓園操劳與政府部门接触，也很感谢政府能还我常家历史上的清白，2014年我是首次到老家和祭祖，墓園也初具规模，但只有高祖父母和四叔曾祖的墓碑，因我们的曾祖父是大哥其后代基本都在海外，二三叔曾祖的后代當是還没联系到，多虧焱叔和星婶儿的努力，查线索寻踪迹，经过五年找到二三叔曾祖的後人，各支後人都愿意给先辈修坟刻碑初步定在今年的清明节回老家祭祖。

这是我曾祖父母的墓碑，墓碑背面是我祖父母和晚辈的名字。

这是三叔曾祖父母的墓碑，三曾祖父母的后人全体名字。

当我做好回国祭祖与亲人团聚的准备，真是天有不测风云，世界性的灾难降临在我们的头上，几乎全球的國家都中彩。大家都在家自我隔离，抗疫情是全世界的当前首要任务，为先辈修坟立碑就等明年再說吧。

照片裡的故事

饞嘴子談"滿漢全席"

周末转发一篇关于几位名人吃"满汉全席"的视频，在我少年时代曾听到过长辈聊天谈论过"满汉全席"，當時年纪小对吃不在意，直到成年后与朋友聊天时只知道"满汉全席"菜樣繁多需要吃三天才完成宴席，我对"满汉全席"的认知水平仅此而已。

我这个人最大的缺点就是不能吃苦，尤其是生活上，最早开始下馆子是從困难时期（1960年）开始，當時還在北体大上学，是我三哥從包头回天津探望母亲路过北京时，带我去西城绒线胡同的"四川饭店"搓一顿，我为首次吃川菜的菜名至今记忆如新：麻婆豆腐、宫爆鸡丁和鱼香肉丝，全部吃得干干净净。直到1972年12月26日工作调到天津的在京十二年里，有九年是领工资当教师，所以去馆子的次数也比當学生时代更多了。我去的次数最多的還是"四川饭

店"，的确，它做的菜确实好吃，邓小平、李井泉、彭真等中央领导人经常在"四川饭店"用餐。除上述三道菜外，"鍋粑肉片""脆皮鱼""東波鱼"也是可接受的价格而且具有特色的菜。

我全家移民美国前，與父亲和三哥（右一）在"四川饭店"吃饭，我们照相这个院子是用餐的地方，在我们离京避难去台湾前，是我二姑和三姑婚后的住处，经常在这儿吃饭除菜好也是对亲人的怀念（这座王府解放前是"金城银行"的產業，我爷爷是股东）。

我九年在女八中工作，出校门左转奔东遇了宣内大街200米左

右路北就是"四川饭店"，如果在宣内大街右转奔南走 250 米路東就"烤肉宛"，左转奔北不到 200 米处路西是"又一顺"饭庄，这两家都是回民餐馆，我嫌羊肉膻，只吃"東来顺"的涮锅，对这两家店不太光顾，偶尔会吃个牛肉馅儿饼。对过儿是"四川饭店"附设小吃店，它我们是经常吃，"红油抄手""小笼蒸肉""担担面"外加冰镇啤酒，每周总会吃三次以上，它有一个特色的是"毛肚火锅"，但我不太感兴趣没吃过。继续向北到與长安街交口处，西南角是江浙馆子"同春園"，我在这家喜欢点它的炸春卷兒和喝啤酒，它的"滑溜鱼片"鲜嫩可口，口味清淡。另外有时我会在它这儿吃早点，一碗咸浆（南方风味），一屉小笼包。东南角奔东数十米路南是"鴻賓楼"，因我不是美食家，只是馋嘴子，所以，只在"鴻賓樓"回民饭馆吃过两次，但它的"黄焖牛肉""扒羊肉条"的确有特色，一是羊肉不膻二是肉入口即化。由交口处西单北大街奔北路西百米处时"遼阳春"饭馆是东北风味，吃饭就要一份"白头酸菜粉兒"连汤带菜就够了，可是，在"遼阳春"吃得最多的還是早点，一碗炸丸子，一个火烧夹糖油饼，好吃又顶时间。再往前几十米就是湖南"曲園"饭店，我在"曲園"吃的次数不多，对这家餐馆只知道是湖南湘菜馆，所以说不出它的风味才名了。如果由路东坐无轨电车往北两站地缸瓦市下车就是"砂锅居"饭庄，我第一次吃"砂锅居"是1959 年初寒假回校看高三的班主任-陳寶琦老师，轉天中午我们原宿舍的同学周寿華和李文堯三人到这餐馆吃饭，我還记得當時？的两个菜-"油爆大对虾""砂锅三白"，当我又成单身时，每天路过"砂锅居"进去简单的一个"砂锅豆腐"半斤米饭就解决了或者到马路对面砖塔胡同口的小铺吃碗卤煮火烧也蛮好吃的。再往北走不到 200 米路西就是"同和居"，这家餐馆我误的次数不少，因由家骑车五分钟，它的特色菜是-"三不沾"，即不沾筷子、不沾盘子、不沾牙齿，另外有"糖醋鱼块"是每次必点，還有烤馒头很好吃。再往北到平安里下车路北是"柳泉居"饭馆，这家老字号的餐馆有我爱吃的京味家常菜，如"木须肉""红烧茄子""西红柿炒鸡蛋"等。这些餐馆是由我住处到工作单位沿途所经过的方便用餐的地方。

與原女八中老師和學生在"柳泉居"聚餐。

文革期间由于妄议文革及中央领导人，曾被隔离审查和批斗，後来停止上课，每天下班之后，便与校友篮球班的学长及其它专业的篮球爱好校友和业体校的篮球教练组成野球队每天到处约球，與工厂队、解放军的8341部队、北京男篮青年队玩儿得一遛够，每逢球賽后基本上都去王府井"东来顺"小吃店吃夜宵，因是回民餐馆，"鸡汤馄饨""炸花生仁"但必须买酒，只要从东面地方赛球回家一定在"东来顺"吃完夜宵再回家。吃饭的地点也发展到前门大栅栏兒的"老正兴"饭店和四川的"力力"餐厅、"燕京烧麦馆"都在前门外大街路东咯，也光临过"穆柯寨"的炒疙瘩和门框胡同里的"北京烤鸭店"，改革开放以后的北京烤鸭已经和过去不一样了，从何时烤鸭除葱丝、面酱、薄餅外另外又加了黄瓜条？不知道这样会撤味儿的，更新鲜的事由鸭胸與鸭脖處切出八小块鸭坯放在一小碟里，再给一小碟白糖蘸鸭皮吃，改革改掉了真正烤鸭的传统味道，改出来是增加价格多收几十块钱，多亏现在是土豪当道，本来就都不懂饮食文化。"北京烤鸭店"的烤鸭名为挂炉烤鸭，将处理好的鸭子挂在烤炉内用松木烧烤。"便宜坊"的烤鸭是焖炉烤鸭，现在全用电炉烤鸭，请问挂炉松木烤和焖炉烤鸭還有区别吗？奉劝各位爱吃烤鸭的食客，别再去老字号烤鸭店，就普通餐馆的烤鸭与名店味道相差无几，葱醬餅味道一样，但最后结账名品店的价格就"宰"人了。

陪我母亲也和同学去过几次东城王府井大街的"萃华楼"飯莊吃饭，和我母亲去记得她點的"葱烧海参"，它是"萃华楼"的特色菜以及在1956年长安大街台基厂开的"上海小吃店"也是经常去的地方，我是從吃"阳春面"开始逐渐成为上海本帮菜的食客。

我和24中的学长及篮球校队一起在文革时打野球的同学在"萃华楼"搓一顿。

一句话，自己是馋嘴子再加上出身、家庭背景、海外关系在政治运动中那真叫一个没咒儿念，像我这样的人找对象都困难，只能靠吃和玩儿自个儿找乐子呗，最后，下放昌平"五七干校"劳动，被派在鼓楼空军司令部掏厕所的粪坑基肥，到吃饭时间正巧司令部对过就是"马凯食堂"，几乎那段时间都在"马凯"用餐。

我是馋嘴子但與美食家的称号相差甚远，虽然能知道哪道菜味道鲜美，但对其选料、配料、调味料等制作过程知道甚微，過去我在餐館吃完饭總会與服务员聊几句，询问好吃的菜如何做？可以說是交比较贵的学费學做菜，但也掉过底子被我太太嘲笑近半个世纪：我在"四川饭店"吃过一道菜-锅巴肉片，飯後仔细询问其做法，回家做过几次還挺成功。刚结婚我们俩是京津两地分居，一次放假回津在岳母家做这道菜，结果在处理锅巴时，我没把锅巴上的米饭处理干净再加上炸锅巴时的火候没掌握好，當把肉片佐料浇在刚出锅的锅巴上，呲啦的响声不大，结果汁将锅巴一泡，锅巴即不酥也不脆加上锅巴上的米饭，口感是腐腐囊囊，我岳母眼花夹了一块锅巴放在嘴里，邊？說了一句话："这是燴馒头呀？"，從此，我这道"燴馒头"名菜在她們檀家空气中漂浮了近半个世纪！

"满汉全席"这四个字所包含的内容有多少？这次转发"满汉全席"视频，从头到尾仔细听和看了一遍，方知共一百零八道菜，全席要三天才吃完，因為每道菜的準備和制作过程需要三至五天，无论是点心、荤、素、冷、热菜每次上八个菜。如果真想吃满汉全席的菜肴，也可以订"一角"即是部分菜。說句实话，这种宴席根本现在不需要也不适宜，这种宴席的菜肴都是精品，它们没有固定的菜单（譜）從名字来考证，"满汉全席"就是满族和漢族的菜系，古代满族人大部分居住我国东北地区，後来灭了明朝进京建立大清朝统治两百六十余年，满汉全席的满就是皇家菜系，皇家的御膳堂有百余名御厨，它们可制作百余道佳品菜肴，另外就是朝廷的漢族官员大臣的私家厨师的拿手菜系佳品，就是这些宫廷菜和漢官的私家菜组成了"满汉全席"的内容。中国的皇上的生活真是可用挥霍无度来形容，每顿饭百余道菜摆在眼前，遠處桌边的菜肴可能慈禧太后從来都没看到过更甭说品尝了，你说这菜单怎么制定？

我從1946年夏季回到北平就没见過在家擺過宴席招待客人，當時我们常家的厨师-張师傅就是皇宫御厨的徒孙，我爷爷曾经有幸吃过"满汉全席"，我的父母和四位姑姑都没吃过，我们这辈的人没见过更甭提吃了。我爷爷在学做鱼翅得到家里的张师傅的真传，用一个星期發翅在用三天精心制作，在台湾时我爷爷請沈昌焕外长在家便宴，飯後對我爷爷的厨藝赞不绝口，口感有独到之处就是大的饭店也难以做出，御厨基本都生活的北京地区，不会远走，收徒弟也是亲朋好友之间，现在的宫廷菜基本会做的也是寥寥无几了，也可说是基本上失传了。

现今对"满汉全席"的宴席已经没有市场，一是准备时间长，光食材的准备少则三五天，多则七八天。二是制作团队不是几个人就可以搞定的。三是制作的地方要大，也就是上千平米的巨型豪华别墅。四是有巨款的财力，根据賓客人数而定，少则几百万元，多乃至千万元。五是整个宴席要吃三天，要准备一个服务团队還要训练有素。

综上所述，目前国内领导无人敢顶风作浪，土豪无人具备上述诸方面之要求的条件，因为中国不缺"富"即物與錢，中国真正缺的是"貴"，即靈魂和精神。

"满汉全席"作为中国曾有的饮食文化放进博物馆，作为历史遗迹更为妥当，至今已没有什麼实际意义了。个人观点，不足为奇。

天上掉"馅饼"

從新冠肺炎傳入美國已近四個月，當初我们也没当回事儿，该打球打球，该练剑练剑，只是击剑结束时不像过去双方握手而是雙方用前臂互碰代為握手的礼节。就在我们居住的新泽西州只有11个人确诊为新冠肺炎病人时，我的球友-沈有成建议自我隔离，從三月初開始至今已是七十多天了。當時，美國总统-川普為了對疫情給人们生活带来的损失，决定每位纳税人补助金额$1200元，孩子每人补助金额$500元，分别在四和五月份发两次。

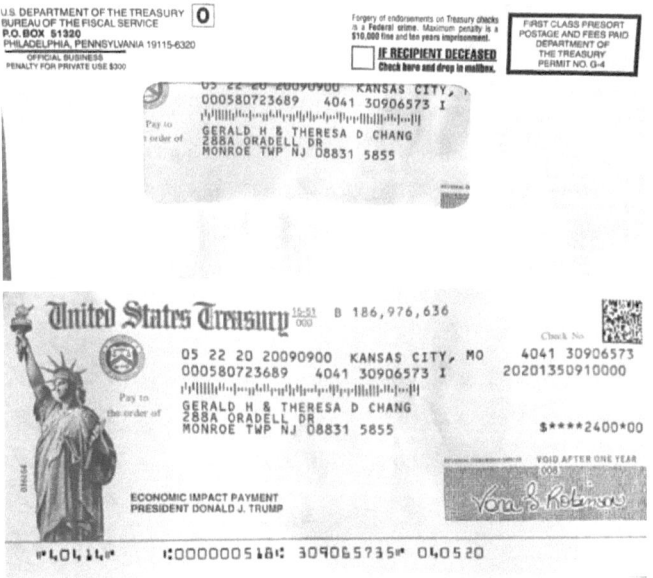

當初我們聽了總統發給我們兩次生活补助金（每次是一千二百元）都挺高兴，我们都是退休人员，这就是天上掉"馅饼"的事儿，意外所得。五月份了也没见到政府的支票寄来，心想又是总统选举

年，拉选票呗，一般参选总统说的话在当选后就忘记选前说过的话了，我们也逐渐地对此事淡漠了。

每天都是在小区里走一圈，约九千步加上在家的步数总共每天都在一万步以上，自隔离以来天天都坚持走路为了保持身体健康。但今天走完路到我的信箱取信，除了广告外還有多封信件，我一眼就看出聯邦政府的信封，心里当时就一阵的兴奋，进家先拆开信封，信封左上角印着"聯邦政府財政部"，支票金额是两千四百元美金。有意思的是支票上在我们二人名字及地址下面有两行小字：经济影响补助 總統-當诺川普，讓大家别忘记投他一票吧！

電話和微信所引起的回憶

最近几天，與文革期间我的学生通电话，询问他们各家在疫情期间的生活及健康状况，聊天儿聊着就聊到五十年前文革期间的事情，虽然，文革带给我的家庭是不可磨灭终身难忘的灾难，同时也给我带来了终身难忘不可磨灭的师生情谊。

【一】一九六八年"复课闹革命"的中央指示下达后，六九至七一的三届学生一起涌进女八中，尼姑庵进来了和尚只得改学校名称-鲁迅中学。第一件事讓我倍受感动是带领同学们修操场壓篮球场，一天我执掌铁碾子由大操场到後篮球場壓场地，在路过门洞有个下坡时，學生们一下没拉住绳子结果铁碾子的木杆把我顶到墙上，我顿时感到自己由腹部一股痛酸麻热流直窜到双腿至脚底板，好象連屎尿也随之而出。诊断结果髋骨安好无伤，伤势稍重需卧床休息，之后，每天都有原女八中老三届和新三届学生来我家探视和慰问，小院里少则十几人多则几十人，讓我甚为感动，几年和几个月的师生情谊，讓我们相互关心尊重，讓我更体会到做老师的责任重大。

【二】一九六九年六月十号我母亲因病住院治疗，可是出身地主不给用心治疗，十日左右就去世了，在十年浩劫万恶的日子里，真是有口难言有苦无处诉。

多虧我当时带的69和70两届同学的篮球队，这些半大小子，满热心满义气，至今难以忘怀，他们是杨建一、杨光、王建忠、马建标、贾炳善等人。周末，几位半大小伙子进门儿后，给我拆洗被褥和衣服，给我的蜗居做扫除，用大白粉粉刷墙壁，從早到晚一天搞定。

几位69届的学生我只见过马建標，王建忠，杨建一和杨光一直联系不上，希望大家相互转告及寻找，早日篮球队再次相聚。

1971年我和贾炳善的合影，他70年毕业时，我介绍他到北京男篮，當時是王忆誠王教练组建了"前卫"男篮。文革结束后，我建议他去考北京体育大学，四年後于北体大毕业，曾在体校做篮球教练最后从北京大学医学院退休。

【三】在69和70兩届学生畢業後，正值清理阶级队伍运动，我被定为"516现行反革命分子"，后来可以上课业余时间带男生篮球队，在招收隊员上的唯一条件就是出身是"黑五类"以及家长被斗争的子弟，出身好的基本不带他们儿。

这张照片是我1972年12月26日调到天津教师进修学院後出差到北京聚会后于照相馆合影留念。后排左一孙凤才、右一李斯平、右二李功三人是71届，左二张小丁和我旁边的张克二人是72届的。

他们几位是一直跟我开始学篮球从基本动作开始，到提高阶段就将他们送到西城区业余体校篮球教练-石國今處继续深造，石教练是我大学同届的同学，篮球专项。李功在高中时进了北京排球队，张小丁是北京工人隊後考入北京师大体育系。此前，1973年我到天津後，曾向天津男篮的教练-霍焕瑞和刘兆華两位先生推荐张小丁，二位教练对他的基本技术及身体素质都很满意，便去北京外调，只因小丁的父亲與江青有矛盾而被关进监狱成为政治问题没能进专业队，可另一扇門向小丁打开了，文革结束了，噩梦过后就是梦想开始实现。

他们几位现在也是退了休已五年了，我移民至今已近四十年，虽然旅游到过欧美亞洲等十余國家及地区，但還是回国内探亲访友的次数和时间居多。在当年那个年代，我与他们一起打球无非是我讓他们把时光都在球场上消磨掉，免得走上歪路毁了自己的前程。從作为老师的角度，我对他们尽了我的心意，翻过来說也是我身边有了这几个忠厚老实和聪明善良的孩子陪我打球，讓我度过人生路最黑暗最低谷的时光，当他们也毕业了，有的参加了工作，有的继续升学上高中，我也因"林彪事件"受益被解除审查，结了婚，成了家，後工作调到天津，直到移民美國與亲人團聚，噩梦结束，余下的时光都是美梦了。

上面照片后排从左到右：罗丁三、李功、吴培宽、贾炳善、王雄、张小丁。

前排从左到右：张克、石国今教练、我和吴冬冬。

下面照片只是张克和王雄吴冬冬夫妇没来。

吴培宽和贾炳善是70届，李功是71届余下的四男一女都是72届一班的同班同学。这些同学基本上都打过专业和半专业，大多数人都是篮球专项，李功是排球，王雄是手球。

上面两张照片都是 2018 年 11 月份回国探亲访友时的合影留念，这两张照片多了两位朋友，都是 71 届的，坐在我右手边是李斯平，左手边的是孙凤才（下面照片）。

李思平在八十年代中到美国念学位，后来到芝加哥工作，这次李思平需要回国办事，为了能和大家相聚，我们两行前就定了出发及返程的日期，因我和思平已有四十几年没见面了，这次见面都是退休的老人聚会。真是弹指一挥间，何日君再来？

悲哀呀！"一盘散沙"！

过去，在世界各国家对中华民族的普遍看法是"一盘散沙""東亞病夫"，经过七十年的努力实践证明，中华民族的"東亞病夫"的帽子是彻底的摘掉了，倒不是我国运动队在国际和奥运会比赛中由零金牌到体育的强国之列，而是我国人民健康水平的提高，平均寿命的增长，全民参加体育锻炼的人数剧增。可惜的是我民族的另一顶帽子－"一盘散沙"至今依然是戴在中华民族的头上，為什麽還是散沙？因为小盘沙散合乎大盘！小至家庭大至同姓宗祠，小至五十六个民族大至中华民族有哪一盘沙子不是散的。

我以我們常家這小盤沙子來說事兒，我高祖父母膝下生有四子，我的曾祖父是长兄，四弟年轻时曾跟随我曾祖父行走于官场，我四叔曾祖父後爲奉系军阀大帅張作霖的左膀右臂，後被张学良所杀，近十余年为政治服务的撰写的假历史终于恢复了原来的真实面目，这个吃喝嫖赌抽的花花公子，丢弃了大片東北的领土和兵工厂及武器给日本侵略

我高祖母與四子
（從左至右：四、二、高祖母、大、三）

者。但我高祖父也只看中两个从政当官的儿子，对二叔曾祖父、三叔曾祖父的务农经商却很少过问。

我祖父在处理完自己四叔的遗体后，被张学良扣留在东北，不得进关，我家在松花江上有两艘轮船，一艘是以我父亲的名字命名是"倫夏號"，另一艘是以我三爷的儿子名字命名是"倫序號"，另外在哈尔滨道里区有一栋房产，只知後来是"黑龙江省交际处"所占用。當时因我曾祖父尚在人世，我爷爷就没有分家，后来张学良放我爷爷入关，曾祖父母跟随我爷爷（家中长子）入关。1938年和1939年我父亲和倫序叔叔前后赴美留学。在我爷爷入关后，三爷变卖了东北的所有财产随后到京，但将变卖的财产款项归己所有。因曾祖父在世我爷爷顾及情面没有分家产，我爷爷带领我们全家去台湾，因走的仓促，很多字画便存到我奶奶家，齐白石老人和我爺

我的祖父与他的弟弟（焜彝）之合影

爷是挚友，他送给我爷爷很多画，都存放在我奶奶家由我五舅爷保管。

半年后没见我父亲去台湾，母亲只带我们姐弟四人里我三哥和我及我舅舅经由香港回到北京已是八月底，找到我父亲已经没有飞机和轮船回台湾了，被迫留在北京。因我们这支的长辈只有三爷，他经常去我五舅爷家要画，使得我五舅爷家不得安宁，实属无奈下，即为我奶奶的几位侄儿（均是党员和政府部门工作人员）商量结果送交当地派出所保管（真不知便宜哪位政府官员），同胞兄弟都要抢占财产，何况外人？据我所知常家人數众多，常家從高祖父母的四位公子的后代，少說一连人不夸张，在京的也得有一排人以上。由于政治原因，大家都没有来往，现在好多了，待疫情过后常氏家族后代祭祖一定会如期举行，希望扭转家风而展现出来我们后代人的新面貌。

我不想看到的中美博弈

這疫情尚未解除，但中美关系已进入战争前的备战状态，這次两国就是要比國力的时刻而美國確进行了军事戰備，三个航母战斗群游戈于公海，核潜艇战斗群潜伏在公海，真是经济和军事雙线出击。

对我来講这是我最不愿意见到的局面，一方是我的母国，一方是我的居住國，我全家老少三代人都生活在这儿已有三十九年。中美关系到今天的结果，就因世上没有如果，虽然我大学不是学的文理工科，但对历史一些事迹所发生的起始與结局，通过看资料和与朋友亲人们的交谈，讓我了解到更详细更准确的历史材料。

根据资料显示，中美关系处理上双方都有闪失，下面我把自己知道的历史事迹和个人的认识写出来與大家商榷：

【一】先说中国，是体育项目之一乒乓球在外交上敲开了"中美外交关系"的大门，中美建立了外交关系后，國家主席邓小平先生访问美国，回来后曾经对党内有过有关中美关系方面的讲话，原话我记不清了，大意是：對美國不要太张扬。要韬光养晦，不要声张，闷頭努力干。如果按邓主席的话不张扬幹到今天再亮相，那可真是讓美國人惊掉下巴。美國的科技方面本来就比中国发展得快，美國根据中国的报道"不的了，我的國"，唯恐怕别人不知道自己长了几斤几两肉，讓美國步步紧跟应对防御武器的研究、发明与制造。

【二】再說美國，自新中国成立的那天起，美國就天天盘算如何灭掉马克思主义和新中国。在北朝鲜发动韩战后，我们先不谈中国是否应该参加韓戰？五十年代初，當時美军的总司令是麦克阿瑟，他向总统杜鲁门建议向中國投掷一枚原子弹，这样，中國灭亡，韓戰结束。当然也就没有共产党了，随之也就没有"越戰""中印战争"等等。杜鲁门总统拒绝使用原子弹，因为如果用了原子弹，将犯了"反人类罪"，将受到国际法庭的审判与制裁。

所以，虽然中美等世界大国强国有核弹头，上千枚氢弹，那都是吓唬人的，誰也不敢用，而且，也不要用战争来检验我国的武器是否优于美國，因为死的都是人民，当官的基本都没有事兒。

我剛轉發了一篇爲"为何屡屡出現對世界的误判？"这篇文章替我写出我想说的话，因我实在不能理解文章裡提到的几位经常发表误导人民群众的演说和文章，实际我国在科技和军事武器方面确确实实有了飞跃和质的变化，但存在的差距是公认的，不是靠吹牛说假话我们就强大了差距就缩小。

我们应该保持头脑的冷静，认真思考和观察世界局势在疫情后将会发生何种变化？說句实话，在世界各界领域裡我们不处于优势地位，如何改变这种状况，要靠中央领导的集体智慧度过当前的危机，真是"國家兴亡，匹夫没辙"。

一位美籍华人对"坦克進城了"的看法

这个周末，哪怕在总统发文明示军警可以向抗议者开枪之后，美国的民主斗士们依然没有被吓倒，相反，更大规模的反抗浪潮袭来。战火已经延烧到了至少20个大都市……

风暴中心明尼阿波利斯已连续第三晚爆发万人骚乱，乔治·弗洛伊德之死引发的暴力抗争波及到了全美上百万人，并在美国各州蔓延，而数以百计的临街销售类企业被抢或被烧，损失惨重。

上述的内容正是美國國内发生的因种族歧视所爆发的动乱，由于事态发展到难以控制的局面，便派军队前往暴乱城市进行维稳。因此，也讓我想起三十一年前發生在自己祖国北京的"六四民運事件"？

我今年八十歲，虛歲八十有一，因于1938年家父留学就读美國加利佛尼亞州的斯坦福大学，我于1940年出生于美國加利佛尼亞州奧克蘭市，于日本投降後的1946年回國與曾祖母、祖父母和姑姑們、姐姐和哥哥們等亲人相聚。我從小学一年级到大学毕业，之后，又在北京和天津两地各九年當教师，生活了三十五年于中國，于1981年4月8号全家四口移民美國與家人團聚至今我已在美國生活了四十五年。雖然我在中國之生活只有三十五年，但这三十五年是我人生最重要的时光，不但学到了知识和文化，更重要的是学会了如何做人，这一点是难得可贵的。

我之所以移民美國，主要是中美建交有了與美國和加拿大的亲人团聚的机会，二是因为通过政治运动像我這樣的家庭历史背景是没有出路的，无论是涨工资還是评技术职称都会遇到很多阻碍。三是我喜欢美國的物質生活水平和民主自由的生活环境。雖然我居住美國时间长于祖国，但从移民美國至今的三十九年里，我没有一天不关心祖国的每一日的变化。

美國是法治社会，种族歧视是重罪，這類事件的发生在美國屢見不鲜，这又不是首次，只因是在疫情期间，一是警察执法过度，因犯罪嫌疑人并没有反抗和拒捕行为，是警察使用警力过度而造成死亡，警察是否属于犯罪受审？从昨天有美国发出的信息来看，死亡的嫌疑人通过法医的验尸检查其结论：(1) 嫌疑人的死亡不是因"窒息"而死亡。(2) 体内发现过量毒品。(3) 心脏病造成死亡。另，执法过度的警察已被收审，因他过去曾数次暴力执法记录。

但為什麼动用国民警卫队，我个人的看法是因民主示威活动已转变成为抢劫破坏他人财物与公共设施刑事犯罪了。据我个人判断，警衛隊进入城市是維護行人的安全，不讓暴徒繼續破壞和打砸搶，如有暴徒不聽勸阻，繼續犯罪便施行抓捕。軍警一般用橡膠子彈，即是開槍也不會有打死人的现象。

我的爱国情结移民美国三十九年始终未变，八九年我们都在电视机前看直播，全是卫星直播北京的当时现场实况。自那时以后，我更比较关注祖国的发展和国内的社会发生一切與国外的一些有关祖国近代史的报道，尤其，和我从1949年开始所学的教材相差甚远，直至2000年以后，更多的历史真相发布，把过去为了政治需要编写的假历史还原了本来面目。我的爱国主义和思想，與国内的脑残们不一样。

痛苦的抉择（政治与友情不能并存）

青少年时代的友情维持至今，实属不易，经过文革之后還能存在的友情不多见，可是，高中三年淳朴的思想之间的交流至今可能因我的心胸开阔程度的局限，我的涵养素质修炼不够，同学朋友之间的情谊只能终止了，我们同学之间不要记恨，要恨就恨這"微信"吧，都是它惹的祸！

目前，美國发生了警察過度使用警力过度而引发全美国六十个城市的示威游行後演变成破坏抢劫城市商店的犯罪行为，事态如何发展讓我们拭目以待。

今凌晨时分（零点四十五分），我被雷鸣电闪惊醒，之后再睡到凌晨三点，此后至五点钟前无法入睡便看微信，看累了再次睡回笼觉直到上午十点才起床，没想到过了一会儿近中午时分，天空乌云压顶暴雨如注，此时我的心境與天氣相差无几，突然有换思路的想法在脑海裡一闪。

我只想写出我亲身经历和看到的事实，我既不想也不允许任何诋毁我祖国的事情发生；我也不能說假话造谣污蔑我将终身居住的国家。也就是说我寫出来的文章最后與标题相悖，举棋不定时，雨停日出，清空海蓝，顿时觉得就按自己的思路走，只谈自己的观点與事实。

【一】先谈"种族歧视"這問題，這個問題在美國法律上有明文规定实属"重罪"，所以在美國各個公司及公共場所，大家說话都很注意用词，如無人敢用"种族歧视"语言，"黑人"也尽量不要說和用，應該用非裔美國人或美籍非洲人。

我到美国落脚在新泽西州的高峰市，是好学区和富人区而且是犹太人多的城市。这个城市黑人不多，没看见他们工作，只见他们躺在后面的公园草地上，把录音机的声音放到大声，然后跟随音乐拍節扭动跳起迪斯寇。

但在美国职业篮球协会的各个职业球队里，黑人绝对不是少数民族，他们具有绝对人数上的优势，反而白人倒成了篮球场上的稀有动物。

我是1996年1月26日到圣巴拿巴斯医院工作，职位是集团公司董事长的专职司机，在公司从未发生过种族歧视的事件发生，我是1999年底被调回办公室上班，原因简单：因我没有持槍證。

有些种族歧视由来已久，黑人在美国是以黑奴的身份开始生活在这块土地上，有的通过自己的努力脱离贫困，虽然林肯解放了黑奴，但他们的命运并没因被解放而改变。我是幸运，到美国有姐姐哥哥帮助有住处，有工作，生活在好学去和富人区，所以，近四十年来，从没遇到过种族歧视，首先是自己要知道尊重他人也就是尊重你自己，我们来美国后，无论在工作上，在做人方面都很注意，所以在美国每当我遇到问题或是困难时都会有贵人帮忙，所以我才能走到今天退休后的衣食无忧生活不愁，有保证的终身安稳幸福的晚年生活。

【二】有关"政治与友情不能并存"的话题：过去学生时代的好友经历了文革至今都维持挺友好的关系，可近一年多事态有变，我思想很纠结，在转发微信上，一有观点不同的信息就会出现用词低劣质问的口吻之跟贴。久而久之就会有反感，好像美国与中国在各个领域中的交战都是我的观点，已经把宗教信仰和政治信仰混为一谈，我真的感觉很无聊。我在这很明确地表明我的态度，因此前我们曾有十五六次回国探亲访友，我们从未与大家分享我们在美国的生活，因为没有可比性，我发现只要转发其他国家好，责问舆质问的跟贴就会出现，酸不溜丢辣不唧唧的话语就来了，我曾考虑过如何处理，前思后想总覺得不能感情用事。我觉得他太可悲可怜了，我不想再说一些话语刺激他，一句话，被骗被蒙蔽太长时间了，至今都没觉醒。所以，做人都有自己的底线，按俗话说："打人不打脸，揭长不揭短"。我会按照自己做人的原则，坚持走下去知道人生的终点。

我会牢牢记住这句铭言："國家興亡，匹夫没辙"成为我对微信处理的警句。对于不同观点不交流不交锋，要想看结果，那就要多保重身体，看谁活得长了。

疫情期间去看急诊

（6/11/2020 星期四）

從上周末，我太太没食欲，食量吃與没吃区分不大，我询问她想吃什麼菜？她說吃"干炒牛河"，我便在一家廣東餐馆定了"干炒牛河"和"干煎龍利鱼"，取回来後，晚餐還算吃了一些牛河及鱼。轉到星期一與她的家庭醫生进行视频问诊，醫生给开了"止吐的药"，還能吃点饭食。

今天中午时分，護士定期来家检查我太太的身体健康和更换尿管，在检查中發现血壓高（172/100）和脉搏快（每分钟120次），護士及时與她的家庭医生联系，醫生决定去医院急诊室，五分钟后急救车便停我家门前，问诊后便上急救车，但家属不能跟随也不能进入急诊室，只能在家等候消息。这是疫情期间的规定，避免家属带入肺炎病菌，传播给更多的病人只有耐心等待急诊医生的诊断消息。

我家领导今日御體健康简报

今晨（6/12/2020）十时，女兒來電告知，曾几次打电话给她，首长没接聽，此次疫情期间住院不得秘书跟随，只得把电话打到護士工作台询问首长病情，近况如下：第一次是上午十点得到的信息是病情趋于好转，她的体内缺少钾元素，也就是补充维生素钾元素（從每日2次改为3次）。

第二次下午一点半，護士将今天的情况告诉我女兒：首长血壓和脉搏指標恢复到正常状態，再做一次血的化验，之后如没问题就可以明天出院回家。

【注】：首长病情简报内容不够详尽，原因是女儿的中文和我的英文在同一水平，在转达病情出现"鸡同鸭讲"的现象。

首长御體康复今日简报

今日天气是晴空万里，风和日丽。据女兒午时來電话告知首长状况：目前正在输液，有可能会在输液结束後可以回家，但最后还是要醫生的诊断为准。

刚才（下午三点三十分）女兒來電告知：首长又在昏睡，原因一是血壓有些偏高，二是无人陪她說话也会使她發生昏睡现象，再繼續觀查明日出院回家。

充分享受世外桃源生活

无论是疫情期间還是正常的生活期间，我的退休生活一直都是生活在非常优越、美好和非常祥和的大环境中。我们刚搬到這個小區時，我太太感到特別不習慣，一是特別的静，基本上听不到什麽聲音，除每月一次剪草機工作的噪音外，没有任何讓你感到不适的干擾。二還是静就是清净，街坊鄰居几乎見不到面，因為70%是七十歲的老人，每日還上班的人很少，基本也就是走步锻炼身體時碰到一些人。

這里是我们社区办公中心区，内設有"物业管理公司""图书馆""电脑学习班""木刻工艺班""健身房""室外游泳池"'男女更衣室設有"桑拿室和淋浴間"及高尔夫球器材商店和高尔夫球場售票处。

這是高尔夫球場，設有9个果岭18个发球区，打9洞的距离是2925碼，18洞是5850碼。

在美国是老年人的一项活动，有点像苏联的马蹄铁和我们而是玩儿的"得佬"，共有6个场地。

社区共有三个网球场（由上至下1至3）：（1）在办公区外右侧与游泳池为邻，是正式比赛场地。（2）和（3）是练习场地，我在这居住近九年，我几乎没有见過什麽人打网球。

社区有两个游泳池，上图是在办公区左邻办公区右邻网球场。下图游泳池在居民区的"文化中心"里，游泳池右边就是第（3）网球场。

這里是"文化中心"，里面是大礼堂，平常把屏障拉出来可以隔成 6-8 個活动区域，每周五天都有活动安排，有舞蹈，乒乓球，国标舞等项目可以选择参加。

无论春夏秋冬何时走在這樣环境裡都是享受，即使是疫情期间，对我们没有任何影响，居住"世外桃源"中，什麼都别想，就是享受大自然给你的蓝天白云，新鲜清晰的微带清凉的空气，吃着不必忧虑会给健康带来伤害的食品和饮料。您說這還有什麼可愁的，還有什麼可想的？

夜归人

今天该出院回家了，上午大女儿打电话說：要等醫生最后檢查之后，才能確定出院的時間。到了下午才得知出院的车安排是晚上九点，只有耐心等待了。在与我太太通话期间，她突然对我说：你到咱家后院看看，习近平来咱家看看。我知道她又有点迷糊了，我忙应答說马上去后院。

晚上近十一点才回到家，一切安排妥当睡着已是午夜，今晨十点才起床，我将我太太带回来的病历和诊断书及药方发给我女儿，有两张处方去药房拿药，几张病例寫明体内缺少钾盐，尿道发炎。今日上午测量血压为103/77，脉搏跳动99/分钟，血壓尚可偏低，脉搏跳动偏高。

两张处方已送药房，一种是补充钾盐的药，一种是消炎药。这次住院查出缺失钾盐，二是有炎症。

可这次住院我太太有了新的问题：就是语言與思维有混乱的现象，究竟是什麼問題我還没有頭绪。

试談"台独"份子和台湾人

為什麼我要寫這個题目的個人看法，因为我的同學没有機會和台湾人一起相處和交朋友，所以產生一些误解，试談就是個人粗浅的认识与感受。

【一】台湾人是地圖上的台湾省人，它包括國民黨往台湾撤退時带过去的党政军民的公职人员及其家属，统称为"外省人"，其余出生和生活在本地的城乡人民统称为"本省人"。本省人基本上不与外省人通婚，但经过数十年后的今日有的不成文的规定已失效了，外、本省的联姻已經存在，雖説不佔多数，也是破戒了。

本省人大部分都是持有台独思想和立场，我来美国后真正和台灣人交成好朋友是二十五年后（于2006年），從台湾来到美国的无论是外省人還是本省人就思想涵养，礼貌礼节都比国内六零後出生的人强多了，我认识本省人不太多，但和我们家关系非常好的，他们人都非常善良，忠厚仁慈并乐意助人为乐。我在这里的中文学校也认识数位在美国留学的本省人，他们从不表达他们的观点，与大家和睦相处，相当有礼貌。也有本省人一身的土豪土鳖的溴氣，雖說有知識但太没文化教养，我们不敢苟同敬而远之。

【二】就政治信仰来讲，我的认识不见得全面，只能是我个人接触到的人和事儿来分析：（1）本省人有加入国民党的也有加入民进党的。所谓台独分子基本上不承认自己是中国人，他们是台灣人。也有承认自己是中国人，但不认同共产党的思想与主张的政治路线。（2）外省人基本上都不认同共产党的政治路线，但与大陆的关系能和平的相处没有二十年前的火药味儿。（3）就两党轮流竞争执政党的宝座来讲，台灣的民主制度是比大陆先进一步，但也是个怪胎，哪有国会开会的政治主张不一致就开打，有如不同幫派势力之间的恶斗，男女齐上阵揪发嘴咬、拳打脚踢简直打得不亦乐乎，这也可算是國家议会的奇观异景。在台灣有的村镇挂五星红旗，你敢相信吗？如果在大陆出现中华民国的国旗，你想应该是什麼后果？！轻者监狱重者枪子儿的伺候。

與国内的朋友不争论，因为你们没有与台湾人接触的环境，争论实在不平等的条件下进行，结论就有偏差。

父亲节的感慨——我的父亲

（6/20/2020）

這張照片攝于 1945 年日本投降後於美國加州舊金山，他是 1938 年留学就讀美國加州斯坦佛大學化學系，1942 年畢業正值太平洋戰争爆發，無法回國直到日本投降後才成行。

我父親出生 1917 年 3 月 18 日於黑龍江省哈尔濱市，祖籍山東省壽光縣。实际上我和父亲基本上从小到大從没有沟通过，自 1953 年我的父母离异后，我與父亲的关系异常紧张，回家后我就是与矿业学院的发小一起打球、踢球、打冰球和台球等，从未有过與父亲交谈，我感觉到父亲一直想与我交谈，彌補他错误婚姻所造成对我们造成的伤害，當時我年幼无知，當自己有了家庭就明白了很多人生道理。

我们姐弟四人我排行老四，老大是姐姐年长我五岁，老二是长兄年長我四歲，老三次兄長我兩歲。只有我从出生到我父母离世我都在身边（只是父亲是在我移民美国后两个月去世），按說我和我父母亲的感情最深，可是这次我父亲的错误婚姻是造成我们父子之间的隔阂主因。

我父親是我走上幹体育這行的引路人，說是引路人不太确切，应该是影响人，他是想让我和他一样學理科-化学，但我兴趣不大，而且我花在体育上的时间偏多，最後，還是被"北京体育学院"录取。

我从小就跟着我父亲后面到处跑，有时候是在体育館裡看他们打篮球，有时看他们在室外打壘球，看我父亲打排球（九人排球）還是在绒线胡同的"开滦矿务局"院里，他们有是還去育英初中部與育英校队赛排球，也看过在北京31中"利华"足球队的比赛，我父亲是"利华"队的二号守门员而一号守门员員是31中的徐琪老师。

今天自己已经是八零后了，身上的浮躁气息也随着年龄的增长退去很多，懂得透过现象看本质，把过去的问题从新捋了一遍，咱就事论事抛去感情用事的成分，今天浮现在我眼前的事情一切都非常清晰了。

自1953年父母离异后直到他病逝的二十八年裡，我被自己的情感干扰與父亲相处得疙疙瘩瘩，今日回想，父亲一生只在婚姻上走错一步，而且是在被迫无奈和为了保命活命出此下策。

　　我們全家老少四代人于1948年冬北平南苑机场爆炸的第二天便經海空兩路避难到台灣的台北市，我爺爺讓我父親留下善后再去台灣與家人團聚。把家里不能带走财物及古董分别請亲戚朋友帮忙收存保管，當時，我父親也是为了自身安全随身佩戴"勃朗宁"手槍。

　　我父亲是一位性情开朗，性格直率，不講假话，很仗义的一个人，心地善良，心软。他的这些优点也是他的软肋，很容易被人欺骗，掉入被她人设计的陷井。我父亲再婚的女人就是解放前被人包养的外室，她是被有权有势的人在求人办事當錢用送給别人的"禮品"。包養人带领全家避难飛去台灣，实际上她也得到包养人給的钱财，她知道我父親是常家的独子，以当年常家在北京的財勢靠上我父親也是今后生活的保证。我父親可怜她孤身一人带三个孩子，當時处在解放前夕，北京的房产已卖了临时就住在这女人家，所以，错过與我姑父见面飛往台灣（我姑父是国民党总统專機組的驾驶员）。

　　今天回头来看，我父亲的善良和仁慈的心害了他同时也害了我們这个家，他当时也以为他自己去不了台灣，我們也回不了大陆就此分离海岸两地。没想到的是我母亲與我舅舅带我三哥和我（大姐和二哥留在台灣的祖父母身边）經香港回到北京找到我父親。此时已是建国前夕，經香港回到台灣的海空交通已断航，就这样我們常家从此两岸隔离三十二年後再见面于美國新泽西州时，偌大的人丁兴旺常家至今再聚首，长辈只剩三位姑姑和我們姐弟四家。

　　我父亲待人肝胆相照，以诚待人，也是仗义之人，这些他的优点却变成了他害了自己的最大弱点，他的被迫无奈婚姻之真相是我到美国之后才知道：来美后為了感激我舅舅在我父母离异后对我母亲的照顾，邀请他来美国探亲，是他亲口跟我們讲述了保密近四十年的这段事情，被拆散了一个家却保住一个人-我父親的命，他也苦了自己的后半辈子（她知道我父親随身佩戴手槍，解放初期他将手槍扔到护城河，我父亲要命的把柄被她攥在手心，自己的命运只能任凭她的摆布），他就是人生里的一位悲情和悲惨命运人物的代表。

这张照片是在移民美国前留在中国與父亲的最后一张照片于北京西城绒线胡同的"四川飯店"院内，因我二姑和三姑婚后就居住在这个院内，这是"金城銀行"的房产，我爷爷是股东。就以这张照片作为结束语吧！

此文本应在父親节那天发表在微信，可我今天寫自己的父亲已经不是责怪的心情而是满心的愧疚，难以下筆，寫寫停停至今日才完成，雖晚两天，總算完成了我六十七年來的一个心愿，我的负罪感减轻多了，希望父亲谅解我。

"育英魂"

"育英魂"的育英二字是指成立于 1864 年的北京育英学校至今已有一百五十六年，它包括小学部（二院）初中部（一院）高中部（四院）老师家屬宿舍（五院）。解放前，它是一所贵族学校，學生都是来自官宦家庭，富庶家庭，高级知识分子家庭。直到由私立的"育英学校"改成公立学校"二十五中"为止，学生的来源基本上没有改变。同时间建立了"育英学校"（男校）也建立了在隔壁的"貝满女中"（女校），同样也是百年的老校，学生的来源與"育英"相同。

"育英魂"的"魂"是指学生的素质，品德，涵养，礼节诸方面的教育與表现，都具有贵族气质和绅士风度，它都是来自良好的家庭教育和学校教育，也有每个学生的家庭之大环境的无影无形的熏陶分不开的。

2013年回國探亲访友时與兒時同學-關宏凱閑逛前門大街。

這是湯志永于今年二月六号上午九点零九分發給我的微信如下："宏凱于昨日凌晨五点因病去世，痛失同窗摯友！"

看完后，眼泪夺眶而出，淚落如雨无法控制自己。所以近五个月我只字难落笔，昨晚看到宏凱夫人-葉禾發的有關宏凱骨灰安葬時間推遲的原因微信後，決定克服心里的悲痛寫好怀念摯友-宏凱的文章。

"育英学校"的初中和小学同班同学－湯志永（左一）高博禹（右一）關宏凱（右二）一起逛前门大街並去吃小吃。

我與父母亲是 1946 年 6 月从美国回到北平的家，当時与家人能对话的只有三位姑姑和我的父母，因我中文不太会，只說英文。所以一年级我上的是东单三条的"圣心小学"都是外国孩子，几乎没有中国孩子。二年级时随父亲的工作到了抚顺，從 1948 年三年级回到北平到"育英學校"小学部上学，到 1952 年初随父亲工作到天津，1953 年我父亲受邀到"北京矿业学院"在基础课部任教，我又回到"育英"但已改名为"北京 25 中，我和高博禹，關宏凱一班，初三时關宏凱到（八）班和湯志永一班。高中他们三人都考入 65 中我考入 24 中，分开三年，到大学又和關宏凱考入"北京体育学院"，他在球类係足球班，我在武术系击剑班，又是五年同学。

我和关宏凱從 1948 年到今年的 2 月 5 号有近七十年的共同学生生活，在同一城市做教师，即使我移民美国后，每次回国都一起聚会，近七十年呀！有多少人可以說是自己有近七十年的同学和朋友。能讓我感动至今，怀念至今，回忆至今的是宏凱的什麼讓我久久不能忘怀，是"育英魂"！

这张照片是2014年在北京通县聚会时的留念,我们七个人都是"北京体育学院"58届同学,我们夫妇俩除外,他们五位都是球类係足球,男女篮和女排。

这张是2018年我们在"东兴楼飯店"聚会留影,除右四的石國今老友是从天津考入北京体育学院,其余我们五人都是育英的初中同学。

这是从小就被熏陶又选择了"育英學校"由小学一年级至高三毕业的十二年的"育英"环境及教育的影响,逐渐影响到自己的言行,並逐渐渗透到骨子里。

凡是1955年"育英"初中毕业和1958年65中高中毕业的同学们,還记得当年的"唐老鸭"和"棍兒"嗎?話還没出口讓你先看到的是满面笑容的脸，很少见到他会板着面孔，就更别说生气了，是中学时，宏凯在大家开玩笑时经常会脸红。"棍兒"是"光棍兒"的简称，大家没事就来一嗓子"光棍兒好苦，裤子破了没人補"，我和志永等人還耍單兒的时候人家"棍兒"都成家立业了。文革期间我去"棍兒"家，第一次见过夫人-叶禾，我记得最清楚就是"棍兒"被夫人投诉并带动态表情：叶禾學着"棍兒"由屋里往外拿婴儿尿布的動作，左手拇指与食指的指尖捏着鼻子，右手大拇指食指指尖捏着尿布的邊，右臂向前伸直的不能再直的情况下将尿布放在院中的洗衣盆里。太有趣了，這真正的是"育英"大少爷的作派，雖說是贵族之体，绅士之风，生活里的丑态趣闻活跃了文革枯燥难闻的政治气息。

宏凯不仅在做人方面讓人觉得和蔼可亲，待人宽厚与包容而且对不公正的是敢于直言，敢于为弱势群体和个人仗义执言。在自己的专业技术上更是精益求精，僅我知道的一例：1960年我们体院成立运动部為了以"北京体育学院"的名义参加全国性的比赛。我院足球队组成时，我们58级有一位入选-侯秀群（名字可能有一字之误，时间都过了六十年，他的绰号：咖孚利，是印尼华侨，司職右边锋），但后来每次参加比赛都向系里借调两位58级足球班的同学，一位是关宏凯（右邊锋），另一位是孔繁令（左边锋），二人身高都在一米六八但技术纯熟，司職的位置战术理念清楚，场上瞬息变化头脑冷静清晰。他的毕业论文是在全院大会上宣读的，内容是"有关右边锋的技战术问题"，當時的論文題目我也记不清楚了，有一点很清楚，就是宏凯的論文对当时我国足球的提高有一定的促进作用。

我们基本上可以說是"育英魂"的最后一代人了，自建国以来就开始清扫精神上的贵族到行为上的绅士至今已无贵族可言；今日是无知与土豪思潮充实精神领域，土匪流氓代替了行为上的绅士。

"育英"的校友在悼念我们敬爱的校友-關宏凯的同时，是否也随之考虑一下：如何将我们的老同学、挚友、校友-關宏凯的优良品质和做人做事的诚实踏实的作风告知自己的亲朋好友，讓"育英魂"的火种能保留在我们育英子弟的后代，在当前"國家興亡，匹夫没辙"的形势下,使"育英魂"的火种不灭,我们期待我们的子孙能有一天可将"育英魂"的影響充實到社會每一角落和每一阶层。

"育英魂"永远是我们育英校友做人做事教育后代的精神指南!

但愿宏凯在天之灵與我们同在!

最大的悲哀莫过于心死

午时,忽然乌云滚滚由西而来,雷鸣自远而近,此时的心境有如本文的题目一样,無奈、無語、壓抑,窗外顿时急雨狂泻于地面。

近期一些朋友和同学都對我的微信"转发量超下降"不解並産生疑问?說句实话,微信的内容已經

无聊透顶,不是假消息就是被雇佣的五毛七毛分子寫的俗不可耐看着浪费时间的文章,要不然就是东北的低俗段子,要不然就是一些坚强的布尔什维克分子在捍卫自己崇拜偶像给他人洗脑而大放厥词。至今我都搞不清楚,中國的执政党多年的内战终于的胜利,推翻了國民黨的一黨独裁的反动统治,从而建立了新的一黨独裁统治,五千年的封建主义的皇帝一人独尊的统治思想至今就没变过思路,用西装换了蟒龍袍,治国思想是换汤不换药。

从建国以来的七十年,前三十年光搞政治运动,所谓的政治运动其内容主要是:【1】整知识分子,因知识分子是党的天敌,就因为他们有知识有文化,对党的领导所制定的方针政策,一眼就能看出弊病,不把知识分子制服了,领导的政策难以顺利执行。【2】领导要肃清自己的政敌,几经周折终于在1966年揭开了十年浩劫的大幕,最

終將自己挑选的三位接班人都被伟人自己打倒了。

前三十年在经济建设方面因过多的政治运动阻碍了经济的发展，可在军事科技发面還是取得很大的成就，造出自己的原子弹，氢弹，也成為具有核武威慑力的大国。

改革开放的四十年至今，我個人認為鄧小平主席給中國的经济建设和改變中國落后面貌做出了一定的贡献，但更讓我值得敬重的國家領導人是胡耀邦先生和趙紫陽先生。

他們留給國人的功绩卓著，首先，讓我尊重的是他們纠正和平反了众多的冤假错案，給人民和國家一個祥和與宽松的政治环境，激起了久经三十年政治运动残酷迫害的知识分子及善良人民為祖國经济发展努力奋斗的豪情。這四十年在经济发展中是取得一定的成绩，宇宙间的科技、海陆空軍武方面、鋼鐵产量尤其是城市的樓房及超高层建筑在改變城市走进现代的直觀。我個人觀？從今日的認知水平來看，有的城市總體规化尚可，有的城市總體规化实实在在欠妥，把城市的历史上的价值完完全全没有考虑进去，

現在的工程师、城市规划设计师的水平实在不敢恭维，有点儿知识但没文化修养，搞出来的城市也没什麼品味，因设计师本人的知识文化水平有限，其实这个问题在新中国建立初期我国著名建筑专家教授-梁思成先生和夫人林微因女士都曾经向主席建议，另辟北京新辦公區，主席拒绝專家的意見，獨斷專行，專家的下場可想而知，降職降薪以及在运动中定為"右派"。

改革开放以来成绩是主要的，但有几个重大的弊病：【1】鄧小平先生"讓一部分人先富起來的"的政策提出本身的初心是没有错误，但路走偏了，這個提法聽起來是新颖大胆有创新的精神，大门的方向开错了；它开的方向不是人民大众而是统治阶级自己的子弟（高干子弟）。【2】路走偏了就出问题了，官商勾结挣大钱，两极（穷富）差距分化越来越大，贪污腐化逐趋嚴重造成人民大众不满而发生了1989年6月4号的流血事件，给改革开放添上一大败笔。【3】政府官员腐化堕落，贪婪成性，贪财无度。【4】全国全党全民族全社會說假话，制造假信息，撰写假历史来欺骗和蒙蔽人民群众，從不考虑党

的领导思想、制定的方针政策是否正确？自 1949 年开始，直到九十年代近五十年的历史、党史、凡是有关抗日战争的历史都是党领导的中国抗日战争，今日回想当时我们这批学生真是太天真、太单纯。

總算活明白了

照片是 1980 年春节後照的全家福。

這張照片是今年一月份過中國春節時，兩個女兒及女婿和外孙、

外孙女都回家和我们一起吃年夜飯，對我们老人来說這就是幸福，這就是我们劳苦一生，上天给予我們夫婦二人最好、最崇高、最溫馨、最贴切、最实在的礼物。

自2000年开始（本命年六十歲），上班时间的空闲比过去多了，可以静下来很好的来總結自己的人生路的经历，我一直活在困惑之中，究竟誰可以是我们人生路上的公正裁判員？直到今年成了八零后才开了窍兒，我明白了，用咱中國话来說就是"老天爺"！另外，最重要的是明白自己人生裡最重要的是"家庭"，即"親情"。同时，包括所有大爱之情-"同情""友情""爱情""恋情"。

我这辈子最大最寶貴的財富來自兩方面：【1】古人曰：在家靠父母，我们能有今天的世外桃源生活，来源于我的父母和我的岳父岳母雙方家庭的良好教育，雙方家長的优良基因的遗传。【2】古人曰：出門靠朋友，出学校門踏入社会真是满頭露水。

一張照片見證了"乒乓王國"的興起

與我的好友-葉瑞玲教练于星期五（7/10/2020）练习完后接受她赠给我的一份珍貴的禮物-原國務院總理-周恩來先生和國務院副總理兼國家體育委員會主任-賀龍元帥接見"中國乒乓球隊"在1961年第二十六屆世界乒乓球锦标赛荣获男子团体冠军、男女单打冠军之后的照片。

我非常喜欢和感谢她送给我這張照片,因为我们体育学院也参加了二十六届世界乒乓球锦标赛的大会工作,如入场式各国运动队最前舉国名牌子的引导员,發獎時,送交奖牌和鲜花的工作人员和参加大会裁判及组织的工作人员。

那時我已從击剑專業轉到冰上(冰球)專業,决赛我们都跑到有电视的同学和朋友家看电视,为中国隊加油助兴。

其实,在1959年的第二十五届世乒赛中國隊的容国团取得男子单打冠军而二十六届上是首次取得男子团体和女子单打的冠军,到1965年的第二十八届世乒赛中國乒乓球隊已經取得男女团体和五项男女单双混的七项冠军之全胜战绩的全盛时期。從1966年十年文革期间的浩劫,体育也遭到破坏和停顿,乒乓球队是在文革期间为國家做了一件事立了大功:开创了"乒乓球外交",打开了中美关系的大门。

乒乓球在中国可以說是甚为普及的体育项目,参加锻炼的人数非常多,從小孩到老年人。

在世界上乒乓球开展比过去普遍多了,而且都稱乒乓球為"国球",发展至今已有相当的群众基础,而且中国的球员已被称谓乒乓球运动的"艺术家",以男队的许昕為代表人物。

照片裡的故事

中國乒乓球隊能有今天的傲人成绩，我们不能不追溯到六十年前時的乒乓球隊和他们的教练、技术科研组和体委的领导（荣高棠副主任）们的共同努力，打下良好的训练和管理基础。那時候，已經是日本男女隊走上世界乒坛霸主的地位，中國隊為了應對世界歐洲和日本的強隊，日本男隊有荻村伊智朗，興野彌雄，三木圭一，木村兴治；女队有松崎君代，伊藤和關正子。欧洲只有匈牙利稍强，男队有西多和别尔切克，西德队男队有"削球机器"之称的绍勒尔，南斯拉夫男隊有舒尔贝克；匈牙利女队有高基安，罗马尼亚女队有罗琦娅努。這時的国家队为了應對以日本隊的弧圈型上旋球，特意派教练到香港观看日本隊的比赛，回来后经过研究分析制定出"以快治轉，打在前头"的战略思想。所以，當時的国家队的教练和领导作出了果断的决定：

【1】"百花齐放的无名英雄"乒乓球隊：当年是专业队，当今是職業隊；当年是领工资，当今是赚大钱；当年是聽黨的，当今是聽老闆的。日本隊有左右手拉弧圈球队员，中國乒乓球就有余长春、廖文廷，何祖斌，李赫男等运动员，還有像欧洲的削球手如苏国熙、鄭仲賢、王志良、林慧卿、鄭敏芝等高手。他（她）們都是模仿他國运动员的打法陪主力队员练球而牺牲自己的风格；另一方面的无名英雄如胡道本、周兰荪、馬金豹等人，从二十六届到二十八届在男子单打比赛中，几乎所有外国选手没有人能从他们几位手里进入前八名，但他们只是為其他中國运动员进入前三名扫清障碍。

【2】當時國家隊的技术科研组也是功不可没，技术组的顧尔承先生是学物理专业（据說是北大物理系的毕业生），在球队里專攻球的旋转问题，解决了如何处理弧圈上旋球的技术，同时，在发球技术方面创新正、反手的"馬蹄形"发出来下、侧、上旋球，隊方如果判断不出你的球拍在"馬蹄形"哪个时段觸球就能让对方在接发球时失误而直接得分。顧尔承先生被称为"旋转专家"，为中国队取得胜利立下汗马功劳。

【3】"我是代表集体来领奖的"：自从中国队成为世界瞩目的球队以来，这句话就成了每个队员的座右铭，时时刻刻都從集体利益

出发，文革后至今已经有了本质的變化，今天只講利益，不講情誼；因為今日的中國已经全面的在资本主义大道上狂奔亂跑了。

照片中的运动员都是推动我国乒乓球事业走向世界顶峰的原始动力，也是我国乒乓球运动走向世界高峰的奠基石，更是我国乒乓球事业发展的历史见证人和功臣，他们的名字将永留在中国乒乓球运动发展的史册上。

"初心"與"局中人"觀後随筆

"初心"是一篇微信轉發的短文，颇為幽默風趣的小故事，内容令人深思反省。"局中人"是剛剛熱播完的連續劇，描述共产党人沈放卧底于南京汪伪政府和国民党政府军统内部为推翻蒋介石独裁统治的历史谍战片。这是两部不搭嘎的文艺作品，要是在文革时代里，这两部作品的作者都会扣上"右派"或"反动文人"的帽子，而今日也属敏感话题或对某些脑残人来说也是"過敏"的语言和文字。

【1】"初心"可否理解为"理想"？我是1946年夏從美國旧金山乘轮船与我的父母亲回到祖国的家中-北平（北京），到1949 10月1日新中国成立，我在旧社会只生活了三年的时间（六歲到九歲），每天车接车送上下學，回家後就在家里玩儿，从未出过大门，那真是大门不出二门不迈的童年。所以，我对万恶的旧社会一无所知，"朱门酒肉臭，路有冻死骨"的生活画面我也没见过，直到新中国成立後，我上小学四年级，自己走路和骑自行车上学才接触同学和社会。

自解放到文革的十七年，开始禁毒禁赌，扫黑关闭妓院将妓女改造成自食其力的新人，以及后来的"三、五反""镇壓反革命""抗美援朝""高饒事件""胡风反革命集团""反右""大跃进""反右倾""困難時期"，從抗日戰争、解放戰争後的一穷二白的落后中國起步建设逐步形成强盛的中国。

文革的十年浩劫打碎了在我心中建立起来對党的热爱之情思，但我毕竟在党领导下被教育、洗脑三十二年后才移民美国。初到美国與台灣来的同胞常因国共两党两国的领袖誰强引发争论，乃至动手，爱国情绪倍顯高涨，随着时间的流逝，新科技网络迅速发展，改革开放后国家的经济建设迅速发展,很多历史问题逐渐浮出水面。我毕竟念了和看了三十二年党寫的教科书、历史教材及文艺作品,通过在美国近二十年看到在国内从没看到过的资料,才知道用撰写的假历史欺骗中国人民群众近八九十年。下面就是超短篇小說"初心"的内容:

> 邻居老王养的信鸽长途跋涉累死了,老王悲伤不已,他不想土葬,说想给它火葬,把骨灰撒回大海,让它回到母亲的怀抱。
> 谁知道那玩意儿越烤越香,后来他就买了两瓶啤酒……
> 很多事情,走着走着,就忘了初心。

【2】對我們這些長期生活在國外的退休人員來說,中文电视机顶盒是我们最佳的精神食粮。我最爱看的是"警匪""谍特""缉毒"次之爲"战争"片,八九十年代的连续剧一边倒的共产党领导中国抗日,只有手撕鬼子的片子不看外,其实我们也就是看个热闹,明知道都是假历史欺骗脑残的智障的傻冒儿们,实际上国民党的軍統和中統在抗日期间與共产党合作的剧目也不少,共产党最恨軍統及戴笠,說恨也就是也有惧怕的心态在其中。初中的同班好友,就因出身问题,使他成为我国宝石鉴定专家(首席专家),他的父亲在台灣允许軍人回大陸探親時回北京看望他们。他老人家是国民党军统"北平站站长",也是在 1948 年底撤退到台湾,即使开放后與台灣来往自由,但他老人家绝不在大陆居留,老人家深知共产党對國民黨軍統有难以释怀的深仇大恨。

年纪大了,泪点低了。在看连续剧时,如果是抗日剧,無論国共两党哪方人员牺牲我都会流泪;國共两党内斗时,共党人员牺牲我会流泪,因为它是弱势一方。我没有很高的政治觉悟,因为我的政治面目只是少先队员;这也决定我也没有什麼阶级斗争性,我只有人性!因我只爲他们的牺牲觉得不值,他们是为了崇高的信仰和理想,想过去看今朝-"理想和现实是有差距的"!

【3】"初心"给予我的提示:我不是学历史专业的,也不是学文科的,對共产党的历史也都是從教科书里看到的,以共产党官方的

教材裡所述，自 1935 年遵義会议确定以毛泽东为主席后，共产党沿着正确的路线前进！

古代历次的农民起义都是以胜利开始而以失败告终，农民起义就是穷人抢劫富人，饿肚子的抢吃饱肚子的，有了权力就有了一切，中國數千年的历史所记载的历朝历代均为封建主义的皇帝独裁统治延迟至今。国民党的失败在于政治上的错误政策加上蒋家的独裁统治和政府官员的贪污腐化，军队的军阀割据无利于战争的顺利进行造成必败的后果。時至今日再看看我们的社会，其实大家都明白，当今的党政官员的贪婪是不可低估的，一位九品芝麻官所贪污受贿的钱数就可以與國民黨的四大家族之一的任何一位相比都不见得輸！祖国的党政官员如此无度贪污无论是人数和钱数，在全世界的 208 个国家里也是数一数二的吧？如果七十年前的国民党像今天的共产党的话，可以说，我们就不必多此一举，撰写假历史蒙蔽人民，1945 年 9 月主持和接受日本投降仪式就应该是共产党了。人生路上是没有"如果"而只有"结果"。到了今天我国的实情摆在大家的面前，不容乐观，但政权依然巩固，是毛主席的两句话："枪杆子里面出政权"和"党指挥枪"。最后，我想引用一段著名学者的话來作结束语：

有一位著名学者说过这样的话：一个社会有三大底线行业，1、教育，2、医疗，3、法律。无论社会多么不堪，只要教育优秀公平，底层就会有上升希望；只要医疗不黑暗堕落，生命就会得到起码的尊重；只要法律秉持正义，社会不良现象就能被压缩到最小……如果三大底线全部洞穿，这个社会就是地狱！综上所述，一个国家，一个社会，什么人都可以坏，但有三种人千万不能坏——他们是：1、教师 2、医生 3、法官。其他人怎么坏，都可以治他，包括总统，弄不好会被弹劾..教师坏了——误人子弟，医生坏了——草营人命，法官坏了——失去公平公正。这三种人坏了，社会基本就乱了。

在当前的世界局势动荡时刻，祖国应该如何改变国内的现狀，壯大自己應對世界大格局的变化？

反恐特戰隊之獵影

這部連續劇是 2017 年完成的作品，內容简介如下：反恐隊員們爲了保衛整個國際及周邊環境的安定，他們這次面對的升华武器級別的陰謀，體現了特戰英雄的忠诚、奉獻和作戰意志。

這個連續劇有五位编剧：琳璐、李正虎、尤小刚、趙泉、霍方元。我想五位编剧、導演對這個連續劇不可能是胡編亂造，應有故事的来源，起碼也是捕風捉影，怎麼這般的巧合，2017 年拍攝的連續劇的劇情竟是 2020 年席卷几乎全球所有国家的疫情-"新科肺炎"。

如果编剧們沒有采访过生化武器有關的制作工艺方面的問題怎能寫出如此精彩剧情，也就是说我國有病毒研究機構及实验室？也就是今年疫情初期中美双方關于疫情源头相互甩锅是事出有因而且是有据可查？如果中美双方互派专家到对方查找疫情源头，是否能夠解决問題？但連續劇的内容是外國人制造病毒然後到中國做实验，請中國的生化專家做研究消灭病毒的特效药，這樣外國的药厂即生产病毒再生产特效药，大赚特赚世界各国的黑心钱。

我怎麼也想不通几位编剧能有未卜先知的特異功能？最靠谱的就是我國有生化试验室，也在进行生化武器的研究，其实世界不止中美苏三国在研究吧。

我怀疑是否中央给人民出的一道问答题？调查民意？早不演晚不演，單等疫情严重时推出播演，难道是又一个巧合？我彻底的晕菜了。

发达国家的"不发达"

一停电我们家就等于没有正常生活了。停电后:【1】无法做饭,炉灶是電的,微波炉加热是電的,熱水壶是電的,洗澡热水锅炉是電的,又不能不吃不喝,只能叫"外卖"了,辛好我家附近一哩之内有中日意美餐馆任你选哪國的饭食来充饥。【2】停电就没有Wi-Fi,电视没法看,电脑没法用,手机的游戏不敢玩儿,没电了有急事都打不了电话。

闷得在屋里轉腰子,下午一点多我到厨房沏杯茶,從饭厅窗户一看,离我家最近的那棵大树的枝干有大海碗那么粗被风吹折断,多虧向北方向折断,否则树干倒向是向南就会砸到我家的屋顶。马路对过兒的树也被刮倒横在马路的一侧,马路成了单行路。

外面的雨接近停了,我出去把要寄的信放在邮箱里,风力也弱了,感觉太舒服了,气温也就像22-23度,雨停了晚饭后一定出去走步。

现在是下午三点整,雨停了,太阳也露出笑脸,但風力轉强,估计有五六级的风力,是否走步尚在犹豫之中,晚饭后再說吧。

现在是坐在沙发上,盼星星盼月亮的希望赶快来电,一是不想买外卖,二是电视看到精彩之处就停了電,被吊的胃口很难受。

【續集】刚才晚9:45终于来电了,從昨天上午(8月4日)

9：30到刚才过了三十六个小时没电的生活，這真是生活在第一世界的国家里，過著人不如"豬"的生活，未来的战争真是不必用武器殺人人自死，沒电不死也得疯了。

看完"外院大院 | 其尘封日子里的一段记忆"一文後的回想

我是在1971年"林彪事件"发生后的第十二天，顶着"516"现行反革命的帽子，于9月25日被我岳父岳母全家接受而"闪婚"在"天津纺织工学院"（现今的天津工业大学）。又在我的大女儿出生五个月将工作调进天津，我这个人一生多磨难，但每逢人生低谷必有贵人相助。

【1】冰球是我在天津交朋友和选择工作单位的敲门砖：

我刚调回天津正值新年和春节期间，也赶上冬季到来开展冰上运动大好时机，當時，河北区業體校游泳教练-穆祥俊先生热情组织与推动，加上原天津冰球队的老队员-李葆華老师，方友文老师，周身健老师和葛立斌老师，天津体院的孙家才老师，刘天庚老师及年轻的冰球运动爱好者的参与搞了一次请我國东北三支我國前三名的专业队-哈尔滨，齐齐哈尔，吉林三市冰球队来津表演。天津的业余冰球爱好者有幸和吉林队进行友谊赛。

我曾在冰球专业学习三年，在调动上被多所高校拒绝，原因很简单,政治原因:出身和"5.16现行反革命分子",就这样有幸到天津市教师进修学院工作。

【2】在进修学院结识了新的朋友,在提高社会经验有新的认识:在体育教学外,我负责男女排球的业余训练,男女排球队员在上山下乡之前就在学校打排球,基本技术有基础,當时,是文革期间,没想到举行高校排球联赛,當时男排的刘梦泉也给我很大的帮助:"进修学院"男队仅输一场给"天津体育学院"男排获得亚军;"进修学院"女队全胜荣获冠军。男篮没有高校比赛,我们只自己约球打友谊比赛,在学生毕业前,我们跟河西区的前六名篮球队比赛,已經赢了第四至第六名,与前三名没时间比赛只得作罢。

足球我们进修很强,雖然没有正式组队,到天津体院与院隊踢了一场友谊赛大获全胜。

劉夢泉(左一)也是男排的队员,也负责女排的练习

我非常感谢这拨学生,多虧他(她)們的努力拼搏在体育课外活动取得良好的成绩,被领导分给我一间十四平米有上下水道的住房。我们一家人终于有了自己的窝了。结识了我的左邻右舍:"左邻"是校医室的李娟大夫和傅学庭夫婦,李大夫的儿子-傅宁和我的二女儿-常冬是发小,我的二女儿太像我童年,调皮的点子多,带着傅宁淘

气。常冬的儿子和女儿遗传了父母的基因，哥哥随我女婿，规规矩矩不淘气，妹妹随妈妈，时不时的就把哥哥给琢磨哭了而被罚站，好玩儿死了。"右舍"是后勤部的司机-吕师傅和谭姐夫妇，有两个女儿一个儿子，我的大女儿-常冰基本上跟我在进修学院，一到午餐时间我的女儿就被女生带走到学生吃饭，有时被后勤组的年轻女生带走到餐厅吃饭。所以她在上幼儿园前，基本上是吃八家的小姑娘，吕师傅家更是晚餐的首选，可二女儿是任何人讓她吃饭她都不去，从不去任何人家吃饭。

【3】我初次接触天津老高二高三的知青，我與北京的知青比较了一下，我发现天津的知青科比北京的知青懂事，做事比北京的踏实，而且讲义气。尤其学生来自不同的中学而其表现真是天壤之别，從十六中（原耀华中学）、男一中、南开中学等学校來的学生知书达理，說话聲调语调各方面都非常适度，很少有大声喧哗，說话文明，從不带脏字，留校的同学大部分很好。也有个别的党员干部說话胡天兒，满嘴跑火车，骂骂咧咧，整个儿就是一个雜不地。

上面这张照片是2003年10月回國探亲访友时与与进修的同学教职员工的聚会，本来與葉大夫和李大夫商榷就八九个人，没想到大家也有近三十年没聚会，一下从一桌增加到五桌（50余人）。

這首届学员都是老高二高三的学生，基本上完成中学的学业，水平还是比较高的，而且党员人数也不少，学员中一名是党委副书记，两名是党委委员，這届学员里有很多的党员学生讓我敬佩，平易近人，教书育人的是教授，也有在领导岗位，與平民大众没有人任何差异，我管这些人称为"党内的绅士"。

这张照片是2018年聚会留影，与上次的聚会相隔十五年，我右手的女士就是我的"左邻"-李娟醫生。

首届学员比现今的大学生在做人方面根本不在同一档次，学员中当领导的基本上都是尽职尽责兒无可挑剔。最让人欣慰的是他们能允许不同声音的存在（只要不是反党的言论），在听取群众意见或建议这方面，他（她）們首先能做到"聽"，至于"取"则在听之后，在一党执政的国家裡是难得可贵。

"进修学院"的领导给我印象深刻的有吕国忠书记，有几位是躺在了老革命本儿上泡病号，有个人需求便厚脸皮跳出来走动一下，教务处长-李宗芳先生給我的印象是和蔼可亲的长者，走中庸之道。在文革"批林批孔"時，在会议中對溜须拍马的和吹喇叭抬轿子的與尖牙利齿的和尖酸刻薄的对垒，永远是和颜悦色的抹平，保护说真话实话的老师，不给小人得势的机会。各大队（即各系）的领导我只对数学大队的黨总支部书记-张懿女士印象深刻，因我们的办公室是对门，常有走动，另外，我发小的表姐-丁紫彬是数学大队的老师，我與紫彬姐常有机会聊天，所以與其他数学老师也就熟悉了。

我與中文系的学生-張盛力，他原是進修学院后勤部的食堂管理人員，我们教工籃球參加天津南开区职工联賽時的伙食問題就要走盛力的后門来解決。

郭進軍在进修学院中文大队毕业后留校任教，在体育教研组爲同事，我们一起活跃在籃排球賽场上度过浩劫的最后三年。

他們二位是這次聚餐的操办人而且進军是出资人，首先谢谢二位老学员、老同事和老朋友。我们相识于浩劫后期，你们带给我的是讓我又重新见到了"绅士"，更为讓我感动的是认识了你（妳）这么一批党内外的"绅士"们和"淑女"们，你（妳）們是最后一批的中國之希望，你们是根兒正、人品正、心术正、学术正。不贪婪、不狂妄、不拍马、不造假、不献媚、可惜呀！太晚了，实在是太晚了。中國的希望就在无声无息的时光滑过去了，多說无益，向我们黃"坏人"（怀仁）老弟看齐，走遍国内外知名山川河湖，把对祖国的深爱和对人民的疾苦放在心里。很

感谢你们对我这思想跑偏的"老师"容让，虽然政治上我患有轻度"青光眼"，但我确信地球将是民主法制国家人民生活的乐园，曙光将呈现于本世纪，希望我们的孙子辈能替我们看到。

活过明年就是胜利，相聚于2022年！

现代版的"韩复渠"

我移民海外已近四十年，每时每刻都在关注我国体育事业的发展，有惊有喜有功有过。但从目前来看，让我想起一九五七年夏"反右"运动中被定为右派言论的一句话："外行不能领导内行"这句话，至今经过六十三年的实践证明，我认为是非常正确的一句话。

我之所以写这篇文章，毕竟我在国旗和党旗下受教育十四年，在中学和大学从事体育教学各九年，尤其在"北京体育学院"（现为北京体育大学）五年的系统体育专业理论学习和运动专项的训练，我认为自己所学到的知识在十八年的教学工作中，对得起人民给我的酬劳。另外一点是我的爱祖国之心促使我写这篇文章，我这个人就是因为在政治方面过于简单，所以从高二到文革戴了两顶"盛锡福"的帽子-"不戴帽子的右派"和"5-16现行反革命"。其原因就是在政治和生活两条线总搭错线：在政治面前总说实话真话，惹得领导不到兴。在生活中说假话（只对老婆），她时不荏儿的威胁我：你别臭美，留神给你戴顶"绿帽子"。明年就是我们两个"金婚"之喜，她现在已经没机会喽！（笑谈）

最近与朋友和同学聊天，得知两件与我们的生活工作有关系：（1）最近得知我的母校-北体大的校长和党委书记被撤换，为什么？不清楚，去年在校友的微信发现以副校长的身份在大会上讲话。代替北体大原校长和书记的人是从北京外语大学调过来的外行，操作运行的人就是这位现代版的"韩复渠。（2）事业领导人如果是外行就等于是毁之大坝的蝼蚁之穴，别忘了历史的教训，一个人的脑瓜子热就是数千人的死亡的代价。如果领导人就是一位具有军阀作风的干部，我国的体育事业的结果和前途又何在？他上任以来，做了一件过去国家体育总局的领导没有做过的事情，他抓各个专项运动队的队员身体素质测验达标，其实是件好事，但它是外行呀，身体素质有一般身体素质和专项身体素质。这位现代的"韓复渠"领导要求素质测验不达标，就不能报名参加奥运会和全运会比赛，"游泳运动员总在水里，两脚从不占陆地，根本不接地气""運動員也要练力量，練一身肌肉，就没得奖牌，站在那儿也显得中国人健壮嘛！"，这话初聽很像足球解說-韓喬生先生的语录，实际韩先生是足球讲解的内行，他的语录是口误。目前教练员意见很大，谁也不敢给提意见，否则，你的饭碗就会被砸！又例：一位领导對他說：浙江游泳队起码可拿到两块奥运金牌。这位韩式领导便回应道："可不可以让其它各省的运动队联合再拿两块金牌？"，这位下属领导回答說：這办不到。其结局：就是"你被撤职了"！可想而知这位现代的"韓复渠"的後台有多硬。

前几周发了一个视频，是教育部部长-陳宝生（就是本文唯一的视频的主人公），那牛吹的震（真）奈（愛）人儿呀（天津话）！我想这位应该是中央D校假话艺术系忽悠专业的博士毕业生，培养德智、體全面发展的人，如此重任就让这二位担当，那我國的出路在哪儿？我们的人民健康水平能保证不回到"病夫"之列？

民族道德水准恢复到建国初期的水平？那就阿弥陀佛了！

女儿的生日礼物

今天是八月十九日，我们家的"老佛爷"生日，早晨吃顿面条，下午五点吃的饺子。北方人生日的老令的规矩。

上午我开车带朋友看医生，回家已是下午一点了，"老佛爺"說：小女兒打电话"祝妈妈节日快乐！"

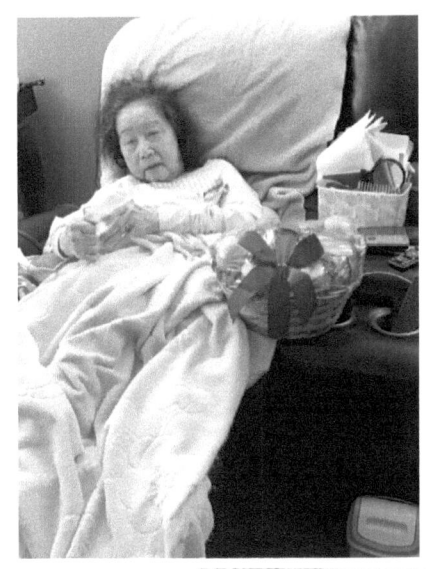

"老佛爷"近来精神、食欲都挺好,比过去大有进步,过去白天睡觉时间过长,现在是白天基本看电视,偶尔打个盹儿,晚上睡的還算正常。

二十一年前的北海"仿膳"聚会,吃當年御膳堂的佳肴,我想老佛爷不会吃,几位御厨也該拉出去斩首,可现代版的"老佛爷"吃的還是津津有味儿。

最後,祝六一届老同学多保重!熬过后年聽到2022年元旦的钟声就是胜利!

說一下美國市场现状

我们全家移民美國至今已有三十九年另四个月,回國探亲访友十五次以上,但從不谈我们在美国的生活,因生活质量及内容不在同一水平线上,回國探亲访友就谈学生时代的趣闻,没必要宣传资本主义社会生活的优越性。

我前几天去美国超市买东西,顺便把猪肉和鸡肉的价格照了下来,供大家参考,基本上价格没什麼变动。被切成小块的猪前膀肉只有$1.49/磅。

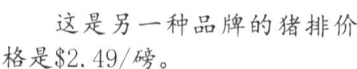

猪排肉只有$1.79/磅。

这是另一种品牌的猪排价格是$2.49/磅。

帶骨头的猪前肘子价格是$0.99/磅。

這是好品牌的鸡胸肉$2.99/磅，一般是$1.99/磅。

这是鸡腿肉的价格$0.99/磅本身就是鸡肉最便宜。

在美国超市的牛肉比其它肉类价格高，好的牛排价格都在$10-12/磅。在中国超市的牛腱子和牛腩都在$5.99-6.99/磅，炒菜用的牛肉在$8.99左右一磅。

其它日常生活用品价格基本稳定没有什麼变动，只是青菜价格上涨一些，幅度不太大，在鸡肉和猪肉的价格之间。

总之，在美国富人区和穷人區的商店之间的价格有所不同的差别，但差距不太大。

中美关系会正常的发展，按常理出牌，不会有战争，打战對任何一方都没有好处，雙方都为自己的國家人民的利益多着想，和平環境即在，如果为霸权主义而争而战，将被世界各国人民所唾弃和指责。

我家两次参加总统竞选活动

我们来美的三十九年里有两次机会参加总统的竞选活动，當时，我太太-檀棣華由于工伤在家休息享受工伤赔偿的待遇，有时间参加一些社会活动。每天在家裡除電视也没有其它项目供精神上的減压與消遣，所以，与朋友外出参加一些社会活动也是增加知识开阔眼界，了解一下美国的总统竞选活动是如何进行的？

第一次是在2008年于纽约市"銀宫大酒家"，美國"民主党"的希拉里女士的竞选活动，此次活动是由纽约市和新泽西州的美籍华人主办的"支持民主党-希拉里•克林顿女士竞选总统活动"，参加晚餐

宴会的先生和女士都是竞选活动的捐款者，我们的捐款由华商替我们出资。每位参加活动的人都可以和希拉里女士合影留念（2008年）。

第二次的竞选活动是在2012年于新泽西州的东布朗斯维克市的"太阳宫大酒店"，离我们家很近，因我已于2011年底退休并搬到现在居住的地点。参加晚宴的华人很多，说实话都是看哪个政党竞选宣言符合下面大部分老百姓的需求与愿望。

其实，参加这两次竞选活动除了为我太太解闷儿外，也是体会一下一党执政和多党竞争轮流执政有何不同？老百姓对总统选举活动的态度有何不同？实际上任何执政党都说假话，只不过一党执政的国家就是"一言堂"，不许老百姓有不同意见。民主法治国家与此不同，总统可以骗人，但老百姓有揭发总统的骗人之假话的权力和自由。

一张照片的感触

（北京体育学院武术系的不平凡五八级）

1958年是中国當时所谓的"大躍進"的年代，也是北京体院建院五年以来，首次本科和预科同时都招生，并且是考生自愿报名和优先录取，還有各省市保送和保考体育成绩优秀的学生，因此在文革前的本科毕业生里，58级和61级的成绩平均水平实属较高水平。

至今我已从北京体院毕业五十七年，我手中没有具体的这两届毕业生的人数、学习成绩、专项运动成绩等数据，只能凭我记忆和我曾经看过的资料及与同学和交友的交往中谈话所得到的材料来完成这篇文章。

1958年是北京体院建院以来首次按专业分系：田径系、球类系、体操系、水冰系、武术系和体育理论系。因为我在北京体院招生介绍重竞技运动项目时，有击剑运动讓我特别向往，所以开始分專業选择时我毫不犹豫的去了武术系击剑專業，武术系除击剑專業外，還有拳击、举重、国际角力和武术共五个专项运动项目。每人除选一项为主项，需再选一项为副项：我主项是击剑、副项是拳击。国际角力、举重、武术在系规定时间内完成武术系其它三个专项的学习和考核。

這张照片得之不易，是我被同学宰一刀的留念：左起四位是58级武术专业的陈家珍、门惠丰、李孟华、吴彬四位，看得出来李孟华过生日，碰巧遇到一起又是生日，李孟华请大家吃饭就说："老常，你就去买个生日蛋糕就可以了"，饭后才知道，我讓原来同是击剑專業的学友宰一刀。嗨，没辙，男人讓女人宰一刀没痛的感觉，就是"贱货"。

武术系的58级的我们，尤其是拳击和击剑两个专业，59年拳击项目被取消，60年击剑專業被取消，这两项58级没有毕业生，這两个项目的老师都是全国锦标赛的冠军或亚军。58级击剑專業的学生裡我是唯一的幸运儿，在中国不会有我的机会，在美国我在70岁以上年龄组里，于2017年开始参加比赛，17年获美国锦标赛的第六名，18年"北美杯"全美比赛第八名，19年腰伤复发卧床三个月，没能参加任何比赛。但58级國際角力专业全班同学除一人因伤不能坚持训练和比赛外，其他所有同学都在全国比赛中获得冠军或亚军，成为北体建院以来第一个"运动健将"班。

这三位男生在中国武术界乃至国际武术界，都是翘楚，都是知名人士，也可称为武术界的58级之三杰：

【1】陈家珍：原北京医学院体育教研室主任、教授。中國武术十大名教师，中国武术八段，国家级武术裁判，国际级武术裁判，经常参加社会武术活动，推动和提高太极拳的群体活动（家珍在聚会上从未谈起自己的社会头衔，所以，对他的介绍过于简单）。

【2】门惠丰：原北京体育大学武术系主任，教授。中国武术协会副主席、中国武术十大名教授、中國武术九段、东岳太极拳的创始人、北京国际商务学院體育系技术顾问兼名誉系主任、國際级 武术裁判、曾任中国武术學會委员、中国武协委员等職。

【3】吴彬：北京武术协会常务副主席、北京人文大学武术院院长、原國際武术联合会技术委员会主任、亚洲武术联合会技术委员会主任、中国武术协会副主席、北京武术院院长、北京武术队首任总教练、中國武术九段、现任中國武术协会副主席、国家级武术教练。

【註】58级国际角力"运动健将"班名单：周法昶、惠润生、张恒才、杜仲勋、林昭。代培生：王纯白（吉林省）、乌鲁西（内蒙古）。教练员：王德英老师。

实际上58级各系个专业的平均水平在建院以来到文革这十三年的学生平均水平为最高，这也包括58级的预科，也就是后来的61级的部分本科生。

建院以来，田径男子100米纪录没有突破11秒的纪录，但58级就有三名学生成绩在10.8秒和10.9秒，他们是陈一平、郭汉卿和刘安華。58级各個运动项目都有成绩优秀的运动员，毕业后，在教师和教练员不同的岗位上都为国家的体育事业做出了贡献。

崔麟（右一）、白二宇（右五）、于芳宴（左二）

61级本科生有相当一部分是從58级预科升入本科，我太太是61级唯一从普通高中保考进入北体的女生，她班的其余女生都是從预科升入本科，男生倒是有相当部分是普通高中生考入北体的。经过三年预科的专项练习，他（她）們的专业和身体素质的起点本身就高于普通高中生，再加上本科四年的训练和学习，平均水平也是高水平。

自建院以来的十三年，我院田径项目中的男子跳高有四名通过运动健将标准，一位是57级本科生-安占學（2米01），另外三位都是来自58级预科的61级本科生-白二宇、于秉珍和趙連甲（成绩1米95-1米98），女子标枪-于芳宴也是從预科就参加全国比赛而获得名次，男生-崔麟58年考入北体预科是練三级跳的，到本科後练习110米高栏，本科毕业后进入国家队，终于在六十年代后期平了110米高栏的13.5秒的世界纪录，而且并在三级跳和跳远两项也达到"运动健将"标准，人到中年时于七十年代的"德黑兰"亚运会上，在田径比赛的最后一天，爲中国队奪得110米高栏的冠军，這是在亚运会田径项目唯一的一块金牌。

一张照片引起的回忆、回想、感触良多，都是我自己亲身经历，以及近三十余年回國探亲访友，與我太太同学一起聊侃的内容，落在文字上的语言。

往事不堪回首

两张照片是三十九年前，移民美國臨行前與我太太的家人及和他的同事一家人的合影留念。今天整理照片。诸多往事像银幕上的影片，一幕一幕一闪一闪而过，我们的子女的年龄比我來美國時還長几岁，有的亲人已离世，瞬间觉得人生的列车就要驶入终点站了。

照片中七位同辈兒人已有两位于 1999 年和 2011 年先后过世，後排左一是我太太的小弟弟-蔭華因腦溢血于 1999 年过世，逝年 49 岁。前排右二是她的大姐-韶华因病于 2011 年 9 月过世，逝年 73 岁。中排左一是她的小弟媳，中和后排右一是她的大弟弟-凱華夫婦（李淑荣），他们目前與兒子-香山（前排左二）同住科罗拉多州，香山毕业于新泽西州理工学院，後参军两次前往伊拉克前线参战，不愧为男子汉，是檀家唯一参加过战争的纯爷们儿！

2019年11月的"感恩节"来新泽西州聚会,香山(左一)已是经过战争考验的纯爷们儿了。

也是2019年"感恩节"时照的,我二女儿的儿子和女儿一个上初中一年级,一个是小学四年级。当初我们到美国时,我才四十一岁,她们俩现在比我来美时都大好几岁,时间无情,眼前的事实就是答案。

瀟灑退休篇（上）

我太太与家人照完相又和她的同教研室的葛立斌老师一家人合影留念，後排三个男孩由左至右是老大-葛新、葛育和小三儿-葛鸣。葛新今年已退休，他的儿子和太太目前都在美国，兒子工作在纽约，太太在佛罗里达州工作。二兒子在美國念的学位，目前在加州旧金山国际机场工作，小三儿因脑子有病在天津住疗养院。葛老师在我们朋友和学生当中的爱称-"葛大爷"。他與我同属性-龍，大我一轮-12歲（高寿-92歲）。退休后身体健康，后因孩子不在身边，老伴儿过世后便回到老家河北泊镇與侄女一家生活一起，去年初春节期间，原天津纺织工学院的冰球队的教职员工一起去泊镇看望"葛大爷"並給"葛大爷"拜年還带去我们全家的问候。

這张照片（下）是去年年初于春节期间，原纺院冰球队的队员：王

国强、鄭金铭、白云冬、葛新、李云起、张宏泰、张文起和（他的名字我记不清了，常恩？）與葛老师一起吃年夜饭。

这张照片中的学员是在当今社会裡懂得什麽是用金钱买不到的东西而且是无价的最后一拨人！向这些曾经一起活跃在冰球场上的球友们敬礼！把我们之间的情谊永远保留在我们的记忆中及灵魂深处！

向常家列祖列宗說幾句"我的"话

我是常蔭霆的曾孫-常叙庸，今天面對高祖父、母及四位曾祖父的照片，想說幾句真心話給如今安在世上的常家後人（包括我的长辈和所有親人），無論我的關點對與錯，為什麽我選擇此時表述？一是近十年在親人不辭辛苦地努力尋親才有這麽多的常家后代子孙今日

相認相識。二是我們的年齡都不年輕了，我不想留任何遺憾於世，所以，一吐為快，希望能與親人共享。

【1】

首先感謝我四叔曾祖父的後人－常焱朱星叔嬸（左四和左一）、常蠹叔嬸（右二和右一）以及常清輝（右三）等常氏家族的親人幫助才有"常家墓園"的今天之規模。

【2】我們常家自己在當時社會大環境影响下，高祖父對自己的四個兒子的態度有所不同也就影响了他們後代人之間的來往。這些事情也是我來美國後，我二、三、四姑都在時與我們晚輩談論過老常家的上幾代的家事：高祖父對爲"官"長子和四子很為重視而對在老家管理農田、學校和副業的二叔曾祖和在哈爾濱（或瀋陽）經商的三叔曾祖就有些輕視。其实，解放前，常家也沒任何政治壓力，大家是否有正常來往與走動？在北京的常家人少說也有一、兩個排的人頭兒，有多少走動？

【3】老話說："中國就是一盤散沙"，常家自然也躲不開這種局面，其原因除上述【2】外，就是政治壓力和經濟即金銀財寶和固定資產所引發的問題。

（1）自解放后到我移民美國這三十二年裡，我從沒見過除我父母之外的任何常家人，就在1980年我辦理移民美國時侯，突然，我爺爺的親侄子到天津找到我，此後時間不久京津兩地的常家親人有十數人或數十人蜂擁而至來到我面前。我一位也不認識，這是在政治高壓下生活的結果。

（2）個別"貪"欲太重的親人侵吞他人財產的惡果：這故事是我來美前後才知道的，為什麼三十二年之間親人不走動的原因：哈爾濱的財產被侵吞，所以同住北京而沒有來往。我爺爺與齊白石老人是摯交好友，白石老人曾贈給我爺爺不少字畫，就放在客廳裡門兩側的半高的大瓷瓶裡，在全家遷往台灣前夕將所有白石老人的贈品存放在我奶奶的家兄（我五舅爺）家，親人再次到我舅爺家索取，多次無果我舅爺家實屬無奈，只能將所有白石老人之贈品交與政府代管。誰都清楚這批畫的價值，少至上億多至數億，親人的"貪"欲不是一般的大，人品实属那種專幹"損人不利己"的事情。

【4】政治是为统治者的需求所撰寫的，感谢正直的歷史研究人員與专家学者，更要感谢那些正直善良的東北老百姓們，他們能分辨出张学良不抗日的罪行，近十年也不再有连续剧爲张学良的罪行與纨绔子弟习气歌功颂德了。

我寫這篇文章就是一個目的：珍惜眼前這麼多親人經過重重磨難走到今天的相識相認，這是多麼的不容易，拋棄舊的與時代不相符的思想和認識，我們的长辈已經不在世了，他們的光荣事迹只能說是那個時代下的清官，是为平民老百姓鞠躬尽瘁的，是抗击外国入侵势力坚强柱石。他們應該是我們在世所有的後人之榜樣。

所以，我有一個提議：成立"常氏家族親人會"，首任會長請-常焱先生擔當；副會長-常清輝、朱星；另外，還有哪些事情我沒想到也請你們大家提出建議。

一句話："團結爲重，親情爲上"作爲我們成立"常氏家族親人會"的宗旨爲盼。

我认识的黄怀仁同学、同事、老師、朋友

我上个月（八月份）剛寫了一篇有關"天津教师进修学院"的文章，黄怀仁就是当时"政教系"的学生，毕业后留校我们成了同事。文革后的首届"南开大学"的大学生，畢業後到學校任教師後爲副校长，今天我们是世纪同龄人也是朋友。

2018年10月份在原"天津教师进修学院"校址的聚会，當年的学员今天的教授、工程师们-（左起）韓天錫、黄怀仁、任雨辰，同时，他們也是我认识的黨内之"绅士们"。

黄怀仁也是大家公推的【旅游达人】，实际上這個【旅游达人】團隊有时数人一起游走各地-韩天錫、任雨辰、吕永泉、王伟等人。他（們）的旅游给我的感觉不一样，就是它的内涵不一样：不同于土豪式的旅游，擺阔气，显示财力；土鳖式旅游，到景点在古代建筑物"刻字留念"，不遵守条令规定，攀登古迹照相留念；大妈式的旅游，她们所到之处都是大声喧哗，惟恐怕别人不知道她們来旅游，到处摆姿势拍照，妨碍其他游客参观，不知她们摆出的姿势是显示曾有过的4分的颜值？還是当前臃肿的身材？還是作为拍照道具的围巾款式与自身衣着毫不搭调的"土"！

照片裡的故事

这张照片是今晨微信收到的，都是农产品中的"奇葩"，我想是秦皇岛市区一带的農業展区，因黄怀仁前几天還在北戴河区旅游景点拍照片。

我特意翻查【旅游达人】微信上发的照片，多数几乎是全部照片内容特点是（1）游客少。（2）都是天然景色，几乎没有天斧人工的痕迹，非常美丽。（3）无论是是殿堂楼阁还是环境景色都是自然的，使人心情开阔舒适。（4）所到之处的照片都有其历史可追溯，除旅游散心也可以增加常识与知识。

他们的【旅游达人】團隊在时间选择上從不在人口集中外出的节假日，選擇的地点也不是名盛古迹或名山大川，他们的选择是被常人忽视或是根本就不知道的地方去旅游，但这些地方都是有故事的。

他们就是我们这拨世纪同龄人最后的具有"贵族气质"和"绅

士"风度的退休闲人,可能我的用词不妥或是不恰当,但我教的学生裡,他們無論是人品方面還是学识方面都是最优秀的。我个人认为解放后的十七年教育界执行的绝不是"資反路线",否则不会有老三届和我们这一代人品和学业都优秀的人。有些事情不必过谦,这是事实,我自认为在做人方面和学业方面除了感谢我们的老师外,更要感谢我们父母给我们的教育和影响。

我想用发生在当年"天津教师进修学院"的一个小笑话来做结尾,我记得黄怀仁留校后,各系專業有近二十人留校,结果,黄怀仁多了一个绰号"黄坏人(怀仁)",我想就是一个"怀"字發音是二声還是四声的問題,在进修学院二声和四声念错无所谓。如果是把北京的某个殿堂的名字发音二和四声搞错了,那可是"生"與"死"的問題。所以,一是学好普通话,六十年前就提常讲普通话而且用普通话讲课教学。二是家长给晚辈起名字注意,在社会主义社会政治是"首席"。

想吃就吃,想喝就喝

人生漂浮不定,早晨起来发现自己又活过一天,那昨天就是你度过有意义的一天,对我们平头百姓来說吃饱喝足快乐度过每一天就是给国家做贡献。"和平时期"国家的兴亡匹夫没辙,"战争时期"匹夫有责,因戰时不听命令就执行枪决,简单明了。

我這瓶酒是1996年度假在輪船上"免税店"買的至今才打開喝，一是家里的国内名酒没断货，直到上个月都喝完了斷檔了，拿出這瓶"XO"喝吧"，结果，我不懂"洋"酒的品尝之道，没喝出什麽味道。我還有一瓶是我好友送我的，这瓶可能是国内朋友统称的叫"人头马"（我在酒方面是外行）？

我一不懂酒二对酒没瘾三是也没酒量，白酒每次只喝半两而啤酒可喝一瓶（只喝荷兰的啤酒-漢尼坎，小瓶装），葡萄酒也喝，实际上我挺爱喝的是"绍兴黄酒"-女兒紅加上话梅稍加热，喝起来很舒服。

這兩瓶"白藍地"够我喝到年底了，有时间到纽约市的唐人街酒店买"女兒紅"喝喝也挺过瘾。

我这两瓶法国白兰地可是名酒，对于外行的我来讲，還不如喝绍兴黄酒-女兒紅。外国的名牌也好，本国的地方老酒也罢，得自己喝得舒服、高興才是享受；外国人对自己国家的所谓名著都不喜欢，也没市场，為什麽有人非要拿人家的弃物当宝为自己的信念去创牌子呢？

我這個人"矯情"

我这个人就是一个"矯情",在高中同学聚会时,我在的高三(3)班的同学-董二爷就說過我:"咱四爷最可爱的就是两字儿-矯情"。二爷說的在理儿,我打小儿就"矯情",在家招得长辈和哥哥姐姐"不待见",在学校招班主任"不待见",但我父母打小就"待见"我,有父爱母爱的孩子长大都错不了,没错!我的成长过程应证了这一点。

人们总是把幸福解读为"有",有车,有房,有钱,有权;但幸福其实是"无",无忧,无虑,无病,无灾。有,多半是做给别人看的,无,才是你自己的。

好帖👍

話扯遠了,有点儿跑题,就上面的这个好贴我已是第三次看到,今天勾起我的"矯情"了来了,我想和这位笔者掰斥掰斥:人们总是把幸福解读爲"有","有"是為给别人看的而"無"才是自己的。我对笔者的中心思想有不同的认知,有车,在美国没车能活吗?没车怎么上班挣钱养家糊口?有了工作就有房了,爲什麽国内的劳苦大众无论是合法還是偷渡来美國通过打拼都有车、有房、有钱、有权。用有和无来决定是否幸福缺了一个前提就是你在哪种社会制度下生活?无忧、无虑、无灾、无病就是幸福,你如果没钱试试?至于"是做给别人看的",這只限于生活在祖国的社会环境里是这样的认识,因为国内的上班族都是以公共交通工具为主,私家汽车目前确实是用来显示自身经济收入水平的一个标准,汽车的品牌更是显示一个人的经济收入水平和权利的级别。

中國有句民間谚语:有什麽别有病,没什麽别没钱。"有"與"無"就是一件事物的正反两个方面,"有"过了极限就是"无","無"过了极限就是"有";二者安稳则并存,二者添乱则並亡(即互换)。

我与他人分享这个"好贴",因为我在"有"和"無"都佔有,所以我是享受雙份兒的幸福,并且与大家没有任何分歧,讓我们共同享受自己的幸福人生吧!

與"北京人在纽约"劇作者-曹桂林探讨人生

"你如果爱他就把他送到纽约,因为那里是天堂";"如果你恨他就把他送到纽约,因为那里是地狱"。

這兩句話是此劇裡的经典语录,也看出作者的现实主义思想观点,我們二人机遇不同所以精神上的需求也就不同;曹桂林到美国就有了自己的公司,當年买的房,說明他的才能比我强百倍,我在国内就是一名普通的中、大學的體育老师。我不知道他的家庭背景及文革中的遭遇情況,我的家庭背景复杂一些,我的父母都因文革失去生命,对我来講不能不是一个震撼的打击,再說政治上曾有"不戴帽子的右派"和"516现行反革命分子"的记录就是一辈子都不能翻身。

文革结束後,我自己就有预感,我家这个大家庭除我的父母和一个哥哥、舅舅在大陆外,其他成员近十五余人都在台湾,而且,他們一定會移民美国,果不其然,就在此时刻,在台湾的所有亲属都移民到美国和加拿大,我們一家四口终于在1981年4月8日成功移民美国與親人相聚。

我来美國目的明确,精神上的自由是首選,在世界上只有生活在以美国为首的资本主义自由民主法治国家裡才有机会获得享受。我下飞机不到十二个小时就开始到餐馆打工一干就是五年,之后,开了十年电召车,到1996年1月份到住家附近的聖巴拿巴思医院工作十五年于2011年底退休。

我来美國就因在中国我没有出路,所以,来美国生活再苦也比中国强多了,食品安全的严格检查(因我女儿在公司就是负责食檢和药检),言论自由,没人打你的小报告,生活环境干净,没有文化特务和密探,每天都生活得无忧无虑,快快乐乐!退休后的小康生活岂不是国内众多人梦寐以求的生活吗?

我来美国已经三十九年零五个月,我去纽约次数也不多,因私事去纽约平均一年不到一次,它是美国经济贸易中心-华尔街股票市场，著名的"梅西百货商场"等，无线电城的歌舞剧场的演出。这些对我来讲都不太重要，因我的愿望在美国生活近四十年来都得以实现，两个女儿都在美国公司工作有成，今天都是自己成立公司给自己做，我们也是稳定在小康的生活里，生活中该有的我们都已经有了，任何时候走完人生路都了无遗憾。

为什麽我和曹桂林对生活在美国的看法有差距：（1）我的要求不高，生活自由，我不招人，也不扰人，就是自家过个平安无忧的生活。（2）子女能受到良好的教育，做自己喜欢的事情，但这方面我们做家长的做的有缺失，在大学選專業上过多的干预。（3）美國學校的成功教育和社会大环境的良好影响，幫我們培養出两个具有良心、善心、仁爱之心和感恩之心的女兒。（4）家庭居住的地方很重要，一定在富人区和好学区，你的孩子会受到良好的社会环境影响和教育。（5）在美國不参加任何政治派别活动。

我唯一的心愿就是希望我的祖国能发展成"民富国强"自给自足的不受任何国家威胁的强国。

向勇于承认错误致敬！—看"远征！远征！"觀後感

這部"远征！远征！"连续剧是2014年拍摄的，主要讲述在抗日战争时期于缅甸战场的英雄事迹。

這部劇讓我感动得热泪盈眶不止是中華民國的軍隊打出英勇自豪的中華民族之气概，二是新中国成立后的六十五年裡第一次承认中日战争掌真正握领导權是中華民國的委员长-蒋中正先生。當時，中美英联军在缅甸战场，亚洲战区最高指挥官是-国民党蒋中正先生，美國盟军-史迪威将军和英國盟军-压力山大将军，另外，剧中還有蒋夫人-宋美龄女士、宋子文先生、杜聿明将军、衛立煌将军、孙立人将军、羅卓英将军等，剧中表现出来中国军队英勇杀敌之外，另一焦点就是中英盟军之间的矛盾，盟军是为本国利益而战，基本在关键时刻盟军都是撤退。

此剧没有一面镰刀斧头红旗，没有一顶红五星军帽，没有一名红军战士和政委，這是一部遵守历史真实情况而写的剧本和拍摄成的

历史战争片。而且在抗战胜利后七十年拍出一部還原历史真实情况的剧作，讓人感动的是共产党今天所做出来还原真实历史事情的勇气。如果能把我党在抗日战争中的真实历史经历作为经验总结写出来公布于众，有勇气脱离旧的执政治国思想，中國前途将无可限量。

如何享受含饴弄孙之樂

"含饴弄孙"是中国自古遗留下的家庭生活的一个温馨的画面，三世或四世同堂，我们这一代三世同堂其乐融融的画面，可能是最后、最好的画面，我們赶上文革的十年浩劫，又赶上国家号召晚婚，四世同堂被时代葬送了。

外孙和外孙女看橄榄球比赛，給他們父亲的校队加油！

这就是美国文化，從小就看大学的篮球、橄榄球和冰球比赛，通过看比赛对大学也有初步认识。二是，女兒不讓我們給他們看孩子，主要是因为我太太身体工伤之后，行动不便，体力也是比以前差很多，另外，女兒對中国式的老人照顾孩子的思想理念不认同，所以，就无法享受"含饴弄孙"之樂趣，也就多了我們自己的老年生活的内容。

這是我的外孫女2歲的生日時，穿上小旗袍走秀，很爱"臭"美，這小闺女和她媽媽兒時一樣的淘，我們的大女兒從小就能安静坐在床上，把一根兒尼龍頭繩放在嘴里拉過來再拽過去的玩兒個把個鐘頭不哭不鬧。老二天生好动，學滑冰也快，要說淘

氣的鬼主意，我的二女兒隨我，老大隨我太太，所以，老二特別招人爱。

今年兩個小家伙都13歲和11歲，分別是小学五年级和中学二年级，年初都回来过春节，两个孩子都跟姥姥親热，也很懂事，分別与姥姥照相、說話。

由时间和女儿这几年对孩子教育管理的实践效果来看，我女儿的做法是对的，从一岁开始自己吃饭到会走路到自己到规定时间就去睡觉，至今已养成良好的习惯和独立管理自己的能力。

這三張照片是 9/08/2020 開學首日回家後，兄妹俩在家前院我女兒拍攝的，一晃眼就是中学生了，我们一定注意保重身体，争取能够参加他们的大学毕业典礼。

與这样的世纪同龄人为友实为幸事

今天清晨再次看到同事寫的回忆录，由学生到知青再被选调成为"工农兵学员"上大学，毕业后分配到高校成为體育教研室的同事。她比我年輕九歲是位青年教师，可能在教研室理我的直率性格，對教学及管理等问题的直言不讳，對個别人品表现得尖酸刻薄的言辞的批评有同感，所以，关系处得很好，在年轻教师中，有几位是很懂礼貌，待人接物都很有分寸，与他们相处感觉很舒服。

我移民美国之前，她考上了文革后首次高校招考的体育专业的研究生

两年前回国探亲访友時与同事聚会时的照片

于天津体育学院。毕业后，先在体院工作，後又到天津师大体育系任系主任，在工作中取得优异成绩並且获得市优秀教师等光荣称号，但跟随成绩之后伴随而来的是嫉妒、怨恨、以及种种的风言风语。

自2003年以來，几乎每年都會回國探親訪友，平时我也会打电话给亲朋好友，同学同事们聊天和问候，了解到许多高校招生的黑幕之事，其中包括我原来工作的学校。

為什麼當今的中國社會會有如此眾多的貪污腐化分子，也有少數清廉的干部教師，我這位同事將她的事情說完後，我就說了："妳得罪人了，擋了他人的財路。"改革开放以来，成绩是有目共睹，但伴随而来的贪污腐化之堕落风气蒸蒸日上，已到有权有势就贪就腐化，上至中央首长下至存车处的老头儿老太太，真是"貪腐之花"处处开。

能在中国现代社会里游刃有余的人，不是我们这辈人能做到位的，所以得罪人是很正常的，她就是其中一员，此人可交，因她是"踏踏实实做事和老老实实做人"世纪同龄人中的一员，這樣的人在當前已經是鳳毛鱗角了。

想成為當前已经是凤毛麟角的人物必須有以下的三个前提条件：

【1】目前，國內流傳著"土豪"的不要输在起跑线上的說法，所以，"土豪"以金钱给孩子报各种各样的学术、才艺、體育班，這樣做法本身就已經输在起跑线上了。父母本身的知识文化水平、道德素質，個人修養和涵養就是孩子的起跑线，孩子從父母身體所得到的"遺传基因"是否优秀？也就是說孩子的爷爷奶奶與姥爷姥姥的"遺传基因"是否优秀？优秀的基因可以创造良好的家庭教育环境，影响孩子们的成长过程中的第一良好的环境保证。

【2】學校的教育：從小學到中學最後大學及碩博士，應該從何處入手？學校的學生手則的制定，各年級的科目設定，各科教材内容的設定。次之是學校的管理，委派真正懂教育的人做校長和書記，外行就是不能領導内行。良好的校風和教學環境是僅次於家庭教育的重要保證。當今學校的校風和環境實在不敢恭維。

【3】社会的大环境的影响：具体来讲首先是家庭居住的地方环境如何？我的同事有两位都是住在我国名高校的体育教授，也可以說是我的尊长与前辈，与他们相处感觉亲切，有话直说，清澈透亮，我们之间從不拐弯兒抹角或看人下菜碟兒。他们是在天津大高校家属区长大的，我是在北京高校家属区长大的，我們這三方面的条件都相同，必然就有共性。

中國所谓的農民革命，说白了就是穷人造反搞武装暴动，也就是穷人抢夺富人的财富即动产和不动产。中國各省的土匪不都是穷人占山为王，打家劫舍，用假历史欺骗广大农民，用假的事例涂上合理合法的欺骗理论，使農民为"三十亩地一头牛，老婆孩子热炕头"抛头颅洒热血爲穷人取得了政权，今日我国广大劳动人民究竟如何在当家作主呢？

历史的原因造成我国劳动人民知识水平低，文化水准低，所以容易被欺骗，被愚弄，视野窄而短，他们的确出身好進了领導层也为人民干不了什麼大事，可贪污腐化受贿各个是能手，即使这样也绝不用知识分子進入领导层，因骗人和错误的政策无法逃过他们的眼睛，自五十年代以来，以整知识分子的运动，讓他们老老实实幹活兒，不许說真话实话，同时收拾自己的政敌到"文革"达到人类的高峰，後被中央全会定位"十年浩劫"，現又在教材中修改对"文革"的提法，真是拿人民的智商開玩笑耍着玩兒呀！

权力必须受到人民的监督！权力必须關到籠子裏面？

自建"健身房"與疫情、年龄抗争（上）

我家的這间 18-20 平米的屋子，一直空闲着没装修，在我们这小区里的住户，基本都把这间屋子装修成"家庭休闲室"即自家人聊天、看电视。

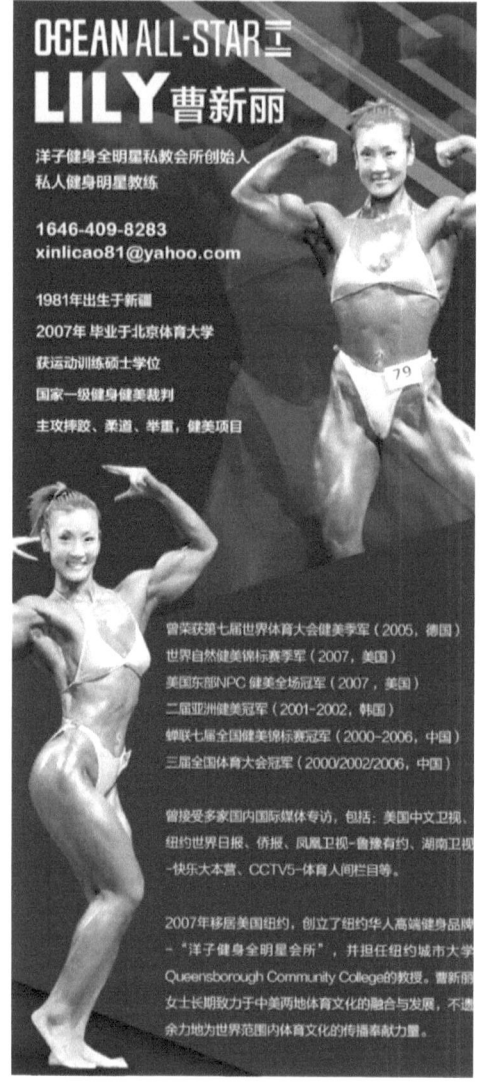

由于目前各国的传染病学专家的研究表明，新冠病毒不会在短时间内被消除，短到明年年底见初效，長則到2025年方有结论。我们社区的"健身房""游泳池"等室内外（高尔夫球场除外）锻炼场所都关闭，不知何日解禁？爲了活着怕死，只好自力更生，自己解放自己，自己建设自己，自己打造自己，自己折磨自己？挺高兴！自得其乐！

用了两天多的时间就完工了，后续的工作量较大，整理、採購运动器材，我联系了我的校友-曹新麗教練，請她幫我定出一套切合我的年齡及目前身体的实际状况練習計劃。

通過微信和電話請教過練習器材方面的問題，請她介绍增强上下肢力量的综合型器材或是单一型的練習器材，我是1958年入學北京体院後跟随舉重專業的同學劉福榮練健美，練了一年多還頗有成效，起碼練出"扇面型"身材。六十年後的今天我已變成"枣核型"身材，今日我的要求不太高：只是想練成該"鼓"的地兒就鼓，該"瘪"的地兒就瘪即可。

對中國内政——台灣問題的認識

目前，國際政治形勢以中美兩國關係爲突出，加上歐洲諸國的疫情蔓延和中國關係出現矛盾，此時，美國表示要和台灣建立關係，此舉明顯是向中國發出的挑釁行爲，違背中美聯合公報的條款，是否試探觸摸"底線？

【1】目前，說中國領土就是大陸和台灣，說内政也就是内政，用得着非用武力解決來解決雙方的問題嗎？最好是別打戰，國共兩黨爲了獨裁統治内戰數年已造成數百萬老百姓的傷亡和家庭的破碎，別再爲了自己政黨的私利相互残杀。

【2】兩黨已經錯過统一和谈的時機了，"聖人"也有失算之時，中國領土就是有兩個政治實體，即是："中華民國"和"中華人民共和國"，一個國慶是1911年10月10日，一個國慶是1949年10月1日，這是並存的事實。如果同意和谈，新的國號："中華共和國"，因一黨执政，人民也做不了主，所以去掉"人民"兩岸黨政民都能接受。

【3】希望兩岸的政党主席和兩国领袖相互尊重，平等互利为原則，坐在一起共商统一大业，有益有利的事情为什麼不讓給自家中國人而非把便宜讓給外國人得到？

衷心希望海峡兩岸人民早日完成祖国统一大业！

移民美国四十周年随笔——天主教

在中國生活了三十五年，被馬克斯主義毛泽东思想洗腦三十二年，終于在一九八一年四月八日乘坐中國民航由北京移民美國，當飛機降落在纽约"甘迺迪"機場時，心情異常興奮，就可以和生活在美加兩國的三位姑姑和姐姐哥哥們見面了，說句实话，我担心見面是否能認出来，四十一年裡只有三年生活在一起（六至九歲），偌大的家庭只剩下五位亲人。

相（皮特相）神父來我們家探訪

　　初由社會主義國家來到資本主義社會還很不適應，下飛機休息不到 24 小時就來到姐姐、姐夫的餐館打工了，從開始包外賣起學然後，洗盤碗、油鍋、抓碼配菜、上灶炒菜（術語：炒锅），而且我聽到第一句在當今社會即正確而又沒人性的話，姐夫說"我没義務白養活你們！"但在休息日立即帶我太太去纽约買了一台電動車衣機並到車衣廠拿加工活兒回家做，加工一件連衣裙的加工費僅有塊兒八毛來錢，她終日以淚洗面，邊做活兒邊念聖經度日，最終走出思想困境。

　　来美后，我们居住的地方是新泽西州的撒米特市（可翻译成-高峰市），是猶太人數居多的城鎮，也就是俗稱的富人區，好學區。後來认识了很多中國人，成爲好朋友，有的就是我生命中的貴人！他們基本上都是天主教的教友。

通過朋友介紹我們認識了來自台灣的外省人-金道銘夫婦和金伯父伯母，他們分別是我和我女兒們的教父和教母。我們父女在居住的鄰鎮-紐帕維敦思教堂領洗，我和我的教父母-金伯父伯母合影（上）及我領洗時金伯父母在我身旁觀看（下）。

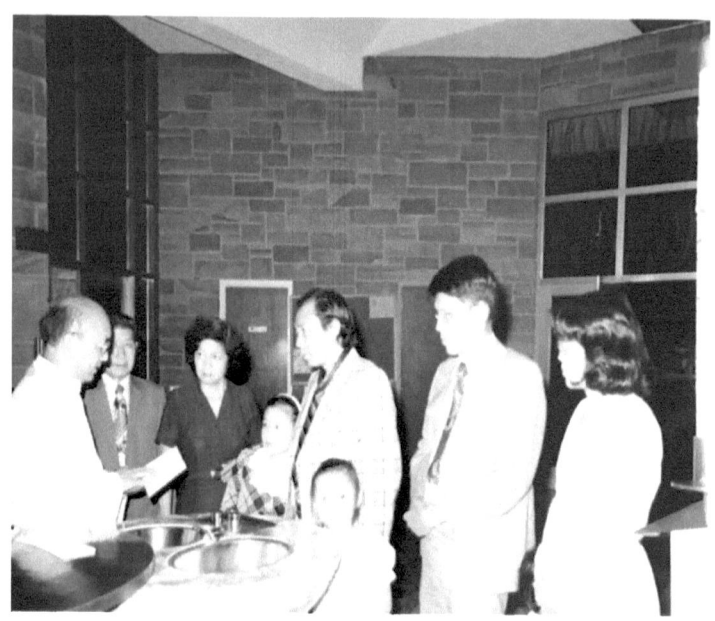

我的女兒與她們的教父母-金道銘夫婦合影

　　我的大女兒在領洗，她現在的男朋友是猶太人（猶太教）所以，至今他们没有结婚，因宗教信仰不同。

小女兒領洗，我的女婿是基督教徒，他們的婚姻沒問題。

信仰很重要，人在困境裡或是孤獨中是靠信仰走出來的，雖然我沒有完完全全由頭到尾的讀過聖經，但我有我自己做人的信條與准則，它是来自父母的遗传基因和家庭的影响与教育。

移民美国四十周年随笔——號外

给韩天锡打电话了。他对宋常霖的消息不清楚，只知道他在天大毕业后留校作了辅导员。

您的笔记我看了，只觉得内容少了不过瘾，建议展开详写，尤其是细节心里活动，典型事例，这些写出来就完成了小说的四要素：时间、地点、情节、结局，并且也得要有高潮。小说喜折（曲折）不喜平。合乎情理又在意料之外，回忆录式小说，现在非常流行，但可以有些虚构，在记述历史的同时，又能给予读者文学的享受。

您和檀老师有这么丰富的经历，接触了这么多到美国的中国人，给予了不少人帮助，而这些人形形色色，感恩戴德的有之，以德报怨的亦有之，写出来，读者会大有裨益。同时您也可以写写您初到美国艰难的奋斗和美国人的善良慈爱。抓住一个重点沉写下去就太棒了！

　　上面這段話是我和盛力昨晚（四號）通話後，给我提出的問題的答复和建議，非常感谢盛力中肯之言，說句实话："我自從有作文課以來，得分從未超过 70 分，就是永远第一个交作业"。我寫這些誤人时间的东西来自两个原因：一是来自我大學同學的夫人-鮑芝芳導演的建議，她说你們常家的歷史就可以填補近代史的缺憾。二是因爲自己年齡漸大，爲了減少老年痴呆症發生的機率，没事儿就寫些自己成长过程中的趣闻、感想、領悟等方面的短文，也有优化自己的文化素质和道德修养的作用。

　　我天生就不是"學霸"的料，生来就是個"玩兒主"而且還是那種玩兒不出什麽花樣的普通又平凡的"玩兒主"。也不能說我全無優點吧？起碼我心軟、仁慈、善良、誠实，但是"副作用"也挺大的，自從 1958 年上大學開始與女生接觸，因爲我自小学到高中畢業上的一直是"和尚"學校，所以我從 1958 年到 1971 年结婚的十三年裡，與女生周折一大圈之後，最後，還是和 61 屆田径專業的學妹成婚。

　　結論：世上的女士都能把我騙，我只能騙得了一个女人-她就是我的太太，因为她是世上僅剩的一位清纯善良而又争强好勝永不服输的女人，例：请看下兩張圖片，1985 年我们家養了一只狗。

　　一天晚飯後，我和太太二人出去遛狗，狗走到草地上嗅了嗅就蹲下尿尿，我太太突然問我一句"宇宙"般的問題：咱家的狗撒尿的姿势怎和别人家的狗不一樣呢？"我差一点就晕過去，回問她："咱俩如厕姿势一樣嗎？"這她才幡然大悟的说了一句："啊哦！狗也和人一樣呀！"。此後我就多了个任務，就是如何把我太太教"壞"了，经过十余年的努力，身教言教並舉，循序渐进的诱导，终于開了窍兒。就在一次班上的工伤，我教她學"壞"的一切本事化为灰烬，不能用了。哎！老天有眼呀！就是不能教人學"壞"。

　　又跑题了，這也是我寫文章的最大缺点，今後再寫文章，我會按你提示我的以下几点去做："这些写出来就完成了小说的四要素：时间、地点、情节、结局,并且也得要有高潮。小说喜折(曲折)不喜平。合乎情理又在意料之外。"

盛力:你所提的有關我們夫妻兩人幫助他人的事情,我根本就不想寫,我們來美國因有親人在,所以不愁吃穿住,但有些是來美求学,兩眼一抹黑,大多数是 40 後部分 50 後的學生,你也知道在麻州的伍斯特兒市開餐館時,我們請的服務生都是大陆的留学生,就是给他(她)們机会赚些零用钱。至于谁是感恩戴德或是谁是以德报怨應該與我們無關,幫助人是我們這輩人應該做的事兒,如果在意被幫助人的態度與反應,那幫助的初衷岂不是可理解為"交易了嗎?"。盛力,換位思考,如果你在美國遇見我,你也會主動幫我們,這是我們這代人所受到的良好的家庭教育和學校教育的结果,不足挂齒。

你們這一屆(首屆)學生對我來講,是存在一種具有时代特征的關係,1972-1973 年我是你們體育課的老師,留校工作我們又成了同事;文革後的首屆大學生你我又成了師生關係;畢業後至今我們成了挚友,說句我的心裡話,在做人方面我與你們大家互勉,但在適應環境和專業方面,你們是我的老師,確實如此,讓我們共同努力把這些僅存在我們身上的優良品德盡量留给我們及所有人的後代。

移民美国四十周年随筆——大学同学相聚纽约

世上有很多事儿的發生是無法預料得到的,譬如 1986 年秋的某一天突然知道大學同學帶北京市武術隊在纽约市"林肯中心"訪問演出,真是不敢相信會有如此熟悉的親朋好友會在纽约市見面!

瀟灑退休篇（上）

這張照片是和北京武術隊的兩位教練-吳彬（右）和李俊峰合影，我和吳彬是北京體院58屆武術系同學，俊峰比我們晚一屆（59屆），文革前畢業都分配到"北京什剎海業余體校"當教練。

我和吳彬于武術系做了兩年同窗，六零年代的的人禍造成糧食的欠收，全國很多地方發生餓死人的事情發生，此時中央發文件有關高校院系調整之事，擊劍專業被調整，我就轉到水冰系冰上專業-冰球。吳彬也因訓練受傷，轉到武術專業，人各自有命呀！他轉完專業今日成了國內外知名人士；我轉完專業練了兩年又被調整，我選的專業都是"贵族體育"項目，擊劍和冰球，無論是器材還是训练场地及环境都需要大量資金的保证才能正常练习和比賽。他是乌鸦变凤凰，我是凤凰变乌鸦，而且是一只连毛都没有的裸鸦是也。所以，人生在拐弯儿時，選擇很重要！

在當學生的时代留下的记忆是难以磨滅的，那是1959年放春假時留下的趣闻，你們也會發現，爲什麽我和吳彬、陈家珍没有学生时代的照片，都是八十年代以後的照片，原因有二：其一是那時候我們都是穷學生，没有照相机，有也是在照相馆里拍摄的。其二就要拜吳彬所賜，也是件糟事！春假期間，我們一起在体院旁边的"圆明园遗址"和院内的各训练馆照了很多像，一卷胶卷照完后就回宿舍了，吳彬拿着照相机，他为了先一睹为快，打开相机取出胶卷将底片一拉便看還說："怎麽什麽都没有，全是黑的"，無語！"照片事件"是一年级下学期發生的事儿，還一件事是一年级上学期的事儿，58年开学後，分系分專業後，正趕上"大跃进"的疯狂时代，白天都上專項训练课，文化课晚上上，一天训练课下来，還是大运动量训练，已經累得個半死，上俄文课時，講台上老师講得激情认真，可我已顶不住走进梦乡里，突然被老师喊起回答问题，我睡意朦胧尚未清醒，我两眼四下探寻求的答案，哪想坐在我後排的損友們中吳彬幫我给了我一句:"好死不如赖活着"。我将老师提问的英雄豪言壮语:"寧爲玉碎,不為瓦全"翻译成叛徒之語,後果可想而知——全年级批判,這也是我人生中的第一次的战斗洗礼!

李俊峰除在北京武術隊做教练工作多年,之後又援外當專家教練,他們在北京隊時,不僅培養出多名全国冠军和世界比赛的冠军,而且還創造了連續十一年榮獲"全國武術比賽"團体冠军。

過去的辛劳就是今日的光环,過去的付出就是今日所得之荣誉,世界是公平的,老天爷看得最清楚,奖励和荣誉永远是属于付出辛劳的人。

移民美国四十周年随筆——天津親和友相聚纽约

兩位互不相关,互不相識的人,能在美國我的住處變得相識而且也能相关!

一位是我的表哥-甯平治;一位是我的學生-宋常霖,兩位都来自天津,我表哥1956年考入"南開大學"物理系,畢業後留校任教,八十年代作為交換學者来美國;我學生文革後首批大學生,考入"天津大學"無線電專業,畢業後留校任輔導員,1984年來美國田纳西州立大學讀學位。

照片裡的故事

1983年的聖誕節與表哥-甯平治合影于纽约市的"洛克菲羅中心"廣場，平治是我奶奶的侄外孫。

剛解放時，我和母親與哥哥、舅舅從台灣經香港回到北京時，住在東城嵩竹寺夾道2號，離平治哥家很近，經常去他家玩兒，平治的生父開一家書店，我們常去看小人書，而且平治家兄弟姐妹多，有人一起玩兒熱鬧。平治的兄弟姐妹共八人；老大老二是姐姐、老三是禹治表哥、老四是平治哥、老五是重君表妹（我們倆都是1958年進入北京體院，她在體操系，畢業後分配到北京101中學）老六-老八是洪治、民治和常治三位表弟（因他們三人的排行我記不太清楚了）。因爲我甯三姑（我奶奶的侄女）膝下無子，小叔子家將平治過繼給大爺大娘爲子。平治從小就是"學霸"，而且體育方面也不錯，在我剛踢小皮球時，平治都練體操玩兒雙槓了，我還是"旱鴨子"時，他不但會游泳，而且還在"陶然亭游泳場"的跳台跳水了（冰棍儿式），讓我們這些弟弟們羨慕不已。他中學畢業于"北京師大一附中"，考上天津"南開大學"-原子物理專業，畢業後留校任教。他一直是我們少年時代被父母教育時的楷模式人選，從今天來看，確確實實是我應該學習的榜樣，所以他被學校派到美國作爲交換學者進行學術研究。

宋常霖（左一、下，右一、上），天津教师进修学院的首届学员，是數學專業大隊同時也是院排球隊的隊員，也是进修学院的黨委委員，先是师生關係，留校又成了同事。文革后恢复高考進入"天津大學"無線電系，畢業後留校任輔導員。

大宋在上山下乡前是天津市十六中高二的学生，在我们相處的五年中，無論是當學生還是做同事，雖說是院黨委成員，依然和當學生時沒有兩樣，平易近人，深懂禮節。我记得在文革期间"批林批孔"时间，几乎每次都约外校排球隊進行友谊比赛，教师有我、大宋和郭进军外加三位学员组隊迎战。後來不知哪位"告密者"將賽球之事捅到院黨委會，找大宋和进军谈话了事儿。這就是文革期間如何對政治表示自己態度的方式，讓別有用心的人無機可趁，既聰明又表了態。辛虧黨委書記-呂國忠先生政策水平高一些，

其他的領導如高保山，杜履中等人都是吃闲饭的水平。我們教务處的書記-李宗芳先生是位非常和善的老同志，在對周總理的問題上，呂、李二位領導与我院的绝大部分老师和黨員的观点与认识是一致的，所以他們是受到院里的師生員工的敬重。

大宋的婚姻讓我感到問題，大宋來時我接的機，他太太來美也在我家停留過，通過談話交流我已經感到"出身論"的陰魂散落在我家的犄角旮旯，與我家的生活環境太不般配了。一天晚上我已睡下，突然接到大宋的电话告诉我他患了癌症，急需手術治療，我安慰他放松不用緊張，癌症已不是不可治愈的病症了。

手術後的恢复期先在美國進行一段時間，在可以回北京療養時，我先和體院的同學-吳彬联系，介紹大宋去北京通縣的雙橋農場的老中醫（是位老太太，醫術高明）處進行康复治療。病情好轉回美國後继续上班。時間不長的時間得知大宋撒手人寰了。

移民美国四十周年随笔——朋友再聚新泽西州

上面這兩張照片的男主人從中學時代（五十年代初）起曾是北京、華北、中國冰球隊的隊友和摯友－王應輔（上）和周乃揚（下－右）。

　　王應輔老師是 1953 年高中畢業于"北京育英中學"（現今－北京市 25 中學）留校任少先隊輔導員並兼任初二（9）班的班主任，我當時就是初二（9）班的學生，所以至今我都稱他王老師，從未稱呼過"王應輔"其名。他是留校時已經考取了"北京地質學院"但保留學籍。1955 年王應輔老師去"北京地質学院"上學，但每逢冬季都要參加全國比賽或是出國比賽，總有幾個月不能在校上課，結果，于 1957 年轉入"北京體育學院"，1960 年我轉到水冰系冰上專業又和王應輔老師成了同學，但從未開過玩笑，直到畢業。他的夫人－梁思瑩和周乃揚的夫人－劉筑都是我們 58 屆的同學，她倆都是排球專業，又都是"北京體育學院三隊"女排的隊員（北京體院一隊是國家隊，二隊是國青隊，三隊是我們學院的代表隊）。這兩對夫婦的先生從在一個隊打冰球到今已有六十七年的交往，可說是情深誼重；太太又是同年入學，同隊訓練比賽至今也有六十二年的交情，現今又都移民美國和加拿大，三十多年的國外生活，當我們再回憶起往事有如昨天的事兒。這兩位男士在中國的冰球界實屬知名人士，是地方、地區、國家的著名冰球運動員，八十年代後，王、周二位又是首批獲得"國際銀質裁判員"稱號。

照片裡的故事

这张照片是 1985 年冬末摄于大西洋赌城，左起：董超仁先生，来自北京医学院基础课部的领导，應是党总支支委或副书记，就在我們居住的撒米特市的瑞士制药厂做交換學者。

一個周末上午，餐馆开始营业时间晚，我开车去纽约市买东西，我的车剛要下坡就见路旁站立一位中国人。一身兒西服革履，一副向远方眺望面对纽约方向，我停下车放下车窗问一句：去纽约吗？我带你去！他急忙摆手說：谢谢，我不去。数日后，又是周末，早晨上班时我舅舅带一位中国人进店，一看就是几天前站在高坡看纽约的那位国人，随即聊了起来知道他是北医的交換學者。我当时随意问了一句：我那天问你是否去纽约？怎不敢回答說话？董兄的回答让我惊着了："吓我這一脑袋白毛汗，心想，這台湾特务够厉害的，這一嘴的北京话說得那叫一個溜"。当年出来的国人经过政治运动的洗礼，對任何人都不能够相信，因你不知道谁是"特务告密者"！也很巧，董兄和我大学同学-陈家珍（毕业後分配到北京医学院体育教研室）是好朋友，这也让我们的关系更进一步，有又找到"组织"的感觉？

與乃扬兄的结识始于冰球运动，因爲這個项目的优势在东北的三個省份-黑吉辽，說句实在话，這项目开展最好的城市就三個-哈尔滨市、齐齐哈尔市、长春市（吉林省队），但在五十年代时，北京队是业余冰球队，每年秋季集中去东北黑河训练，然后参加全国冰球联赛。这支业余队在全国比赛荣获过两次"亚军"一次第四名，從1960年後到文革開始，北京隊就在冰球界消声灭迹了，但北京隊的六名首发队员的名字和他们的技术確永留傳在中國的冰球運動史裡。六名荣获"运动健将"稱號的首发名单：周乃扬、潘桂楣（什刹海業余體校冰球教练）、龐志忠、王應輔、冯冀柏、崔颐昌（北京體育學院）。

我1963年畢業後分配北京到女八中教體育到1972年底共九年時間，文革前每逢冬季都会举办冰球比赛，我都会被邀爲做裁判工作，此時开始我與乃扬兄接触多了。文革期間，北京盖了"首都體育馆"具有冰球比赛场地的多功能室内场馆，當時，他是场馆修建工程的参与人，還有一位原北京冰球隊的隊員-李光京（清華大學土木工程系），本来也有我的机会進館参加裁判工作，結果因戴上一頂帽子－"5.16現行反革命"，到1981年移民美國前，我都沒机会在馆内滑過冰，此为是我生活裡的一件憾事。有了室内冰球比赛场地，国内和国际比赛也增多了，在當時一票难求时，乃扬可没少幫我忙。

照片裡的故事

乃扬是1985年初（剛過完舊曆年时分）來美，他自己先来的，最主要的是过关，可以說是大陸所說的思想關。我們都經過了，我太太以泪洗面的日子也是有数月近一年的时间才缓过神兒来，具体时间就是我們拿到"驾驶执照"的那天，乃扬在国内哪干过这活儿呀？加上自己单身一個来美人，身边无亲无故，他站在冰上是勇者强人，是做我專項教师级的人物，可在生活中的乃扬是夫人两翼下的娇儿，與乃扬同站在冰上，我是弱者，现在只能用文字恶心恶心一下乃扬兒了。玩笑了！

到五月終于與妻和兒女團聚，總算在美國的生活開始了，至今已有三十五年之久，回忆往事就是享受，最後，乃扬的母亲、二姐-周懿芬（北京體育學院理論系教授）、三姐-周懿娴（曾任国家女篮队长，後任教练）都移民美国與乃扬的大哥、大姐（他们是解放前来美的留学生）相聚。上面两张照片是在我們双方的家在過節時聚餐。

两家人去新泽西州的"冒险家乐园"去玩时一起野餐，看野生动物园，玩各種游戏如"過山车""碰碰车"等。

瀟灑退休篇（上）

照片裡的故事

这家美国超市,我們無論住在何處都去这家买水果,肉食和青菜等,价格便宜公道,從無爛菜瓜果出售。周末上午帶孩子去滑轮鞋,这张照片是三十五年前時照的,他五十我四十五。再看今朝,满脸沟壑,两鬓斑白,提笔忘字,說话跑题,所幸没挂拐棍儿,還认路开着汽车在美国满世界兒跑,抓紧第五个"二十年",高高兴兴、快快乐乐、颤颤悠悠、哆哆嗦嗦、不紧不慢的走完自己的人生路。

移民美国四十周年随筆——感恩

来美國七年了,由于前一年吴彬来美我们相聚纽约畅谈一番,引起我们想回国探亲访友的念头。最後,终于利用孩子的暑假一起乘坐美国"西北航空公司"飛機直飞香港(因當年還没有直飞北京),我們住在大学同学-郑大成的妹妹在九龙弥敦道的"重庆大厦"處,下楼四处一走都是饭馆,我們在最近一家江浙馆吃饭、炒鳝丝、炒鳝糊吃个够。吃早茶,看晚场电影,散场後去吃宵夜,烧鹅叉烧烤乳鸽,那叫一个"美"。数日后我们就过"羅湖口岸"到深圳南山区我太太的大姐家,这个地区确实发展很快,真是吃喝玩乐发展优于其它行业。

瀟瀧退休篇（上）

到北京之后，我們住在我三大爷家，我三大爷是我奶奶的亲侄儿，他和三大娘及他们的小女儿-小疆夫婦陪我們四口和我太太的大姐同去"八达岭长城"游玩。照片下是我们一家四口和我太太的大姐（右三）與我三大爷三大娘的合影。上张照片最右一二是小疆夫婦和他们的女儿。

照片裡的故事

瀟瀧退休篇（上）

我們從长城回来后都在家里吃饭，我奶奶的三个侄儿（即二大爷至四大爷），都是我奶奶的私房钱供出来的，三位大爷都是"清华大学"毕业，除我四大爷是"北京航空學院"的教授，因患癌症于 50 年代末过世。

我二大爷是在 1992 年 10 月份我和在美國的好朋友-曹开泰先生去国内時第一次去遼陽看我二大爷，他的女儿-畢宝藜表姐和表姐夫夫婦在马里兰州见过面，表姐夫也是"清華大學"毕业，而且，他還是朱镕基总理的入党介绍人。我二大爷在文革后，余秋里副总理曾邀我二大爷到"石油化工部"任副部长，但他婉言推辭，选择去遼陽中法合资公司的化工廠的黨委副书记兼總工程師。

我出国前到我三大爷家辞行，聊了很多事情，我奶奶家人都非常忠厚老实，心地善良，做事从来都是循规蹈矩，例如在文革后，很多官员利用职权将子女调回身边，當時，我三大爷是"中國人民解放军铁道兵科研所"党委书记兼所长，但我小疆表妹就一直没调回北京。我最早與我三大爷见面是 1953 年，我上初二时，有时周末去我五舅爷家，也就是我三大爷大娘家，有次去时正是我五舅爷临终前的时刻，一是家人都忙于抢救和准备后事，二是怕我是孩子害怕见到人故去，便讓我早些回学校，临出门时三大爷给我五块钱，當時這钱数太多了，我只是个學生。我三大爷很郑重的跟我說："我們兄弟三人上清华都是我老姑给钱供出来的，现在我们都有很好的工作和待遇，應該孝敬老姑的时候，可她在台灣還不知何時能再报答？所以，就报答在你们身上了。"說实话，我当时也不甚理解我三大爷的话的真正意思，還是成人後才懂得做人要懂得"知恩""感恩""报恩"这个深刻的道理。

移民美国四十周年隨筆——聚首于纽约的北京小学、初中、發小、同學、隊友

世上的巧事兒讓我都趕上了，一個說謊的人，讓我找到從小學到初中的同學也是隊友又是發小，說謊的人是何许人也？我想應該是1984年的春季，来美後做餐館工已三年多了，也想換個工作就在中文报纸的招工廣告欄裡尋找，一天看到纽约一家公司招"業務員"的廣告，于是便去纽约碰碰运气。公司老闆是從台灣来的商人，推销卖佛罗里达州的土地，盖商品房用地，报酬就是拿佣金。

下午，來位中年男子應徵，一谈他也是来自北京，他說初中學是育英（25中）毕业的，是足球队的成员，我說我也是足球队的怎我没见过你，结果，此人說了实话："是我内弟-李雄飛，我是他姐夫。"就這一個谎言，讓我找到失聯二十六年的發小、同學、隊友和朋友，此後，我們雙方走動頻繁。上两张照片是聖誕節的時侯去雄飛家過

的，嫂夫人做的佳肴，京廣風味十足地道，北京的餡兒餅那叫一絕，包好的餡兒餅沒有面疙瘩。晚宴之後驅車前往"洛克菲羅中心"廣場看聖誕樹的燈飾。

有時公共假日我們会聚会，這次北医的董超仁老兄與我們一起，都是来自古都又都是"北京爺們兒"，能侃到一塊兒有得聊。雄飛老哥畢業後沒考大學直接參加工作，并被選入全國的"重工業"足球

隊而參加"全國职工运动会"的足球比賽，因他的父母早年是生活在印度的華僑，文革後期他們一家人去澳門定居。他們憑自己的頭腦聰明智慧，以開餐館謀生，生意談不上興隆但是收入可以，曾以隔壁廣東燒烤店的燒鴨愣充"北京烤鴨"賣出，因二人一嘴的"京片子話"就把當地人給忽悠暈了。

来美国開始曾爲海鲜公司送货，赚其向公司取货时的价格和出售給餐館客户价格之间的差价。怎能赚钱？客户买的虾是 40/36 號的虾，咱熊飞哥用 45/41 號的虾充當 40/36 號吓售给客户就赚到大小虾价格的差。没想到我哥哥在长岛開餐館竟成了被雄飞宰的"刀下鬼"了，這可真是不打不相識。後来，他們自己開一家出售速冻饺子店，由嫂夫人親自調餡兒，除机制速冻饺子還有手工包的饺子，生意還可以。直到 2000 年左右，他們就全家搬到德克薩斯州與兩位弟弟一起經营養虾事业，但後来我們断了聯系至今彼此不知對方近况如何。

　　自美国纽约相逢到分离有十六七年，失联至今已有十八九年，分分合合的就是人生，在一起有无数的话语，分开又有无数的挂念，我設法尋找，希望老天爷能眷顾我們這批活得快乐而美好可又挺不容易的"北京爺們兒"完成最後的心愿吧！

逐年認清農民運動的真相

读过【深析土改"殺地主"的真正陰謀真相】與作者有同感，實際上早在 2018 年末回國探亲访友時就有對"農民革命""窮人革命"存有自己不同的看法，但因我怕自己的观点给朋友们带来思想上的困扰和受长期以来受假歷史的蒙骗，假歷史教材和媒体的幾十年滲潤，很難接受和相信我的觀點，我不想给亲朋好友带来政治上的影响。我今天要說的可能面稍宽了點兒，無論結果如何？都請诸位親朋友好包涵原谅。

【1】我對在國內流行數十年的一篇文章，我對此篇文章-"中國社會各階級分析"我不同看法；〈一〉中國社會中只有兩大階級即統治階級和被統治階級即富人和窮人。〈二〉就社會階層來講又有"紅五類"和"黑五類"。說是"紅五類"為依靠對象，那是騙人的鬼话，只有极少数人可進入各级党政領導階層，這就是爲什麼貪腐分子几乎百分之百是出身"紅五類"的後代，"紅五類"裡的絕大多數（近乎 97%）的農民和工人就是知識水平低，文化水平低的一族，是被統治階層蒙骗利用的一族，原因是兩千多年農業大國歷史遺留下來的問題。〈三〉"黑五類"雖然人數总数的 5%左右，被统治阶层视爲團結對象改造對象，實質上是一拉二打三壓四控的手法來讓"黑五類"規規矩矩、唯唯諾諾、不許炸刺儿，服服帖帖的聽話干活兒。因爲，"伟光正"编造的假歷史、用謊言编造的欺骗政策，用這些已經完成了奪取政權的歷史任務，往后就是让知识分子闭嘴，讓愚民們永远被蒙蔽在鼓裡，一輩子不知真相，一輩子活在感激"伟光正"的噩梦中都不知道今日所得，全是他们自己和亲人们用鲜血和生命换來的。

【2】我先不說"土改政策"的內容對錯與否？為什麼要在當時搞"土改"？而在八年抗日時沒有搞土改？时机問題，八年抗日是日本與中華民國的战争，伟光正只打了兩三个小战役，八年基本休生养息，擴展與壯大自己，結日本的軍隊來消耗国民党的兵力。在解放戰爭中，需要大批兵源是來自農民，便以土地为引诱农民参军，實際

就是抢夺農村优秀勤劳的农业个体户的土地与财产。實際就是"土匪"行徑,伟光正將八年抗日改寫為十四年抗日战争,這六年就是1931年-1937年在东北的"抗日联军",這些隊伍基本全都是土匪,是窮人的隊伍,由伟光正派人去领导(說得具體點兒就是接受或是改编土匪為"抗日联军"),這樣的部队成分复杂,所以,在胜利夺取政权之后,抗日联军基本被肃整,活下来的所剩无几。所以,土改始于东北地区,為什麼窮人如此痛恨富人?在這個世界上是先有富人還是先有窮人?先有地主富农還是先有贫农?答案是明摆着在那里!刻苦耐劳,勤俭节约的人,经过努力不懈终于成了地主富人。也有的地主富人的后代没守住先輩留下的财富而成了"二流子",也成了後來土改运动中的积极分子,成了屠杀"地主富農"的刽子手来发泄自己的嫉妒心理。

窮人一但掌握了政權就會變得比富人更加残酷无情地剥削窮人,絕不會同情和帮助窮人走向富有的道路。

所以,當時的"土改政策"就是土匪行徑,擴大化的窮人殺富人的报复行為,没收土地及富人的财产分给窮人作诱饵参军為"伟光大"夺取政權流血犧牲,事到今日最窮最苦没吃没穿的群體是誰?就是"伟光正"的依靠階層,就因為這個階層没知識文化层次低,容易被欺骗和蒙蔽。

如果,當初的"土改政策"执行時不是没收而是用錢買回地主的土地分给農民,豈不就没有搶奪之嫌?

"中國製造"讓我怎樣才能愛你?

看题目就能知道牽扯到一個問題就是-愛國?肯定的回答是"愛國",因為我家祖祖輩輩都是生活在中國土地上的一份子,我愛中國是出生後骨子里带来的,雖然我一天中國國籍都没有,那是歷史的誤會。

我是從小學一年級到大學畢業的十七年學生生活及十八年的學校教學工作,在中國生活了三十五年(小學三年在國統區,以後的三十二年是在解放區),在美國生活了四十五年,在我的心里母國是中國，母語是普通話。記得我過去唱的歌有句歌詞："祖國，我的母親"，這句歌詞我會永遠牢記心中。但對执政黨我實在不喜歡，因我的父母都死在没人性的政治运动，母亲過世時只有五十四歲，我父親過世時只有六十四歲，我不可能喜歡這樣的政黨，我只能做到不反對。

我的這張照片裡除左二是炖锅，其余五個均爲炒锅，都是中國製造。

這五個炒锅買來1-2年,這五個炒锅都不好用了,炒菜時统统粘锅，目前基本列入淘汰之列。

這個炒锅是"短命鬼"，花了$30元買的，第一次用時，菜剛炒好關了火正要將菜盛入盤中，接了一下電話，挂了電話锅底就成了照片中那樣，再炒菜就粘锅。我要扔掉，阿姨說這锅輕巧，炒些小菜挺好用，在阿姨的留用下，逃過了短命的一劫。

這個炒鍋是目前唯一的炒菜用鍋，分量很重很沉，唯一的好處不易粘鍋，往外盛菜時單手難以端起。（下圖）

這個炒鍋和炖鍋兩用，是德國製作的，質量是高，工而且細膩，在廚具方面是德國和日本製造領先于世界。

這個電水壺在美國也算是名品牌，我用這牌子的電水壺也有十多年了，我們開始用時這個品牌公司承諾質量保証終身，但這壺是"中國製造"用過三個月就開始生銹，我們就可憑發貨票到商店拿生銹的壺換一把新的電水壺。數年下來，這品牌公司發現中國製造的產品質量根本沒保証，就改終身質量保証為保質期為一個月，這樣公司才沒破產關門。這也是中國汽車無法進入美國市場原因，質量根本沒有保証。

我愛中國，但我不用中國製造的產品，因為我的錢也不是大風刮來的，多花點錢買個質量保証將省很多錢！這也跟我買汽車一樣，我來美近四十年，買了六輛二手車和十二輛新車，二手車全是美國出產的車，新車只有前三輛是美國車，從第四輛到第十二輛新車全是日本生產的品牌，其中包括我的一輛"雷克薩斯SUV" RX-350。普通車裡美國生產的車引擎材料質量無法與德國和日本相比。我認為美國一直以汽車生產大國、霸主地位自居，在汽車行業改革進步遠落後德、日、英等國家。

中國的輕工業的製造業無論在材料加工上還是工藝上水平與世界輕工製造行業之間的差距很大。國家建立七十一年以來，重点在抓國防科技，原子彈、氫彈、導彈、激光武器、核武器等已達到世界先進水平。這些武器都是不被侵略的資本和戰爭裡的籌碼，今日誰敢首先使用核武器，既然有籌碼在握，爲什麼不抓老百姓的生活質量，食品安全質量，醫療藥檢質量問題，這些都是人命關天的大事。

黨政領導有何担懮，"黨指揮槍，槍杆子裡面出政權"，老百姓只是關心政治，絕不參與政治，沒人願意拿自己的肉體與子彈對抗。

希望在疫情期間真真正正地抓一下人民生活质量問題。

自建"健身房"與疫情、年齡抗争（下）

經過朋友的幫忙，我家的健身房終于完工，今天就可以開始練習了。

這兩件鍛練器材是我的好友-葉瑞玲（我的乒乓球教練）贈送給我的，它們對我加强腿部力量很有幫助。尤其，天氣漸冷而又常降秋雨，這時候，我的健身房的優勢就展現出來了，它可以保証全天候進行鍛練。

這個上下肢力量練習器材對我非常實用，而且，我大女兒在網上定購，價格又很便宜$125元，另有10%的優惠和免费送货，于前天晚上七點多送到家，經過一天的時間連組裝器材，布置健身房，直到今天早上總算有個眉目可以鍛練了。

　　槓鈴片的重量：25磅x2，15磅x2共重80磅 折合公斤爲36公斤，卧舉没能舉起，坐舉22.5公斤没舉起。坐在那里發呆，回想當年（1958-1960）向舉重班的同學-劉福榮學習練健美，卧舉 60-80 公斤（132-176磅），坐舉40-60 公斤(90-132 磅)，負重蹲起 100-110 公斤（220-240 磅）今日變成了"手無縛雞之力"，大腹便便而四肢枯瘦無力，我想再練力量和健美的信心蕩漾無存。如果福榮兄看到這篇文章中老弟目前的慘狀，希望通過微信發給我一份練習計劃，看六十二年兄弟情分拉老弟一把，有重谢之處待下次回津酬谢天津名品"锅巴菜"一碗。

文藝版和喜劇版的廣場或公園舞，同樣是享受

　　兩個舞蹈視頻，參加者在退休前的職業不同，觀賞效果自然也不同；一个跳舞的女士是"北京舞蹈學校"的退休教師或退休的專業舞蹈演員，舞蹈的基本功体现的淋漓盡致而且動作舒展流利，整套舞蹈從開始到結束，表演的連慣有如行雲流水，是美的享受。我們不是花錢買票坐在大劇院裡看專業演員的演出。專業演員和教師一退休，無論從早晨的早練功、基本功的訓練在時間與強度上都與作爲職業時有很大的差別，簡單一句話："從專業變業余。"因爲她們過去的基本功扎實深厚，今天跳起来仍然是帶有專業"范儿"十足，觀賞性十足。

　　另外一个從服飾妝扮到舞蹈動作一眼就能看出没有一點舞蹈專業細胞，有的人退休前，可能是民間舞蹈的愛好者，這是一個以舞蹈爲鍛練健身的方式群體，參加者熱情高，態度積極。雖然，有的人動作不太規范，但喜氣洋洋的精神飽满之場面也很感人，大有催人跃跃欲试之態。

　　兩個群體有共同處，以健身爲准則的舞蹈，動作以簡單易掌握，容易記，全身上下關節肌肉都能活動到。有舞蹈專業基礎編排的舞蹈有故事内容，跳起来有觀賞性。其它群體以健身爲主，可按四個方向反复跳，達到一定的運動量健身就可以了。

　　這是兩個不同舞蹈基礎、不同思想内涵的以舞蹈作爲健身的方式，一個是高級版舞蹈群體，一個是普及版的舞蹈群體，目的一樣-健身，自娛于己也娛于衆。

　　最後，我想應該說一下被視頻編者戲諷和譏笑老年舞者，首先我敬佩他的生活态度，這正是我們當前社會所缺少的生活態度。我活着是爲我自己活得有品味、有質量，不是給別人看的，從小至今社會上很多事情給我的印象極爲深刻的是我們所做的一切都是給別人看的－"驢糞球工程"即表面光。這就是不自信的突出表現，也是當前社會上"土豪"們的精神門面之招牌。這位老年舞者舞姿雖與衆不同，但他周圍的舞者没有任何一人取笑他的舞姿與神態，他老人家完全

沁潤自我快樂之中。

我祝福他長命百歲，像他那樣活得灑脫，一個人活著錢不重要而是需要，就是活得要有品有位。

人生莫測，活好今天

"人生如夢，一樽美酒問青天，待等夢醒，方知人生路已盡。"不知哪位大師吃坏肚子，由後門滑出如此的臭氣！

中國的大師太多了，真是多我一個也不多，少我一個也不少，都到咱這歲數除了肚皮脂肪增厚，就是臉皮增厚指數最高。

這十二張照片是我學生制作的，我至今還沒學會這項-多張照片合一的技術，十二張照片記載了我八十年人生經歷-幸福快樂、坎坷滄桑留在臉上的痕迹，但因六十歲以後臉皮的增厚，竟然抹平了時間留在我臉上的痕迹，我不敢相信眼角沒有皺紋。

這十二張照片排序是由上到下，由左至右：第一排的三張分別是百日、周歲、五歲，那時侯的事情記憶不多，只記得去袁家章（袁家騮的哥哥，我兒時的干爹）家，他家有個养鸡场（百十來隻），我进去後被公鸡追要啄我，我被他高举过头才走出养鸡场。我也記得跟随父亲去體育館，他們在館內打籃球，我自己在网球场捡网球玩兒。不知道地球另一面還有一個中國，而且還有十多位家人生活在那里。

第二排分別是六歲（1946年夏于北平），八歲（1949年春于台北），十二歲（1952年夏于天津）。這六年裡隨着國內政局的變化和父亲工作的變更，"兩岸三地"的居住和求學。年龄增长六歲，思想也從无知到不懂事兒。

第三排左是1958年春季在北京王府井大街南口路東的"中國照像館"照的畢業和考大學用的相片，當時，我們班有幾個同學都穿着我的西裝去"中國照像館"，有吳煒華、周壽華、李文堯等同學，我這張一直用了五年，到1963年大學畢业证书也用的这张照片。第三排右是我三十一歲于1971年秋結婚後在北京"中山公園"照的，前後兩張照片間隔十三年，從臉上的變化已經說明了經历了人生慘痛的政治運動和丧失亲人的痕迹。

瀟灑退休篇（上）

　　第四排左是婚後十年，四十一歲1981年春于天津和平区的"同生照像館"照的移民美国护照用的相片。右是六十歲生日2000年7月14日于美國新泽西州薩密特市的照相館。第四排中是七十八歲于2018年11月北京市阜外大街總工會的天桥通道。三排中是今年疫情發生後在家自我隔离于八十歲生日在社区走步時的留影，十二張照片由眼睛一掃就八十年晃過去，只要活好每一天，更加精確的說就是活好今天。

纽约！我對你已有點陌生了

自 2010 年之後，我几乎没有太去纽约市，在這十年中只有 2014 年我太太的同學二宇夫婦来美旅游時到纽约市的一些景点去参觀，此後近六年的時間几乎没有去過纽约。

2001 年 "9.11" 後，從哈德遜河的新泽西州這邊就再也看不到纽约下城區的雙子星座的摩天大廈之美景了。這張照片中間偏一点右遠方有一座高楼大廈，它就是在原被恐怖分子摧毁的雙子大廈的废墟上重建的新摩天大楼。今天我開車送我女兒回纽约市路上用手机拍摄的，我上個月接送她一回，今天是第二次，太长时间不开车進纽约，路线都有些生疏。

前三十年經常往返于新泽西州與纽约市之間，由于当时的職業決定了行驶路线，在美國東岸生活的人都聽說過一句话："能在纽约开车就能在全美国开车"，就是纽约的汽车司机开车牛气霸气，没礼貌。而且车多，車速較快，多數人超速，没兩下子還真開不了。

這張照片是三十七年前，休息日去纽约玩儿，在東河布鲁克林區側岸邊拍攝的，很巧，背景正是"世贸中心"摩天大楼，我無意的拍攝却留下永不再能呈现的回忆場景。這張照片也是我数千張照片裡唯一一張有比较清楚作为背

景的"世貿中心"摩天大樓。當年我的女兒才十一和八歲，現在我二女兒的孩子都比她當年時大了（十三和十一歲）。

現今的新摩天大樓是 2006 年開始蓋建于 2013 年竣工，用了七年時間，建成後至今我還沒去參觀過。

說句實話，很長時間沒去紐約的的确确讓我對它感到陌生了，唯一能讓我有清晰的熟記和回忆就是與親人好友的親情、友情和師生情。

好友齊大征先生（國際體育攝影師）發來的微信

清晨收到大征老弟的微信，方知中美"乒乓外交"的歷史見证人-喬治先生（當年訪華美國乒乓球隊的黑人運動員）過世的消息。微信內容如下：

收到！對喬治先生的逝世表示哀悼！他對美中乒乓球交流與友誼做出卓越貢獻表示欽佩。叄年前你介紹我倆相識相聚。在聯合國乒乓球俱樂部與你共同展示乒乓球技藝，回忆 47 年前在北京受到周總理接見，游览长城故宫，在首都体育館為中國觀眾表演。美好的回忆回荡在我們的腦海中。喬治先生認真參觀了我的《中美乒乓球友誼作品展覽》當他看到周恩來與他在一起的照片時，興奮表示：我要再去北京。一個美國黑人乒乓球運動員，心懷乒乓球，放眼中美人民和運動員友好。我欽佩他。我送給他絲繡《長城》我的作品集《國球之光》和《中國正定乒乓球基地郵冊》及國球T恤衫（有照片為紀念。）謝謝會長黃武耀先生，謝謝中美兵兵球友好大使葉瑞玲女士促成中美乒乓球友誼展覽，並有幸與喬治會見。喬治先生一路走好！

【註：微信裡的"你"是指我的好友和教練-葉瑞玲女士】

2017 年葉瑞玲（Lily）女士邀請齊大征先生（左一）訪美，在 Lily 的乒乓球館裡與他相識，又是北京老鄉，又都是乒乓球的愛好者，遇到一起就有聊不完的話題。（下圖）

2018年11月初回国探亲访友時，在北京大征老弟举行以球會友的聚餐会，餐前打球、聊天、照像，这张照片是與大征老弟（左一）、志强老弟（乒乓球教练，右一）和我国乒乓球首批国家隊队员-姜永寧孫梅英夫妇的女兒-姜小英女士的合影留念。

"乒乓外交"到明年就是五十周年纪念了，中美两球队的见证人已有数人离世，庄则栋已經离开我們近八年，生活在美国的华人应该记住这段历史，"喝水不忘挖井人！"。

今年的"鬼節"小孩兒玩得不過癮

我們的外孫和外孫女今年的"鬼節"服裝,這服裝的故事我們一點也不知道,孩子們玩得高興就好,可從微信裡看,因疫情的影响,其熱鬧和歡笑的場面不多見,我們居住的老人社區根本看不見"小鬼"們要糖的場面。

每年"鬼節"從下午四点左右開始直到晚八？前基本"小鬼"由家长都帶回家結束活動。大孩子会玩得晚一些回家,"小鬼"們不單單是要糖,如果,有的家糖少晚来的"小鬼"們沒拿到糖,他們會搗蛋,往牆,門等處扔鸡蛋,往樹上扔厠所用的手纸。

可今年因疫情的影响,外出要糖的"小鬼"人数不多,家长爲了孩子的健康不被傳染基本不出去要糖（亞裔華人居多）即使去要糖时沒人開門給糖也不會扔東西搗蛋,因疫情期間是可以理解的。

我女儿這兩個孩子都是随父亲,個頭兒高瘦體型,不知為何小丫頭兒非要裝扮成壯女子？妹妹從

小就比哥哥淘氣，總會出"幺蛾子"，一肚子小鬼點子，小丫頭特別招人喜歡可愛，一晃眼就大了，一定好好保重身体，爭取看到她工作和出嫁。

那个高人調侃出这二张照片？

（我對美國大選和生活在美國的態度）

美國大選之際，除了川普和拜登二人爭坐總統寶座外，而且還牽扯到中美台三方之間的問題，我很欣賞這張"政治漫畫"的構思，高，實在是高！

下面兩段對話是我在國內工作過學校的學生和同事與我在微信上的對話，她們出于對我生活與健康諸方面的關心，我在這裡表示感谢！

************************【1】

問：常老师你选的谁？

我：我選我自己！

問：我弃权！

我：弃權是明智的選擇，說明妳還沒痴呆！

************************【2】

問：我正在看新唐人电视新闻！我敬佩他们的正义和勇敢、他们一直站在真相立场上！毫不畏惧！望你学习他们並同他们並肩战斗！谢谢！

问：2021的清明节、你还回国给你母亲上坟吗？

我：看疫情再决定。

问：三思而决定吧！

问：是否有孝心看行动！不回国上坟也可表孝心！如疫情肆虐可以不再回国！

问：删掉吧！

问：他们真的很值得你关注！佩服他们的执着坚持！很了不起！

问：而且很正派！很真实、敬业！高文化水平！

问：看完全删掉吧！

****

第一段的對話不難看出是師生關係，她們都很關心美國的總統的選舉勢態發展，我對美國的大選關注度不高，我們是退休人員，無論誰當總統都不影響我們的生活，我們家庭八口人的健康是首選我應該最關心的問題！

我回答说的話聽起来有點玩世不恭，自嘲開玩笑，但從美國的法律和選舉法的規定來講，我說的話雖說是開玩笑，但在選總統上我的確不但有選舉權而且還有被選舉權。尼卡松當總統時的國務卿-基辛格博士，就因爲他是歸劃的美國公民，不是出生在美國，不能竞选總統而最高職位只能做美國的國務卿。

第二段是我的同事和好朋友，她們二人都是因女兒工作生活在國外（歐洲），她們也有生活在外國的經歷，所以總像能與居住國的人民一樣享受平等權力和待遇。在美國我有很深的體會，九十年代到兩千年在美國的華人社團曾數次舉行集會要求平等待遇和權力。我的想法和許多中國人不一樣，我在美國前後共生活四十五年，沒有任何一位美國人任何一位中國人说我是美國人，而不是美籍華人，我沒有中國國籍是歷史遺留的問題。但我在美國從來都把自己當中國人，任何不利中美兩國利益的集會等活動從來不參加。說句不受听的话：

你（妳）在中國都當不了家，作不了主，在美國您算哪根葱呀？

我移民美國是我有這方面的條件：【1】我父親 1938 年到美國留學，我出生在美國即是美國公民。【2】除我父母和我及我三哥從 1949 年 9 月以後生活在北京，其餘親人均由台灣移民美國和加拿大。文革之後，我發現自己無法適應社會主義的政治環境及生活環境，加上海外親人也联系上我們，所以，馬上申請出國探親就永久居留海外。來美國就是爲了自由和與親人團聚，我目的很明確，沒有任何远大理想与抱負，再者就是爲了孩子的未來，在這一點上，我認爲坚定不移移民美國的正確性了，今天已見成效。

身居國外的我，絕對不參加任何黨派的華人社團和組織和它們的一切活動，不做他們實現自己野心和政治目的當工具。

我非常熱愛我的祖國，更加懷念三十五年的學生生活的時光、職場中的學校教學相長的師生關係，也不會忘記歷次政治運對知識分子的慘酷迫害，讓中國科學界損失慘重並痛失聞名世界的科學家。

我熱愛我的祖國-中國（中華人民共和國和中華民國）的白雪皑皑的高山峻嶺和波濤洶湧的長江黃河，歷史悠久的中國文化。希望中國能繼續爲世界和平做出貢獻！

從二十一世纪的中國連續劇所認識到的

電視連續劇在我的人生經歷裡佔有一定比例的時間，伴随我走過四十五年（從 1975 年我岳父岳母幫我買的九吋小電視至今）的先苦後甜的歲月。

我看的第一部電視劇是台灣拍攝的，劇的名字記不起來了但內容至今沒忘：一位陸姓的大學畢業于"氣象專業"去法國的留學生，在巴黎與台灣移民法國的華人接觸後，由巴黎華人社團的幫助下逃離法國到台灣重新開始自己的人生路的經歷。之後，開始看香港的電影和連續劇，港台黑社會是如何存活在如今的社會裡！自我看到國內的第一部連續劇"北京人在紐約"之後，就對國內的連續劇就情有獨衷，原因在于演員，港台名演員雖然演得挺好，給我的感覺就是他們在"演戲"，而國內的演員就很接地氣，給我有生活的真實感。

來美國後，除了看電視劇還看了一些來自外國媒体雜誌的有關國內的近百年的歷史真實材料，也就是我們從小的教課書內容都是假的。

　　【1】自新中國成立以後的教材、媒体雜誌、各種宣傳工具都是千篇一律國民黨反動派如何殘酷剝削勞動人民，"蔣宋孔陳"四大家族如何貪污國家財產為己有，生活如何腐化。

　　農村地主如何收租剝削農民，大肆宣傳製造撰寫的假事例如"白毛女""半夜雞叫""收租院"，沒收土地，分奪地主的財產，濫殺地主。

　　最近的三至五年，有媒体報道有關地主的造假事實，逐漸對過去所制定的錯誤政策有所批評，有的很含蓄地承認錯誤，因為有的問題承認了錯誤就是否認了"偉光正"和"偉人"的功績。

　　【2】日本侵華戰爭的領導與指揮權的問題：自1949年開始，中國的教科書以及"黨史"等文獻資料在這個問題上有統一的說法-"中國共產黨領導中國人民進行了抗日戰爭并取得了偉大的勝利。"我也是四十年後才知道歷史的真相。實際上至今還有愚忠的愚民還沉醉於自我的黨是"偉光正"的幻夢裡。我們過去都太天真了，實際上自己多問一個為什麼就一切迎刃而解了吧，也可能是另一結局-打成右派或是走進"勞動教養所"。

　　試問：自1949年10月1日開始，有過另一政黨及軍隊與共產黨並存嗎？自1921年7月1日至1949年10月1日的28年裡國民黨蔣介石先生做到了同時也在一直追逐圍剿中，在共產黨即將被消滅時，張學良先生製造的"西安事件"挽救了共產黨被滅亡的命運。五千里北上抗日，那里有日本軍隊嗎？抗戰八年（1937年7月7日蘆溝橋事變-1945年8月15日日本政府無條件投降）只有在平型關"百團大戰"，且說過早地暴露了我軍的實力。從最近幾年電視劇內容的變化上看，逐漸比較接近歷史的真相，那些撰寫假歷史的編劇寫劇路線已由荒誕無稽到再沒有"手撕鬼子"的劇情，由國民黨不抗日竟出漢奸到國公合作共同抗日到再進一步共產黨也出漢奸叛徒，最後電視劇的內容從頭到尾沒有一位中共黨員，全部是國民黨領導抗日的劇情。當 2020 年的"新冠肺炎"疫情襲卷全球，但中國的抗日戰爭領導權和指揮權也清楚了是中華民國的國民黨軍隊在蔣介石先生為主指揮下進行的所有重大戰役。共產黨在抗日戰爭中究竟做了哪些事情？我相信從目前的形勢看，再過個三五年就清楚了。

【3】電視劇在中國不僅僅是娛樂項目，更重要的是政治教育和宣傳執政黨的政策。但在建國後三十年裡的經濟建設就成功的方面大肆宣扬一番，可在歷次政治運動所造成的傷害和破壞，數千萬人的死亡，數百萬個家庭流離失所和家破人亡的結局有過說法和定論嗎？夾邊溝勞改農場的迫害知識分子的黑幕有過明示和說法嗎？頭腦發熱的錯誤經濟政策從吃大锅饭到最後没饭吃全國餓死數千萬人，事後有正式文件闡述前因後果向全國人民有個交待？

【4】改革開放的四十年，成绩是肯定的，一部分人是先富了起來，是誰先富了起來？

看錄像才知道自己的球和劍打得有多業余

前幾天的氣溫有如初夏，緊接着就是連三天三夜的陰雨天氣，走步就免談了，只的玩室內項目-乒乓球，可我在這個項目的 技術純屬外行，只在理論上稍知一二，充其量也就是個乒乓球業余愛好者。可就是這個項目能讓我從畢業至今的五十七年裡，以乒乓球成爲每日的鍛練項目；每當我人生跌至低谷又是乒乓球伴我走出低潮；來美後，為了全家的生活，因只顧工作忽略身體鍛練體重邊增至 88 公斤，

直到二十五年前換了工作，每日八小時工作，每周五個工作日。從此，下班後去健身房鍛練體重減至 74 公斤，至今維持在 75-76 公斤，這也多靠二十年堅持打乒乓球才能讓我在八十一歲的今天在"新冠"疫情肆虐全球之時，我還能依然健康的繼續打球健身。

　　另外，這乒乓球除能健身外，還有意想不到的收獲-榮譽（獎盃和獎章），除獲得過十二座不同地區俱樂部比賽的冠軍，從 2016-2018 年三次參加新澤西州老年奧運比賽並獲得兩次男單冠軍一次第三，男雙一次冠軍，一次亞軍共五枚獎章。

　　擊劍是我入學北京体育学院後第一選擇的主項專業，副項是拳擊，1959 年國家體委取締拳擊項目，1960 年我們 58 級擊劍項目被調整，直到 2016 年才又時隔 56 年後重拿起佩劍，回到劍道重新出發。我很幸運遇到原中國女子佩劍運動員兼教練-趙雪女士又讓我這棵老樹吐新芽回复生氣。

　　因擊劍項目，尤其是佩劍要求運動員步伐移動要快，几秒钟就解決問題。近五年的擊劍練習對我身體健康水平的提高給于很大的幫助。並在 2017 年的全美擊劍锦標賽 70+年齡組獲第六名和 18 年"北美盃"擊劍比賽獲第八名。最主要的是年過八十仍然在運動場上顯身影。

过去没看过自己运动是的录像，最近看到自己的乒乓球和击剑的动作，我真有点无地自容的感觉，臃肿的体型，缓慢的动作，做不到位的技术规范动作，真是惨不忍睹，唯一能让我自慰的是今日的年龄依然能站在运动场上自娱自乐，除了增强身体健康还捎带着获得荣誉。

曾任李敦白的中文老师就是罪

我父亲于1938年在北平"燕京大学"求学时，一日由家返回学校上课，一出西直门就被日本宪兵抓捕到宪兵队，以"同情抗日分子"为罪名，我爷爷动用平晋冀华北地区军政两界人际关系从宪兵队保出我父亲并马上办理出国手续到美国加利佛尼亚州的斯坦福大学留学（1938-1942）。在1942年时，我父亲曾任李敦白先生的中文老师。我们是1946年回到北平（现在的北京），我父亲是李敦白的中文老师一事，国民党当时就知道，因在美国旧金山时，我父母亲与蔡廷锴将军的女儿-南希蔡是好朋友，她的先生-赵寿瑞是国民党政府驻美国旧金山领事馆总领事，抗日战争期间国民党空军飞行员到美国受训时，我父亲是被派去当翻译，所以，国共两党都知道我父亲曾是李敦白的中文老师，而且，李敦白到延安后，由王震将军介绍入党并经毛刘周朱任五位党书记批准为首位外籍中共党员。可解放前後的结果天壤之别：我父亲1947年到辽宁省抚顺市第三化学厂出任厂长（即今日的炼铝厂），国民党没有对曾为中共党员的中文老师进行政审、监禁、酷刑及非人类的待遇。自從1946年回到北平到1981年6月20日去世，他们师生二人从未见过面，可到1966年的文革期间，我父亲就因与李敦白的师生关系，被成为"北京间谍特务组织"的头领，因在木笼受到非人的待遇。那些介绍和批准"国际间谍"入党的国家领导人又应该定什麼"罪"呢？

为什麼国共两党对知识分子的态度如此之大？首先，两党的领袖对知识分子的态度就不一样，蒋先生有信仰-基督教，毛先生没有宗教信仰，只热衷历代皇帝的统治百姓的手法，他是无神论者，据曾在毛先生身边工作过人员介绍，他几乎没有看过马列主义的书籍，只看古书。蒋先生還尊重知识分子，敬重科学。毛先生用高压手段迫使知识分子必须服从他的思想，如有异议就降职革职或送劳动改造，直到变成顺民奴才为止（例子甚多就不一一例举，如梁思成、馬寅初）。

一個執政黨不是靠科學文化知識而是靠武器坦克對待不同見解的知識分子和百姓民众，這個國家能民富國強嗎？

趣談"颜值"與"品質"經歷時間的驗証

談"颜值"就不要談時間，它們就是一對"天敵"，"颜值"就像水果，吃的就是新鮮，保值期很短。"品質"包括人的多方面如：人品，修養，涵養，教養等諸多方面，而"品質"却像是"酒"，窖存時間長，酒的醇度是與時間成正比。

"颜值"對于影劇戲界來說，不論男女演員都很重要，都想延長自己面部的保值期，延長自己的演藝生涯。

無論男女高"颜值"都能取悦自己與对方，誰都是從年輕時侯走過來的，我自1958年考上北京體育學院邁進大學這門坎兒後，開始男女混校的生活，因我基本上都是在男校上了十年（台北國語實驗小學三年級下學期，小學六年級下學期和初中一年級于天津市）。由於年輕不懂事兒，過于偏重對"颜值"外表的選擇，到大學畢業以單身一人走進社會的大風浪中拼搏，雖然，大學三年在"水冰系"也練了游泳，可還是在政治運動的大風大浪中，喝了些水，最終還是順利游到大西洋彼岸。

高三畢業前在王府井大街的"中國照像館"照的相片確實挺棒的，當時我們班上有一波兒特愛男扮女跳民族舞蹈，"採茶撲蝶"舞，印尼的"盤燭舞"等，躍躍欲試的要考"中央戲劇學院"，我也被這股邪火給感染到了，讓大伙兒一起哄自己的腦袋瓜子有點熱，都說這張照片够帥够勁兒，此時頭腦有些暈糊，多虧同宿舍的同學頭腦冷静，分析我的優缺點，最關鍵一點是型体上的先天性缺失，兩腿不直，就是俗稱的"O"型腿。從照片上的颜值也就保持了十五年，從此就步入中年時期，文革時期的課程不繁重但家務勞動還是滿繁重，買菜做飯、洗衣服等，因我太太每天帶孩子去學校的托兒所，往返需要兩個小時，到家已經累得趴架了。

下面這張組合照片：左側兩張全家福 1973 年（上）我是 33 歲、1980 年（下）我是 40 歲。右側的單人照由上至下是 1958 年 18 歲、2010 年 70 歲、2000 年 60 歲、2020 年 80 歲。

"顏值"貶值很快，從 1958 年的 18 歲照片到 1973 年的 33 歲時的照片對照一下不難看出我頭髮的變化，18 歲髮多而且髮質硬，有老大後多少家務活比單身時多了，頭髮變少，髮質變軟，之間只間隔 15 年，後來又有了老二，到 1980 年申請移民美國時，我們照了全家福，那是 1980 年我 40 歲，頭髮見少，頭頂兩鬢已落髮，中年了，時間過得太快了。右側三張照片都是在美國照的了，60 歲（右三），70 歲（右二），80 歲（右四），已無"顏值"可言。

"顏值"保值期不長，最多是十至十五年，但十至十五年對一個人走向成熟可不能說是短時間，十至十五年裡會經歷了多少風風雨雨，我工作三年就碰到人生的第一個十年的人生浩劫，經歷了母親因出身有病而不給予認真治療而慘死于病床上；經歷了對立面的老師來抄家；經歷了被隔離審察；經歷了下放"五七干校"勞動改造；十年磨難和錘煉終于會總結自己人生經歷，提高自己的人生感悟，開擴了自己的思想境界也開闊了自己的視野，在政治上趣向于成熟，在生活上活出自己的品味，明白自己的人生路由自己來主宰，不是活給別人看的。

雖然自己在诸多方面還有不足之處，從移民美國至今的近四十年裡，讓我有時間總結自己的人生路中各個不同階段的感受和領悟，我已從中感覺到"酒"窖藏一定時間後的醇度發生變化喝進口裡的醇香四溢的口感。這也是我的生活能有今天這樣的感覺，這樣的灑脫，這樣的自由而且無拘無束。我自認爲我今天活明白了。

對"我的丈夫曲波与《林海雪原》以及子女的四子女的传奇经历"一文<讀者留言>的己見

　　《林海雪原》這本書出版時我正讀高中二年級，高中三年裡，除了完成老師留的課外作業、體育課外活動（足、籃球）外，其餘的時間全部都用來看課外書籍，古代三大名著（水、三、紅）只看了"水滸傳"，巴金先生的"家、春、秋"，張恨水的"魍魎世界"及法國作家-莫泊桑的长篇小說及"紅與黑"，蘇聯的小說看的也不少，如："苦難歷程"作者好像是-（小）托爾斯泰，"茹爾賓一家"，"静静的頓河"和英國的狄更斯的"霧都孤兒"等，反正没少看歐美洲的名著，只是有可能作者與書名有誤，畢竟是過了六十五年前的事兒了，也請學文科的朋友們別笑話我。

　　《林海雪原》這本書我當時是看得入迷了，我不是學文科的，我看諸多的文藝書籍是受同宿舍的-周壽華的影響，他不但是文學愛好者也是我校籃球隊的主力隊員，也是我籃球的啟蒙老師。我看書即不是學習思想內容，也不是寫作技巧，只是看故事情節即看熱鬧，但這本書的確給了我很深的印象即楊子榮的英雄形象，還有孫達德、"坦克"等人的事迹很感人，到大學我在足球比賽時受傷休養期間再次看一遍《林海雪原》。

　　我至今都很敬佩曲波和劉波夫婦的高尚革命情操，而且他們的四位子女出生後就贏在起跑線上，繼承了父母優秀的基因，多才多藝，學習成績也很優秀。至于他們兄弟姐妹四人爲什麼會移居國外？我幾年前寫過一篇有關旅游景點-四川省重慶的"中美合作所""渣滓洞"的觀後感時我寫到："如果江姐知道她爲此奮鬥而犧牲的中國會是今日的社會，是否會從地下站起來感到後悔呢？"，我的學生們看後給我還了一個貼-"江姐的孩子已經生活在美國！"。子女生活在國外不能說明任何問題，試問：中國國家領導人从第一代至今有誰的子女沒生活在國外？中國黨政各級領導人　裡有多少人不是"裸官"的？

　　在"留言"中不少是没有頭腦的愚忠"奴才"，服事于當權者爲喉舌，也就是说他們不是真正的愛國者，只能算得上弱智的奴才，他們只是撓亂群衆，欺騙和矇蔽群衆的無恥之徒。

【1】為什麼有人總是對生活在國外的人心懷不滿，心懷嫉妒，心懷敵視，一句話，因爲這些人特別想到國外，但自己沒有條件，家屬也沒條件，所以，他們的所有仇恨就集中在生活在國外的所有人，但國家領導人及各級領導人的于國外親屬除外，因爲他們是统治集團可利用的附属之工具。

【2】請大家幫我想一個問題：自1980年改革開放以來的四十年，我國公派和自費留學生共有三百余萬人，學成回國人數多少？滯留國外及加入外國籍的人數又多少？据初步統計是佔90%的學生滯留國外，為什麼？祖國的教育不值得思考一下嗎？

【3】對生活國外的出身"紅與黑"的親屬有偏見的人們，你們家或本人都是國內歷次政治運動中"助紂爲虐"或是利益獲得者，你們家裡有人被迫害致死嗎？體會過妻離子散家破人亡的悲情嗎？我們能出國是我的辛運，也是我的父母付出生命的代價，"助紂爲虐"必定有報應！

說得有點過了，只是自己的看法，雖然大家看法不同，挺正常，不是什麼大事兒，我們都各自過自己的日子，日子過舒服了，身體健健康康的比什麼都重要！人這一生的命是天注定，你的命一出生就定了，改不了，你能改的是運程，我每當遇到難時，就會遇到貴人相助，可能我的命運有老天在保佑。

願大家在"疫情"中自求多福避過災難，保重身體！

美國"感恩節"有感

（所有照片都是拍攝于紐約電視台）

今天是11月26日是美國假日-"感恩節"，天空晴朗，氣溫是零上18度，非常暖和，每逢"感恩節"都在紐約市第五大道舉行"梅西"大游行並進行節目表演，由著名歌唱家、馬戲團、動畫片的主要角色汽球、芭蕾舞等優秀節目表演，這些參演的個人和團體雖然都是知名演員和團體，可我是一無所知，我的兩位女兒是這方面的專家和導遊，因爲，她們從小學一年级（老大三年級）開始就接受美國教育和諸方面的影響。

　　"感恩節"的由來是"五月花号"的輪船載着歐洲的移民（主要是來自英國）到美國麻塞諸薩州的波士頓附近上岸，他們在秋末豐收之後會全家相聚烤食火雞慶祝，此後就留傳下來的節日。

瀟灑退休篇（上）

　　這是 1981 年 11 月份我們移民美國在我姐夫的五妹家第一次過"感恩節"吃烤火雞，節日過後發誓：過"感恩節"絕不吃烤火雞。此後的"感恩節"我們改吃烤雞或烤八寶鴨，正巧我們家的女婿-美國人也不愛火雞從此，"感恩節"就吃"北京烤鴨"。

　　我們是 1981 年 4 月 8 日移民到美國，再過四個月就來美國四十年了，我們的兩女兒到美國時只有九歲和六歲，如今外孫十三歲外孫女十一歲，往事不堪回首，因讓人傷心和痛苦的往事太多，只能通過"口述歷史"自己用文字將歷史寫給大家看來了去心中的憤慨，活好日後的每一天。

　　我兩個女兒在美國能有今天的自己的天地與空間，我認爲從兩方面去考慮較爲妥善：一方面是先天的來自父母的遺傳基因，另一方面是後天的來自美國的教育和社會大方面的影響。先天是基礎，後天是在接受教育和社會影響後，通過自己的努力所獲得到的結果。

　　老大和我太太在同一公司上班，我太太退休後，我女兒在公司兩個部門任經理，每天工作很忙，2001 年 9 月 11 日的 "恐怖事件" 後，很長一段時間下班後不回家，凌晨兩三點才回家，睡四個小時又去上班，問她就說有事。過了幾年後在家過春節全家吃飯聊天兒才知

道那時候，她下班後去紐約市做義工，一連數個月，她們認爲這是應該的，不用誰說才去做。

老二大學畢業後馬上就找到了工作去上班，地點在首都-華盛頓，結婚前每到周末都去孤兒院做義工，照看孩子或和孩子們一起做游戲，過節會給孩子買玩具，她很喜歡布娃娃，在國內時還真是"駝背上山"-前（錢）緊，所以她就給這些孤兒買玩具彌補自己兒時的遺憾，這也是讓我心里很難過的事兒，婚前和婚後她都會捐錢給孤兒院和她上的大學。她們這種懂得感恩除看到我們所作所爲外，我們認爲是美國的教育成功之處。

近兩三年，爲了能讓我無顧慮的去打球練劍，請阿姨照顧我太太

就是她們二人商量決定的事情。此事讓我們二老甚爲感動，因爲她們上大學是向政府貸款，畢業後直到生老大（外孫子）才還清貸款，我們一直覺得愧疚她們，但她們是在美國長大的孩子，十八歲以後不該用家長的錢上大學。她們覺得我們不應該有愧疚于她們的想法，所以，今天，她們孝敬父母都是理所當然順理成章之事了。

我的記憶裡，過去黑社會的老大，雖然罪惡累累，但他們都是"孝子"，連生養自己的父母都不孝敬還能爲兄弟兩肋插刀？騙誰呀？渾弄鬼呐！

今天真是好天兒，應該穿短袖衫就好了，穿長袖衫都出汗了。過了"感恩節"接下來就是世界宗教節日-"聖誕節"，但今年"聖誕節"能否過得愉快？請大家看一下報紙：

新澤西州的鄰居-賓夕法尼亞州"疫情"嚴重，費城則下令健身房停止營業，勸解群眾不要長時間逗留在商店裡，避免被病菌傳染的機會。

另外，新澤西州的警察執法時必須打開身體上攜帶的警用攝影機，記錄執法全過程，並須保留至少 180 天。

這些報導只能告訴我們今冬"疫情"發展的前瞻預計，自己如何計劃從今到明年春季，多虧我修建了自己的健身房，外加本小區的安全居住環境，鍛練不成問題。這期間停止乒乓球練習，只保持一周兩次擊劍訓練課（每次 20 分鐘）和一次打實戰（1-1.5 個小時）。

希望大家多保重身體！祝我的網友們全家平安快樂！

我的母親

1946年由美國回到北平后的照片（母親當年三十一歲）。

我的奶奶和我媽媽婆媳二人（右）和我爺爺的侄儿-倫序母子二人（左）于1939年去美國臨行前在北平家裡合影。

母親在1963年秋（當年四十八歲）于天津。

寫在母親一零五歲冥誕之滴血的字-我永遠深爱的人、我永遠懷念的人、我永遠敬重的人。

我母親于一九一五年農曆十二月二十三日，也就是中國農曆的小年那天的生人于當時的奉天（瀋陽）市，我姥爺家姓郭，童年過繼給姑姑家，姑姥爺姓王，我母親隨姓王名-佩珍字效蘭。

中學是在北平"貝滿女子中學"，我父親當年在北平"育英學校"讀書，他們二人于1934年奉雙方家長之命成婚。35年我大姐出生、36年我二哥出生、38年我三哥出生，雖說在家侍奉公婆和抚养孩子，實際上家裡傭人保姆十余位，孩子都有奶媽照看，1939年與我倫序堂叔一起来美國，叔叔是留學，我媽媽是陪讀。

自我從1940年7月14日我出生于美国加利佛尼亚州奥克兰市至1969年6月10日病逝于北京"北大第一附属医院"的二十九年裡，我與母親几乎從未分開過。我大姐出生後几乎没有在一起生活超過四年（我母親是在大姐二哥三哥4岁3岁1岁時去的美國，七年後回國，1949年再次分開就沒见過面）。所以，我和母親的感情之深遠超于姐姐哥哥，客觀的政治環境剥奪了姐姐哥哥享受母爱的權利以及時間和空間。

我過去就一直有衝動，較爲系統仔細客觀真實的把母親寫出來，雖然五十四年的時間不算長，但她的面容，聲音以及言談举止，待人接物，一切一切都印在腦子裡，刻劃在心上，和血液循環于血管中，只有我母親的一切配用此形容詞来描述。我想再次于母親的冥誕抒發對母親的思念，母愛的偉大就在于她死後無論何時何地都能引發讓人對她的回憶和思念。

【1】她是一位賢妻良母的婦女，從小到大一直沒有挨过母親的打，她總是和颜悦色地給你說道理，只有新中國成立後，我們自己走路或騎車上學後，因貪玩儿回家晚了才會被母親用尺子象征性的打手心。

我母親從没参加過任何社會工作，一辈子就是相夫教子，我父親上班和我與三哥上學的服飾鞋袜，都是干干净净、整整齊齊、平平整整。每頓飯都是四菜一汤，我母親無論是中餐還是西餐手藝高超，我父母的朋友們過生日都是在餐館飯店請客，每當我母親過生日朋友們一致要求我母親在家做菜请客，不去外面吃饭，由此可見她的手藝真是不一般。

與左邻右舍相處都是話未到禮先到，从小到大從未見過母親與任何人高声說過話或是紅過臉，五十年代與朋友一起買東西因有問題纠葛，在处處理過程中讓我母親損失貳佰余元，當我母親意識到朋友不想經濟受損，我母親自認虧損而不傷和氣。我後來事過境曾問過母親爲什麽這樣處理？我母親说："與小人争執有損的是自己，會給自己挖坑豎牆。""你失的是钱财，他失的是品德"，此教诲牢记至今。

【2】父母親于1953年夏協議離婚後直到母親过世的十六年中，從未聽到過母親對父親的半点儿怨言，反而有時告訴我們父親的優點。我直到五十歲時才知道父母離婚的真相：我父親的致命把柄被女人攥在手心，最後父親向母親坦白一切情況之後，為了父親活命只能犧牲自己，忍痛之悲伤在精神上的痛苦折磨，我和三哥面前從没聽見過父母之間因婚姻的吵鬧声音，也没見過母親傷心在我們面前流過淚。

為什麽母親在離婚後的十六年裡從未說過父親的錯誤，我母親從這件错事中看到了父親心慈善良的一面，我們在台北時，我二、三兩位姑父都是總统專機組的駕駛員，曾數次飛往台北和北平之間于和平解放之前，我二姑因二姑父没帶回我父親责怪二姑父說："你為什麽不讓你的警衛把我四哥押上飛機回台北"，我二姑父說："我不能那樣做呀！"，父親隨身佩槍在北平和平解放後扔進"故宫"外的护城河西北角處，這"把柄"可致對方命死，我母親爲了父親活命做出重大牺牲，委屈自己身体受損，精神受到創傷。

【3】我母親從未　參加過任何工作，說話的舉止給人的感覺是性格柔弱，俗称是"窩囊"。我母親曾经的两位朋友-都称为張阿姨，都是教师，都非常精明能干，都是很優秀的教师，也都曾經是鄰居，她們的孩子和我曾經的發小今日的挚友。

我母親（右一，中）、我（右一，後）、張姨（右二，中）和女兒（前右一）兒子（左二，後），其他孩子是張姨的親戚與朋友的孩子。

我从1952年初春節前因父親的工作调动到天津"開灤礦務局"而搬家轉學到天津。我的发小们的伯父在美国都与我父母是好友，所以，我母親与两位張姨甚为熟络，每逢佳节周末會一起打麻將或"梭哈"。幾位女士长辈一起坐下聊天或是在牌桌上的儀態與作派都是"貴族"與"淑女"留在当今社會裡的最后一道"風景"，是绝無再现的"绝迹"。

舉例：牌桌上的風度，周末，三家夫婦一起玩扑克牌的"梭哈"，牌局进行中只有游戏的术语，语调沉稳平和，一局结束後大家才交换和評議此牌局的胜负之關鍵。在民間有句俗话："牌桌上選女婿，牌品裡看人品"。

我有一次機會看我母親打牌的全過程，時間是困難時期的1960年的冬季，鄰居家的朋友家請我母親打麻將，他們三位是兩女一男，既是姐弟也是朋友，都是做黑市買賣的，我當時作爲"保鏢"陪母親去。這一晚的牌局實際上是母親一對三的游戲，俗稱："抬轎子"。從入座開始直到牌局結束，這一宿我母親在牌桌上沒說過一句話，用右手抓牌，右手大拇指的指肚在牌面一摸就放在自己碼的牌尾，順手打出一顆牌，真是抓牌快出牌也快，一晚的牌局下來，從沒看過手里抓來的牌就知道出哪張牌，真是勵害，我第一次見到如此的高手，竟然是我的母親！虽是一對三的游戏其结局可想而知，他們的水平只配給我母親"提鞋"。

　　我母親雖沒上過大學，但她的文化教養底蘊深厚，她在与人交往时态度謙和，处理事情與关系给人的感覺是心慈面善，顯得不干練而有些窝囊。在這點上我沒有學到母亲的優點，實際上是母親對人對事的寬容態度，直到今日才領會到母親的處世哲學的真迹。"人有臉樹有皮""打人不打脸，揭長不揭短""寧得罪十位君子，不得罪一位小人"。這雖是民間谚語，确是精辟的處世哲學，學到今日才明白其中的深奧。

　　母親一生在世只停留了五十四年，雖說斬短，却向新社会展示了應該继承和传承的"贵族气质"和"淑女"的風度，我們現在應以我們长辈为典范提高民族素质與道德风范，鏟除社會上的"土匪與土豪"思潮及流氓文化，還我中华民族一个淳朴和干净的社会大环境。

　　最後，谢谢母親留给我們兒孫輩的精神上的財富，我雖然在經濟上不是富翁，但母親在精神上留給我們兒孫輩的是世上無可比拟的做人之精神財富！

無厘頭的印度人開車游行説起

　　在我送大女兒返回路途上，一上"威廉斯堡"橋時，車速變慢而且有很多車有人從車頂天窗探身于車外，雙手高舉着標語牌－"沒有農民沒有糧食沒有未來""支持旁遮普玩家"，我也不明白標語牌的内容真正含意?

  我也想不通,你們印度的家事與美國何干?是想求得美國的幫助還是借助美國的政治勢力對本國當政者施壓?數十輛各型號的汽車駛過"威廉斯堡"橋後到"迪維臣"街右轉直奔紐約中城去。

  客居它鄉的人就應該有客人的樣子,不要把自己當成客居國家的主人,自己要有深沉,才能讓人尊重你。因爲近幾個月總有人問我有關美國總統選舉一事,主要是選何人爲下一屆總統?來美國四十年,我親自參加選總統只有一次就是選克林頓。雖然我在美國有選舉權和被選舉權,但我對此絲毫不感興趣,我心態就是客居它鄉的客人:原因有四-(1)我從出生就沒有中國國籍,但我們常家祖祖輩輩都是中國人。(2)我來美國是政治避難,因我父母都是因文革政治迫害無辜而死，我可以不說、不提但我至死也不會忘記誰造成的罪孽。
（3）與親人團聚，與親人兩岸被隔離三十二年後才相聚海外-美國。
（4）我因出生後在美國生活過六年，因我從小就具有非常好的記憶能力，所以，我一直就向往生活在美國，優美的生活環境，豐富的物質生活水平，舒適的別墅，美麗的草坪院子。

我所向往的一切都實現了，我不喜歡政治，一切政治均"假"，就是對人民進行蒙蔽欺騙維持自己的統治權力和利益。所以，生活在資本主義民主法治社會是我的首選，在我有生之年看到祖國能變成為資本主義民主法治社會，我一定會選擇回祖國生活，因為那里有金錢買不到的無價之寶-"情"！

我既然是客居美國，自己就要搞清楚賓主關係與位置，喧賓奪主的做法會使自己處于被動地位，尤其當今中國"土豪"們有錢無德在世界各國各地旅游和移民，其留下的名聲與印象却與國家于國際印象相悖。我所接觸到的中國人，像在自己國家一樣，這也要求平權平等，那也要求待遇福利相同，忘記祖宗的告誡：客隨主便。

也談天津"起士林"西餐

"起士林"西餐-這張照片應該是上個世紀七十年代的照片。

我家是在 1952 年 1 月中旬，因父親工作調到"開灤礦務局天津辦事處"而從北京移居天津，1953 年至 1965 年我在北京上學、工作，婚後于 1973 年 1 月調到天津工作直到 1981 年移居美國，前後在天津生活也有二十余年，對這家西餐？有不可忘却的回憶。

"寓居天津出名家，尋味當年起士林"的作者-解澄海，從玉青都是出身于名門望族，清朝皇室貴族-愛新覺羅後裔多家生活于天津市，所以，對天津西餐-"起士林"會有諸多的回憶。

我們到天津後住在"重慶道"上的"澳門路"22 號，一側臨"新華南路"，斜對"香港路"，另一側與"馬場道"相交。澳門路西側（五棟樓#14-#22）是張家（奉系軍閥張作霖的結拜兄弟-張作相和其弟-張國相）"老公館"的房產，"老公館"就在"重慶道"路北距"澳門路"的五棟樓房只有百余公尺的距離，五棟樓房分別是"老公館"主人的後代，其中 22 號的主人是四爺-張廷舉、常習靜夫婦，四爺与我父親在美國留學時是好朋友，也是（籃）球友，我家在天津就臨時借居張四爺家。同時也結識了他的胞弟（六爺）-張廷禹、張漪潔夫婦，大家成了朋友，還和王錫齡、張瑞弟夫婦也成了朋友，正巧是在美國時我父母與王錫衡（王錫齡先生的哥哥）也是好友，世界也可說真小。幾家朋友經常周末相聚打撲克牌、麻將牌娛樂，而"起士林"（原爲"維格多利西餐"）又是聚餐的首選之處，環境安靜優雅，可上面的照片是文革期間的外觀，破舊不堪，因爲在文革中大家都認爲這個餐廳是資產階級分子進餐的地方，本人以實例証實：1970 年我回天津處理家事時，我舅媽給我介紹女朋友，約定星期日見面，見面後便壓馬路邊走邊聊就到了"起士林"，我很自然就請她進去喝冷飲吃西點，之後送女生回家，第二天女方家長給我舅媽回信兒：他是資產階級生活方式，我女兒不同意交往。轉年我和我太太見面就在"起士林"，吃飯喝咖啡，四個月後結婚，這餐就是檢察"三觀"的地方，從"起士林"走出來的婚姻基本上能過一輩子。

前页這張照片現名爲"起士林"，當年我家剛搬到天津時，這個餐廳名爲"維格多利飯店"，一樓有酒吧、冷熱飲、舞池（有舞女小姐陪跳舞），二樓是餐？三樓以上是旅館住房。在"維格多利飯店"

附近還有一家"大成西餐",這家西餐?質量不錯,價格很合理,可以說菜的質量高於價格。

我記得"起士林"當年在解放南路上,好像是"小白樓"附近,好像是1956年公司合營時上述三家西餐?併爲一家成爲現在的"起士林",同時地點也就定原"維格多利"的地點(如上面的照片),外觀在改革開放後加以裝修成爲現在的這個外觀(如下面照片所示)。

我記得在2003年回國時到天津去時,特意到"起士林"吃一頓,其價格與質量不成比例,就像天津的"狗不理包子舖",早在數年前我們就斷定它必定關店,總想依仗名聲提高物價而質量上監管不利,最後倒閉關門!

風雪夜的享受與感悟

天氣預報(11/16/2020):今天有大風雪,是今年首場大雪,中午看屋外是陰天,一二級風沒有下雪的意思,決定三點走步鍛練,兩點半開始下小雪,只得改爲在家裡的健身房鍛練。近五點吃晚飯時往窗外看一眼,大雪紛飛,房頂、草地、馬路都成了白色的絨毯。

風雪夜，寧靜的四周，在健身房練腿部肌肉力量，腹肌練習，在走步機器上也練習片刻之後又繼續看連續劇"正道無敵"，內容是公安緝毒大隊與販毒集團伙之間斗爭題材。當今我們最愛看的連續劇就是警匪和間諜及戰爭（包括抗日和國共內戰）的內容，也特別喜歡看民國時期的故事情節的連續劇；因為我已離開培養我成長的祖國四十年了，對祖國当今的社會所呈現的一切與我頭腦裡所存在的祖國差异太懸殊了，所以，從文革以後至今的故事情節劇我都不看。退休生活就是每天没心没肺的活着，高高興興、愉愉快快地過好每一天，至于劇情的歷史真假對錯不必計較，因為當滑稽劇来看就行了。警匪劇給了我很大的提示：

【1】當今祖國各地方的"黑社會"勢力與當地最高領導的官方勢力相結合才能生存和發展，才能稱霸一方。可我想不通，我國一直以自己最革命而自居，自稱"社會主義"如何優越于"資本主義"，現今来看好像不能自言其說。

【2】解放初期，就已將妓院、煙館、賭搏查封取締，文革後，妓院遍地開花，冰毒大麻腐蝕青年人的身心健康，加上賭搏都會造成傾家蕩產。為什麼解放初期就根除的毒瘤在七十年後的今天全國各地比比皆是，難到是我們已經進入"社會主義"？

不便多說！我只希望祖國大地是塊"净土"，不是貪官污吏剝削勞動人民的場所，而是廉正官員為人民創造幸福生活的場所。

一覺醒來，天空更加晴朗，陽光更加燦爛，空氣更加清涼清爽，開門呼吸到新鮮空氣，頓時頭腦感到額外的靈光，對問題也想通了，我無能為力的事就沒必要多慮了，讓有能力的人去思考和處理吧！我們是平頭百姓作人就像天空降下的雪-潔白無瑕，我們即監督不了黨政官員就放下吧，我們一直都是被蒙蔽着、欺骗着，還屁顛兒屁顛兒自以為當了國家的主人，清醒了吧？別多想了，好好過日子吧！這才是最實在的事兒！

悼念摯友——李德欽先生仙逝

世界性疫情災難的現實生活中，德欽老弟是我認識眾多華人裡首位因患"新冠肺炎"而于12/15/2020（星期二）過世，年紀尚輕（七十四、五歲）令人感嘆！

他是我在美國生活四十年裡遇到幾位恩人其中的一位，他是華人空手打拼出自己一片天地的榜樣和楷模，為人忠厚而心地善良，好施善

于人，讓我敬佩是重情重義。

在附近的數個市鎮居住數百近千華人，幾乎都在李先生夫婦二人開的餐館吃過飯，李先生與大家相處非常和睦，友善至極。

當我的朋友得知這意外的噩耗無不驚訝，可在這疫情高峰時期，不知有何良策能讓我們寄托對"小李"（眾朋友對李先生的愛稱）哀思？我就先用文字表達我全家對李先生哀思與懷念，願李先生一路走好，你不會感到寂寞的，因爲有我們這些好友及親人和食客對你的哀思與懷念伴隨着你，安息吧！

最後，請李太太節哀，注意保重身體，早日走出哀痛！

我的學生-陳錚（後左一）和演員-雷恪生（前中）來美國旅游時，李先生和李太太（後右一、前右一），萬其昌和喻麗萍夫婦（他們也是我的恩人）一起聚會，李先生夫婦二人在自家餐館招待親朋好友。

"疫情"中的聖誕節——自己找樂兒

2020年的每一個節日過後，"新冠肺炎"患者人數就會增加而有的地方是邊增，目前，曾患"新冠肺炎"人數高達一千八百六十余萬人，死亡率爲1.8%（約330多萬人）。今年的聖誕節只能在低壓的節日氣氛裡度過，節日前的購物人數較往年相比減少了很多，購物人買完就走，沒有閑逛的消費者，往年的節日氣氛不見了！

過去到聖誕夜時，聖誕樹上的彩燈閃亮彩光奪目，親朋好友的聖誕卡片都挂在聖誕樹與彩燈一起，顯示着濃濃的節日氣紛。

自退休後，基本上是二人世界，只有節日孩子回來家裡才熱鬧起來，只是住房面積比退休前的住房小了許多，也就沒有佈置聖誕樹、燈等節日飾品，親朋好友寄來的聖誕節賀卡挺多，今年因疫情的肆虐，我們徵求孩子們的意見後決定各自在自己家過聖誕節。孩子們寄來賀卡都是各家用生活照片製作的聖誕卡，各家的風格也不一樣-"各村都有各村的高招兒"。

上面這張照片：左上角是我們親家夫妻二人和他們三個兒子的全家福組成的聖誕卡。右下角是我太太在"天津工業大學"時的同事-張春生李貴華夫婦的女兒一家三口之全家福的聖誕卡。余下兩張是我二女兒一家四口人生活照製成的聖誕卡。這方面的技術我還是外行，不能製作任何成品，期盼來年我也許能學成才。

祝諸位親朋好友聖誕節快樂！

"裝台"，我喜歡的連續劇

剛看完由張嘉譯和閆妮主演的"裝台"連續劇，故事內容對我這個年齡段的人太熟悉了，如果我不移民美國，今天也屬于這個工薪階層。這個編劇有很豐富的生活經歷，尤其用當地方言的對話增加了親切感，雖然，改革開放使我國在經濟建設、國防科技、進出口貿易等諸方面都取得了很大的成就，但作爲中華民族損失也是傅出慘痛的代價-跌破了道德底線，優良的民族傳統丟得一干二净，當前社會的主流思潮-我稱它爲"土豪思潮"即俗稱"窮人乍富"，當社會給了干部子弟撈取人民的血汗錢時，逐漸窮人看到機會也渾水摸魚，游走法律邊緣賺到黑心錢。

這個階層在"中國社會各階級分析"一文裡實属哪一個階級呢？這個階層出身基本上都是窮苦的體力勞動者，解放後偉人稱他們是新中國的主人，"我们當家做主人了"，是真的嗎？這個階層的人所缺的就是知識、文化教養，窮了幾輩子，今日的乍富讓他們發暈找不着北，從來到人世就沒見過如此多的錢！因此，他們就產生了以下的心理狀態來標榜自己：【1】從來沒見過錢，所以他們就不會花錢！【2】在"有錢能使鬼推磨"的社會裡，他們錢花得不是地方而且門路不對版，用一頓飯花數百萬圓來買到眾人改變對他們出身及行爲"低微"與"土鱉"的看法。【3】他們這輩子最缺少的除了錢就是知識和文化修養以及禮儀教養，在他們成爲"土豪"後走遊國內及世界各國時的所有"現眼"的痕迹造成了極惡劣之影響。上述三點只能說明，這個階層永遠都不可能成爲國家的主人，只能是配角或是龍套。

我要特別感謝此劇的作者，能爲中下層的多數勞動人民寫出有血有肉、如此貼心、如此接地氣的連續劇。最後，祝諸位親朋好友、群友、網友有新年快樂！

我家的"四川燒臘"年貨

這是我的"健身房"目前之景，"燒臘"店的自製產品（豬肉和鷄肉）-臘腸，爲了過春節於"疫情"中增添"年氣"，阿姨提出自製"臘腸"。

自 2018 年我太太逐漸生活不能自理時，我兩個女兒決定共同出資請阿姨來照顧我太太，在兩年多的時間裡，先後請過三位-殷、馮和張阿姨，三位的工作都非常盡職，殷和馮兩位阿姨都因國內家庭事宜先後回國，只有張阿姨至今已有一年，她是來自四川重慶市，她做的家常"川菜"特別受歡迎，我們一家八口（包括兩位美國洋女婿）全都喜歡麻辣的"川菜"，每次全家聚會後，絕不會有殘羹剩飯，全部帶回做它日的飯食。

我女兒在網上查到賣"腸衣"的商店，原想請同是老家常氏朋友于紐約代購兩瓶白酒和麴酒，結果獲得老鄉贈于的新年禮品-北京紅星二鍋頭和四川瀘州頭麴酒各一瓶，我又在中國超市買冰糖粉、朝天辣椒面、四川大紅袍花椒、肥肉、瘦肉、鷄肉、郫縣豆瓣醬和干朝天椒等食材。晚飯後不多時間，十多斤的豬肉和鷄肉臘腸灌製完畢，挂在"健身房"風干。

多虧張阿姨辛勤工作給我們的老年生活增添色彩，今年的春節不會像往年，美國嚴重的"疫情"給人們正常生活蒙蓋了一層恐懼的陰影。有幸的是我們居住地環境安静，千余户人家，人口密度低，每天走步鍛練都看不見三五個人，甚爲安全，今年過年只有阿姨和我們倆，看看無聊政治化的"春晚"度時光吧！

去年（2020年1月24日）春節全家聚會的熱鬧情景今年不再，待到2022年會重現往年的歡樂景象。

最後，祝大家"牛"年愉快，身體安康！

初步認識美國的總統選舉

今天是 2021 年 1 月 6 日，是美國國會對下屆總統當選人走憲法程序，正式公布下屆總統並于 1 月 20 号舉行就任典禮。

在美國這屆的總統選舉是最熱鬧的一次鬧劇，我經歷里根總統，克林頓總統，老小布什的父子總統，奧巴馬的美國首位黑人總統，過去的總統基本律師居多，而作爲富商當總統-川普可以說是首位。

不知何故，一個美國總統選舉鬧得美國兩派就差輕重、長短武器全部都派上用場，今日清晨，首都-華盛頓各主要交通干道路口，警察全副武裝戒備森嚴。在美的華人裡支持川普的 90%是來自中國大陸，而且，國內也熱衷于美國的總統大選，我認識的國內外親朋好友問我選誰當總統？爲了不得罪人，我的答案：我選我自己當總統！我的回答就不得罪人了。

在美國支持川普連任總統的華人都是不喜歡那個黨才留在美國，我是因出身問題在國內沒有發展前途才移民美國，這裡有家人，說話自由，身邊沒有搞小彙報的間諜特務小人，生活條件優越，生活質量高，在這裡只要自己努力就會有相應的回報。

這四張照片就是群衆游行場面，在主要街道和"國會山莊"周圍及有人冲進國會持槍進入會議大廈，因槍擊事件的發生各州選票驗証臨時停止，何時有結果？目前還是未知數。

　　三十五年的国内生活，我當過投票"機器"，選主席僅此一人，誰敢不喊"萬歲！萬萬歲！""身體健康，永遠健康"；在美國也參加和看到民主選舉的情景，一句話，政治對于平民百姓來說就是"霧裡看花"，與社會制度和主義完全無關，政治是政客們和官僚統治者們玩的游戲，裡面黑暗、虛假、欺騙、謊言，水太深、秘密太多，所以，任何時候都不要去觸摸政治，否則，死無葬身之地呀！

　　所以，來美國以後任何政治活動均不參加。我就是旁觀者，守住自己的做人底線，尤其是在海外客居它國，不要做出有損"國格"的言與事，生活國外，沒有任何當地居民把你當成美國人，你的外觀就決定了你永遠都是無法改變的黃皮膚、黑髮、黑眼球的中華民族的後裔。

寒冬的疫情，封凍的精神

"疫情"肆虐全球諸國已一年有余，美國確診患"新冠"人數（1/17/2021）已達兩千四百三十二萬余人，死亡人數達二十五萬余人。自入冬季以來，世界疫情出現反覆，，2020年清明節回吉林省梨樹縣老家祭祖，一切皆因"疫情"不知何年何月才能完成自己人生最後的心愿？

自十一月"感恩節"前夕我就因"疫情"在美國的發展趨勢漸高便痛下決心-停止參加一切體育競賽項目的練習，每日只在居住小區內進行走步鍛練（約四公里），在自家健身房練上下肢力量和腹肌，其余時間則看電視連續劇。

在這次世界性的"疫

情"災難中，讓我這政治"盲人"有了新的政治"思維"，過去，自己一直有些問題讓我困惑不解，在這次美國總統大選中得到了准確的答案！

【1】在地球上的所有國家，無論是自由、民主、法治的資本主義國家還是一黨獨裁統治的馬列主義的社會主義國家只要沾上"政治"就是去真實性，用撰寫假事實和謊言在媒體上蒙蔽和欺騙本國和外國人民，以便得到政治上的利益。

【2】我在美國生活了（前後共）四十六年，到了這次總統選舉才認識到，即使是美國自建國已有兩百多年歷史的民主自由的國家，如果當你觸犯到統治階級或官僚政客們的利益時，民主與公平就會遠離你而去。

【3】民主、平等、公平在不同制度社會有不同的表現，在民主自由的資本主義國家，政客們和官員們可以蒙蔽人民但人民也有權揭露他們的欺騙行徑。在一黨執政的國家就沒有批評和監督黨政官員的權力。

【4】我移民美國就是逃避被執政黨的政治政策"強姦"，二是到美國能與被分離三十二年的常家親人團聚，三是想過上有車有房，環境優美、空氣新鮮、天空晴朗，充足的物質供應並有品有質的小康生活。今天，我的一切願望都得到實現，女兒們都有自己的事業，孫男滴女活潑可愛，很想與我的親朋好友分享，因相隔萬里加上"疫情"的干擾，不知何日才能實現？

目前路程如何走？
千萬別沉迷每日喝小酒，
喝出病來家人愁，
不如天天開心漫步走，
多交异性朋友手拉手，
交談相投可抱也可摟，（說說而已，後手是搓板兒）
愉快放松樂悠悠，携手共渡九十九！

我的頭髮出賣了我的年齡

這四張照片是從 2017 年-2020 年（由上至下，由左至右）每年一張，光從臉上看不出四年的變化，但從我的頭髮和髮型能看出年齡的增長。

我的頭髮基本都是在家理，與我家的革命伴侶相互給對方理，基本上我們倆就是一種髮型，從 2017 年開始，我太太不能站起來後，我就開始不剪髮了，任其長成搞藝術人的長髮型。2018 年 11 月上旬回國探親訪友時我留的長髮梳了個"馬尾髮"型，2019 年 5 月底因在擊劍練習中腰部拉傷而引發了六十年前的老傷復發，傷養好後開始乒乓球和擊劍練習，再次把頭髮梳起來髮已不是"馬尾髮"而成狗尾巴了。

现在，梳起来的头髮已成"豬尾巴"了，唯一保持原来的就是從没染過髮，頭髮兩側已稀疏，鬢角白髮增多，畢竟是八十加一的年歲了，我知足了，我的頭髮畢竟沒變成文革式的"XXX思想普照全球"式的髮型。

烏雲沉沉，陰雨綿綿

與其說形容天气，不如說形容自己的心情更妥當。自午夜子時到現在十余小時雨未停，據天氣預報晚間雨可停。周三至周六四天將是藍天白雲的豔陽天，過後又是雨天，今年冬季至下了一場雪，可雨天超過十次，氣溫最高零度至零下一、二度只有兩三天，今年冬季不冷，不只是否會春寒？

一到雨天心情

就不舒暢，下雪天對心情幾乎沒何影響，可能雪景的美增添了賞景的喜悅心情。可是從2020年開始這個地球被"新冠"肆虐至今的一年裡，我們就生活在恐懼、無奈、盼望之中，大家都不知道自己哪天就走到了人生的終點，就像"小瀋陽"在演小品裡的台詞所說："晚上眼睛一閉，早晨眼睛一睜，一天過去了，哈！晚上眼睛一閉，早晨眼睛沒睜開，一輩子就過去了，哈！"。

【1】雨天的心情就是這一年來生活在"疫情"重災區裡的心情，不知何時是了？何日是頭兒？

【2】我的生理死與活在和"疫情"斗智、抗爭中，雖然不能說取得勝利，起碼我還頑強地活着。可在自己的精神世界裡，我着着實實在"疫情"和美國總統大選之2020年中死過一回，對美國的平等、民主、自由、法制有一個重新認識的過程。

當初移民美國一是與親人團聚；二是我不喜歡一黨執政的社會主義國家，更準確的說應該是我自己不能適應這個制度之社會；三是自己有真正的言論自由，即使議論國家總統也不會有人告密，也不會被警察拘捕審察；四是充分享受物質極大豐富、食品的質量、安全有保證的生活，居有墅，行有車。來美國就是爲了躲避政治，享受自由的美好生活，我都得到了，加上幽美的生活大環境，即使疫情嚴重，我是身在世外桃源中。

所以，美國的總統誰來當對我個人來講根本沒影響，至于中國領導人是誰？這個問題與我隔離得遠了點兒，因我無權過問，我只關心國內的親朋好友。在過去的一年裡，除了讓我認識到人類在疫情突然到來時，人類也會有舉手無措的時候。最受教育的還得說是美國大選，讓我對民主、平等、自由、法治有了清楚地新認識，過去只認識到政治在世界各國家不論何種主義，在政治這個話題上從理論到實踐認識是一致的-就是用假的事實，欺騙的手段來蒙蔽人民群衆。在美國正因離任總統-川普的政策和主張刺痛了"次政府"的勢力-政客們（眾議院和參議院的議員們）的利益時，美國這次的示範表演也是最好的解說。

試問蒼天：天下的諸國人民百姓有參與政治的資本和資格嗎？

作爲平民百姓的我應面對現實，既然不想在一黨執政國家裡做奴才，那就安心在資本主義國家做食客和游客。

讓我們諸位的親朋好友多多保重，平安無事的度過"疫情"並幸福快樂的走完老年生活之人生路！

今晨是雨過天晴，我的心情也随着天氣的轉換而變換，最後，我想借用摘錄他人的文章兩段話來做結束語：

"我們越来越明白，對人類文明威脅最大、破壞最慘烈的，是不受制約的權力；其次才是自然災害和人類的無知。"

"幾千年來的人類文明史，始終伴随着戰爭、奴役、掠奪、破壞的陰影，究其原因，不是因爲科學落後、技術低下、藝術匱乏、思想缺位，而是因爲權力不受制約。"

www.ingramcontent.com/pod-product-compliance
Ingram Content Group UK Ltd.
Pitfield, Milton Keynes, MK11 3LW, UK
UKHW042005230426
12048UKWH00009B/562